物业项目经营管理实操丛书

# 其他特种物业
# 经营管理的策划运作

赵向标　姜　林　李茂顺　编著

中国建筑工业出版社

图书在版编目（CIP）数据

其他特种物业经营管理的策划运作／赵向标，姜林，李茂顺编
著.—北京：中国建筑工业出版社，2016.5
（物业项目经营管理实操丛书）
ISBN 978-7-112-19372-1

Ⅰ.①其…　Ⅱ.①赵…②姜…③李…　Ⅲ.①物业管理－研
究　Ⅳ.①F293.33

中国版本图书馆CIP数据核字（2016）第081949号

　　较之于住宅项目，其他特种物业的物业服务与经营管理的具体实践还不是很多，参与的物业服务企业也有限，理论研究尚不深入、系统，可以说在理论探讨和实践运作方面都处于发展起步阶段。
　　本书包括七章，分为两大模块：第一模块：其他业态物业的经营管理（第一章）。概述了其他物业的概念、特征、分类、特点，分析了其他特种物业的经营管理的一般内容、模式和共性特点，并简要回顾了"其他物业"引入物业管理的过程。第二模块：各种"其他物业"的经营管理（包括第二章至第七章）。具体展示了院校物业的经营管理（第二章）、医院物业经营管理（第三章）、政府机构物业的经营管理（第四章）、文化场馆物业经营管理（第五章）、体育场馆物业的经营管理（第六章）和银行的物业经营管理（第七章）。

责任编辑：毕凤鸣
责任校对：陈晶晶　张　颖

物业项目经营管理实操丛书
**其他特种物业经营管理的策划运作**
赵向标　姜　林　李茂顺　编著
＊
中国建筑工业出版社出版、发行（北京西郊百万庄）
各地新华书店、建筑书店经销
北京京点图文设计有限公司制版
北京富生印刷厂印刷
＊
开本：787×1092 毫米　1/16　印张：21　字数：429千字
2016年7月第一版　2016年7月第一次印刷
定价：**50.00**元
ISBN 978-7-112-19372-1
（28627）

# 物业项目经营管理实操丛书
# 编审委员会

**主　编：** 周心怡　林正刚

**副主编：** 陈智勇　赵向标　夏　青

**编　委：**（以姓氏笔画为序）

| | | | | | |
|---|---|---|---|---|---|
| 马　骏 | 王兆春 | 王　蓓 | 王　欢 | 张万和 | 葛浩龙 | 廖小斌 |
| 张富强 | 李茂顺 | 李亚萍 | 艾　杰 | 张　雄 | 冯德榕 | 全　进 |
| 周　宏 | 朱　勇 | 姜　林 | 汪守军 | 范国章 | 易德林 | 夏欣刚 |
| 闫翠萍 | 陈家发 | 李　钊 | 何　劲 | 余绍元 | 聂栋伟 | 邵庆会 |
| 刘长森 | 刘昌兵 | 李海涛 | 许建华 | 杨　蔺 | 程　胜 | 彭　荣 |
| 尚　剑 | 杨　华 | 梁志军 | 夏　毅 | 罗　洋 | 周平安 | 侯庆宏 |
| 赖新林 | 俞建松 | 高　强 | 赵　敏 | 康亚娥 | 鹿钦连 | 周攀科 |

**策划单位：** 深圳房地产和物业管理进修学院

广东众安康后勤集团有限公司

# 序

从共性的意义上看，物业项目管理机构开展的物业经营包括物业管理主业经营与物业管理资源经营两部分。物业管理主业经营就是按照物业管理的基本定义，在物业服务合同约定的范围内，向服务对象提供管理和服务并收取服务酬金。主业经营是物业管理经营之本，是物业服务企业获取利润的重要渠道。物业管理资源经营是在物业管理主业经营的基础上，把物业管理主业有关的所有社会资源和生产要素，包括人、财、物、知识产权等有形资产和无形资产，都作为可以经营的价值，通过对这些价值的综合运营，提高物业管理的边际效益，从而达到资本最大限度的增值。物业管理资源经营，是对物业管理主业经营的有益补充。

物业项目管理应包括管理、服务与经营三个侧面。多年来，物业管理行业较多关注管理与服务界面，而对物业项目的经营管理则显著关注不够。随着房地产行业的快速发展，物业作为一个重要的投资标的越来越受到投资者的青睐。物业投资者无论个人还是企业，都希望通过持有或使用物业从而获得收益。这就对物业管理提出了新的要求，物业服务企业的工作重心应当从以往的物业运行管理服务，转而把物业作为一种资产进行经营管理，提供价值管理服务。同时，全行业面临的越来越严重的经营压力，也迫使我们必须更多地注目物业经营，研究物业经营工作的规律性。

与行业发展趋势及内部需求相比，当前我国物业管理行业对物业项目经营管理工作的研究总结明显滞后于形势，特别是可用作行业培训的实操型物业经营管理类图书，严重缺乏。有鉴于此，"物业项目经营管理实操丛书编审委员会"策划并组织编写了这套丛书。

参照业内的最新研究成果，择其要者，本套丛书计划分批推出四个分册。第一批围绕商业物业的主要业态先行出版《购物中心运营与管理的策划运作》与《写字楼物业经营管理的策划运作》两册。《居住类物业经营管理的策划运作》与《其他业态物业经营管理的策划运作》初步计划与易德林和夏欣刚合作，于 2016 年上半年出版。本套丛书的编写思路主要有以下四点：

其一，业态分明，保证各分册内容富有个性。

其二，扩大视野，强调将物业管理与物业经营融为一体，在物业管理的同时对物业实施经营，创造效益，促使物业保值、增值。

其三，规划在先，注重各类项目经营管理的整体运作策划。

其四，注重实操，强调案例研究，提高实战指导价值。

《物业项目经营管理实操丛书》由深圳房地产和物业管理进修学院及广东众安康后勤集团股份有限公司联合策划，在业内多家品牌物业服务企业的鼎力支持下，由多位业内专家汇集众家智慧，经数年潜心努力编写完成，在此向他们致以衷心感谢！

感谢在本丛书编写过程中参考过的所有书籍和文章的作者们。由于时间仓促，书中不足之处在所难免，欢迎业内人士和广大读者提出宝贵意见和建议。

丛书编审委员会
2014 年 9 月

# 前　言

我国的物业管理，无论从管理物业类型还是服务内容上都经历了由简单到复杂，由低端到高端，由单一到丰富的发展历程。早期的物业管理始于对居住类物业的管理服务，经过三十余年的探索，已经发展到如今涵盖多领域各种类型的物业，管理范围不断拓展，服务业务不断丰富，专业水平不断提升。

根据使用功能的不同，依照物业用途，物业管理行业一般将物业分为居住物业、工业物业、商业物业和其他特种物业四大业态类别。其他物业，有时也称为特种物业。综合业界探讨和行业实践，我们把目前已经接触到的"其他物业"划分为以下十大类：

1. 政府类物业：包括各级党政机关、司法机关办公设施等；

2. 教育类物业：包括大学、中等专业学校和初级、高级中学等；

3. 文化类物业；包括图书馆、科技馆、档案馆、博物馆、科研院（所）、电台、电视台、音像影视制作基地等；

4. 卫生类物业：包括医院、疗养院、卫生所、药检所等；

5. 体育类物业：包括体育场馆、健身房、游泳馆、高尔夫球场等；

6. 交通类物业：包括车站、机场、码头、市政道路及综合交通枢纽等；

7. 金融类物业：包括银行、证券、保险机关办公设施等；

8. 娱乐类物业：包括影视剧院、音乐厅、歌舞厅、游乐场、卡拉 OK 厅；

9. 宗教类物业：包括寺庙、教堂、宗祠等；

10. 殡葬类物业：包括殡仪馆、墓园等。

我们相信，随着实践的不断深入，特种物业管理将会像其他物业的管理一样步入正轨，获得快速而稳步的发展。但是，较之于住宅项目，其他特种物业的物业服务与经营管理的具体实践还不是很多，参与的物业服务企业也有限，理论研究尚不深入、系统，可以说在理论探讨和实践运作方面都处于发展起步阶段。因此，亟须全行业的实践积累和深入研究，以丰富我国物业管理的理论体系。各类其他业态物业管理服务的长足发展和科学经营管理，呼唤着图书市场能够推出一本内容翔实有益的有关其他物业经营管理的图书，以便指导物管行业从业人员正确认识和管理"其他物业"！

然而，对物业管理行业的从业人员来说，"其他物业"尚属于一个相对模糊的集合概念。基于这种考虑，在架构本书内容时，我们希望能走出单一物业管理的视角，用宽广的视野解析"其他物业"。从多数读者的现状出发，我们既要广泛收集多种业态资料，从感性层面对实践中涌现的各类"其他物业"的管理与服务做个性化展示，也要探索总结"其他物业"本身和各个别业态的共性特征，同时还要尽可能兼顾项目的经营管理。本书包括七章，分为两大模块：

**第一模块：其他业态物业的经营管理（第一章）。** 概述了其他物业的概念、特征、分类、特点，分析了其他特种物业的经营管理的一般内容、模式和共性特点，并简要回顾了"其他物业"引入物业管理的过程。

**第二模块：各种"其他物业"的经营管理（包括第二章至第七章）。** 具体展示了院校物业的经营管理（第二章）、医院物业经营管理（第三章）、政府机构物业的经营管理（第四章）、文化场馆物业经营管理（第五章）、体育场馆物业的经营管理（第六章）和银行的物业经营管理（第七章）。

本书写作过程中，我们广泛研究了国内的数十个"其他物业"项目，并据此展开横向、纵向的研究和探索。我们主要关注的是，各类"其他物业"的经营管理，彼此的个性特征何在？我们希望这些初步的规律性认识能够指导我们科学地看待我国正在如火如荼地导入社会化物业管理的"其他物业"，并能够对各类"其他物业"的经营管理产生一定的启发示范作用。

毫无疑问，"其他物业"无论管理服务还是经营管理，对物管行业来说都尚属研究学习阶段，远远没有进入自由状态。但我们相信，通过全行业有识之士的不断思考研究和总结借鉴，自发的阶段必然终结，我们终将进入对"其他物业"的认知与管理实操的自由阶段！

赵向标

2016 年 1 月 8 日写于深圳

目录Contents

# Chapter 1

## 第一章　特种业态物业的经营管理

# Chapter 2
## 第二章 院校物业的经营管理

# Chapter 3

## 第三章　医院物业经营管理

# Chapter 4

# 第四章 政府机构物业的经营管理

# Chapter 5

## 第五章　文化场馆物业经营管理

# Chapter 6
## 第六章 体育场馆物业的经营管理

# Chapter 7
## 第七章　银行的物业经营管理

# 第一章
# 特种业态物业的经营管理

我国的物业管理无论从管理物业类型还是物业服务内容上都经历了由简单到复杂，由低端到高端，由单一到丰富的发展历程。早期的物业管理始于对居住类物业的管理服务，经过三十余年的探索，已经发展到如今涵盖多领域各种类型的物业，管理范围不断拓展，服务业务不断丰富，专业水平不断提升。本章主要概略介绍除居住物业、工业物业、商业物业之外的其他特种物业（以下简称"特种物业"）类型的经营管理。

［第一节］
特种物业概述

# 004

## 一、物业业态分类及特种物业的概念

根据使用功能的不同，依照物业用途，物业管理行业一般将物业分为居住物业、工业物业、商业物业和其他特种物业四大业态类别。

### 1. 居住物业

是指具备居住功能、供人们生活居住的建筑，包括住宅小区、单体住宅楼、公寓、别墅、度假村等，当然也包括与之相配套的共用设施、设备和公共场地。

### 2. 工业物业

是指为人类的生产活动提供使用空间的房屋，包括轻、重工业厂房和发展起来的高新技术产业用房以及相关的研究与发展用房及仓库等。工业物业有的用于出售，也有的用于出租。一般来说，重工业厂房由于其设计需要符合特定的工艺流程要求和设备安装需要，通常只适合特定的用户使用，因此不容易转手交易。高新技术产业（如电子、计算机、精密仪器制造等行业）用房则有较强的适应性。轻工业厂房介于上述两者之间。

### 3. 商业物业

有时也称投资性物业，是指那些通过经营可以获取持续增长回报或者可以持续升值的物业，这类物业又可大致分为商服物业和办公物业。商服物业是指各种供商业、服务业使用的建筑场所，包括购物广场、百货商店、超市、专卖店、连锁店、宾馆、酒店、仓储、休闲康乐场所等。办公物业是从事生产、经营、咨询、服务等行业的管理人员（白领）办公的场所，它属于生产经营资料的范畴。这类物业按照发展变化过程可分为传统办公楼、现代写字楼和智能化办公建筑等，按照办公楼物业档次又可划分为甲级写字楼、乙级写字楼和丙级写字楼。商业物业市场的繁荣与当地的整体社会经济状况相关,特别是与工商贸易、金融保险、顾问咨询、旅游等行业的发展密切相关。这类物业由于涉及物业流通与管理的资金数量巨大，所以常以机构（单位）投资为主，物业的使用者多用所有者提供的空间进行经营活动。

### 4. 其他特种物业

除了上述物业种类以外的物业，称为其他物业，有时也称为特种物业。这类物业包括学校、医院、政府、文化场馆、体育场馆、银行、赛马场、高尔夫球场、汽车加油站、飞机场、车站、码头、高速公路、桥梁、隧道等物业。特种物业经营的内容通常要得到政府的许可。特种物业的市场交易很少，对这类物业的投资多属长期投资，投资者靠日常经营活动的收益来回收投资、赚取投资收益。这类物业的土地使用权出让的年限，国家规定最高为 50 年。

## 二、特种物业的分类

综合业界探讨和行业实践，我们把目前已经接触到的特种物业划分为以下十大类：

（1）政府类物业：包括各级党政机关、司法机关办公设施等。

（2）教育类物业：包括大学、中等专业学校和初级、高级中学等。

（3）文化类物业：包括图书馆、科技馆、档案馆、博物馆、科研院（所）、电台、电视台、音像影视制作基地等。

（4）卫生类物业：包括医院、疗养院、卫生所、药检所等。

（5）体育类物业：包括体育场馆、健身房、游泳馆、高尔夫球场等。

（6）交通类物业：包括车站、机场、码头、市政道路及综合交通枢纽等。

（7）金融类物业：包括银行、证券、保险机关办公设施等。

（8）娱乐类物业：包括影视剧院、音乐厅、歌舞厅、游乐场、卡拉 OK 厅。

（9）宗教类物业：包括寺庙、教堂、宗祠等。

（10）殡葬类物业：包括殡仪馆、墓园等。

以上的特种物业有些是公益性的，有些是营业性的，在传统房屋管理体制下，一般按系统进行管理，在投资、维修、保养等方面由主管部门承担主要责任。在经济体制改革中，按照政企分开的原则，以及物业管理的企业化、社会化、专业化的要求，这些物业可以由主管部门委托物业管理公司进行管理，也可以由主管部门按照现代物业管理模式进行自治管理。

## 三、特种物业的特点

### 1. 业态多元

如前所述，特种物业名义上是一种独立业态，实质上是多种不同类物业形态的集合体概念。具体表现有政府物业、教育物业、文化物业、卫生物业、体育物业、交通物业、金融物业、娱乐物业、宗教物业等不同类型。

## 2. 产权单一

各类特种物业的产权基本为相关单位或机构所有，即为单一产权，不存在产权多元化的现象。

## 3. 公益性明显

在现实中，虽然不乏有个别特种物业的运营具有一定程度的营业色彩，但绝大多数特种物业都是公益性的。不同类型的特种物业不论其具体服务功能是什么，都属于公共性服务，具有很强的公共性，社会影响面广，受到社会的广泛关注。

## 4. 服务对象不同

各种不同类型特种物业的服务对象明显不同。例如，学校是青少年集中场所，他们在校内一般要滞留 2 ～ 4 年。又如，游乐场所，各种年龄层次的对象都可能参与，一般滞留时间在 2 小时左右，流动性很大。再如图书馆，接待对象主要是中青年，有一定的流动性，但也有常客，通常滞留半天到一天。

## 5. 管理对象个性化要求明显

特种物业对"物"的管理有个性化要求。例如，图书馆、档案馆、博物馆收藏了不少珍贵的图书、资料、文物等，对环境的要求比较高；对医院而言，消毒、院感防范与医疗垃圾处置等有特别要求；金融机构和政府机构对保密和网络设施管理要求较高；剧院、音乐厅对声光设备管理有个性要求等。

[ 第二节 ]
特种业态物业的经营管理

# 008

## 一、特种物业引入物业管理的背景

伴随着我国改革开放的持续深化和不断完善，国有企事业单位和各类机构也先后启动了行政后勤管理体制的改革，并不断深化。这些单位和机构后勤改革的一个共同趋势就是后勤服务工作社会化。即将原来单位、机关自己负责的各项后勤服务工作推向社会、市场，从市场选购服务，并从各项服务的分别外包逐步转向将后勤服务与物业管理服务一同委托给物业服务企业。

与此同时，物业服务企业也在不断拓展市场，探索与实践各种业态物业的物业服务与物业经营管理。这种努力也促进了物业管理市场的细分，不断增加市场规模和容量。

可以说，国有企事业单位和机构的后勤改革为物业服务企业提供了更广阔的施展才能的舞台，但也提出了更高的、更具专业化的要求；同时，物业管理行业的不断发展与提升也全面推动了这些企事业单位和机构后勤改革的深化，两者相互促进，互补共生。毫无疑问，实施社会化、专业化、市场化的物业管理已成为我国各种企事业单位和机构后勤改革总的发展趋势。

值得注意的是，上述物业伴随着后勤改革的进程，其物业服务与经营管理的引进经历了一个过程。从单项服务的外包开始，逐步发展到实施物业管理服务的委托；在此基础上，物业服务企业开展的经营管理活动也从最初的拾遗补缺项目起步，逐渐扩大经营范围，拓展经营项目。时至今日，不同单位和机构的后勤改革进程各异，物业服务企业开展的物业服务与经营管理的层次与深度也不相同。

需要说明的是，一方面不同业态的物业具有不同的使用功能，服务对象各具特点，服务内容各不相同，其物业服务与物业经营管理的模式也互有差异；另一方面，这些业态的物业服务与物业经营管理的具体实践还不多，参与的物业服务企业也有限，理论研究尚不深入、系统。因此，还需要全行业的实践积累和深入研究，以丰富我国物业管理的理论体系。

## 二、特种物业经营管理

特种物业的物业管理，具有一般物业管理的共性，即都是"以物为媒，以人为本"的管理服务，管理专项如物业维护、环境清洁、治安保卫、车辆管理等方面有其共同点。然而，在具体实施物业管理时，还应着重分析各类不同物业的不同特点，实行有效的管理和服务。

这些差别主要体现在以下几个方面。

### 1. 服务双方易于相互沟通

多数特种物业产权单一，这有利于业主和物业服务企业在物业管理服务和物业经营管理中的相互沟通，易于通过协商取得共识，达到双赢。

### 2. 物业服务要响应服务对象不同需求

例如，学校是青少年集中的场所，他们充满活力，行动敏捷，动作幅度大，相对而言对设备设施的坚固性、耐久性、安全性的要求比较高。同时，由于他们在校内滞留时间长，因而物业服务企业可以借助学生组织开展多种管理活动。而游乐场所和文体活动场所，因参加活动对象年龄层次多样，滞留时间较长，流动性也很大，故现场保洁和人员疏散可能成为管理的主要方面。再如图书馆，接待对象及其活动时间特点，要求环境安静并适当提供餐饮服务。

### 3. "物"的管理要具有特色效应

物业管理服务除了服务对象因人而异以外，还涉及对于"物"的管理。例如，图书馆、档案馆、博物馆等文化类物业，因其收藏有珍贵图书、资料、文物，对环境的要求比较高，在防火、防盗、防光、防潮、防灰、防虫、防鼠、防有害气体等方面必须采取专门的有效措施。再如，医院保洁，要特别注重防止传染，严格按照要求处理医疗垃圾，并配以警示装置等。

### 4. 突发事件高发，应予特别重视

特种物业的使用性质决定这些物业发生突发事件、恶性事件的概率要高于住宅小区、写字楼等物业。近年，校园砍伤学生事件、医院因医患纠纷伤人事件、大型集会踩踏事件等时有发生，社会负面影响很大。因此，从事此类物业服务的企业应当特别予以重视。

### 5. 经费来源不同，物业服务费相对更有保障

在特种物业的管理中，凡属经营性的，如歌舞厅、卡拉OK厅、健身房等，可以采取自负盈亏的方式实施物业管理。凡属半营业性质的，如疗养院、卫生所等，基本上由主管部门补贴。凡属公益性质的，如图书馆，基本上依靠财政拨款，同时，可以开展一些收费服务获得一些款项，如图书馆的复印、翻译、展览等，但数目一般很小。

特种物业由于产权单一，对物业服务企业而言，物业服务费的收缴有较好的保障，基本不存在收缴不到位的问题。当然，在合同洽商的过程中，费用的具体标准及所包括的支

出项目仍是双方谈判的核心之一。与住宅小区、写字楼、零售商业物业相比，需要注意的有三点：一是这些物业的物业服务费一般都是事后支付，即不是在物业管理服务开始时支付。而且，通常还要求物业服务企业预付一定的保证金；二是尽管这些物业的定价方式是市场调节价，但国有性质的单位或机构因为有财政预算控制，在价格上是有上限的，双方谈判空间不大；三是这些物业的收费标准较为复杂。

总之，特种物业不论是在理论研讨还是实践运作方面都处于发展起步阶段。从物业管理角度出发，特种物业管理与一般物业管理都要进行房屋建筑及设备设施的维修养护、环境保洁、保安等基础性管理，都要通过委托物业管理服务合同维系业主与物业管理企业的劳务交换关系，塑造一个安全、整洁、舒适、优美、方便的环境。随着实践的不断深入，特种物业管理将会像其他物业的管理一样步入正轨，获得快速而稳步的发展。

## 三、物业服务与经营管理的管理模式

从管理模式上讲，大体分为两种：第一种是单项或多项后勤服务工作外包，如食堂、保洁等。从严谨的意义上讲，这属于劳务外包，又分为两种形式：一种是单纯的包清工，如食堂只向某餐饮公司或物业服务企业外包劳务人员（如厨师），其具体的食堂运营管理工作，仍由该单位负责；二是将食堂的管理与服务一同外包。另一种管理模式是将整体服务工作全面委托物业服务企业实施，这才是真正意义上的物业管理模式。根据单位规模的大小，有时委托一家物业服务企业，有时委托几家物业服务企业。如清华大学，目前校内物业服务企业已达 8 家，分别负责不同的院系物业、图书馆等。

以物业服务提供商为主体的初级商业模式，在中国物业管理前三十年的发展成就中功不可没，但我们不能过高估计其价值。物业管理行业要实现适应现代服务业的转型升级，就必须着力于转变发展方式，调整产业机构，其核心内容离不开改进和创新现有的物业管理商业模式。在国内物业管理行业，物业保障服务商就是一种方兴未艾的商业模式。

物业保障服务商，又称物业后勤服务模式或者物业支援服务模式，是物业管理行业顺应后勤服务社会化改革趋势而诞生的一种混合商业模式。其特征是，物业服务企业不仅从事不动产管理业务，而且受托提供配餐、会务、接待、交通、物流等方面的后勤服务，以全方位满足客户非主流业务之外的多元化需求。其实质是，物业服务企业取代客户的后勤保障部门，以市场化的方式为客户的后勤保障需求提供全面解决方案，使客户高度关注其核心业务的开展和品牌价值的创造。

该模式是物业服务企业和客户双赢的理性选择。从物业服务企业角度讲，市场竞争使其在提供不动产服务的同时，必须挖掘客户的相关需求并提供增值服务，而相关增值服务与不动产服务结合在一起时，可以实现资源的优化配置、成本的有效控制和客户信息的无障碍沟通；从客户角度讲，专业分工使其有必要将后勤保障支援事务从核心业务中剥离，由物业服务企业整合分散的后勤服务并形成统一的支援保障系统，有利于提高管理水平和劳动效率，改善工作环境和服务形象，提升服务质量和客户满意度，从而增强自身的核心竞争能力。

与其他商业模式相比，物业保障服务商模式对企业的客户关系管理能力提出更高的要求。一般商业模式下，物业服务企业只关注合约客户的需求和满意度。物业保障服务商模式下，客户具有双层次甚至多层次的特点，物业服务企业不仅要让合约客户感到满意，而且要让合约客户的客户感到满意，这就要求物业服务企业要根据目标对象的特征，制订并实施有针对性的客户关系战略和客户满意战略。

需要特别强调的是，无论是上述的哪种情况，物业服务企业开展工作的基础首先是基本的管理服务，包括设备设施的维修养护，保洁、绿化等环境的净化美化，公共秩序的维护等。在做好这些基础性服务工作的同时，根据可能与需要，再开展相应的经营项目，一方面为业主提供方便，满足其需求，一方面增加自己的收入与利润。

［第三节］
特种物业经营管理整体策划案例

## 案例 01：重庆大正物业高校物业服务特点与主要内容

重庆大正物业管理有限公司成立于 1995 年，是重庆市最早成立的专业物业公司之一。现有员工 9800 人，物业管理项目 200 余个，管理面积 2600 余万平方米，2014 年产值超过 4 亿元，是目前重庆市规模最大的专业物业服务企业，国家一级物业资质，重庆市著名商标。物业服务类型涵盖公共物业、学校物业、住宅物业、商业物业、工业物业等五大类别，为行政机构、事业单位、高等院校、公共场馆、文化休闲、商场、酒店、公寓、写字楼、工业园区、住宅小区、部队、公园、古镇等提供形式多样的高品质物业服务。

重庆大正物业管理有限公司自 2005 年开始为重庆大学等高校提供物业管理服务，经过十年的努力和发展，目前共为重庆大学等 16 所高等院校及 2 所中小学提供物业管理及后勤保障，现有员工 2000 人左右，服务范围从基础服务扩展至教学服务与学生公寓管理服务等诸多方面，并形成了自己的管理风格和服务特点（见表 1-1）。在管学校中国优项目两个，市优项目三个，区优项目 5 个。

**大正物业高校物业服务类别与内容** 表 1-1

| 服务类别 | 服务内容 |
| --- | --- |
| 教学管理 | 1. 各教学楼设立值班室，协调教学管理的有关事务，发放和回收扩音设备、多媒体机柜钥匙等并及时处理师生的服务需求，做好值班记录 |
| | 2. 教学时间按照学校教务处的课表安排、调课通知、考试安排等教学使用计划准时开关教室，非教学时间需经校区管委会同意方可开放教室 |
| | 3. 对教学楼内的教室实行动态管理，确保满足教学及正常使用需要。管理员按作业文件规定频次巡查教室使用情况，根据教学实际情况和学生需求合理安排自修教室 |
| | 4. 教学楼内物资设施的等级管理，为每个教室配齐粉笔、笔擦，并检查课桌椅的配备情况，及时报修，以保证满足上课需求 |
| | 5. 学术报告厅的运行管理，根据学校教务处计划，跟进学术报告会及各类讲座的服务保障工作 |
| 公寓管理 | 1. 各楼栋设立前台服务，协调学生宿舍管理的有关事务，办理入住登记、来访登记、按照规定的作息时间开关楼栋大门、单车棚管理等，做好值班记录 |
| | 2. 迎新期间根据学院辅导员开具的入住通知单安排新生入住，其他时间根据管委会后勤开具的入住通知单安排学生入住 |
| | 3. 学生宿舍内物资设施（包括家具、电器、水电设施等）的登记管理并及时报修，以保证满足学生需求 |

续表

| 服务类别 | 服务内容 |
|---|---|
| 设施管理 | 房屋建筑物本体、共用部位及共用设施设备的维护保养 |
| | 供配电系统、中央空调、热水锅炉、电梯、给水排水系统、消防系统等设施设备的日常运行和维护保养 |
| | 教学楼、学生公寓的小型维修 |
| 秩序维护 | 交通秩序维护与车辆停放的管理 |
| | 服务区域内的安全防范工作 |
| | 消防安全检查和宣教工作 |
| 环境管理 | 1. 教学区楼内走廊、楼梯道、电梯间、卫生间、教室、教师休息室、会议室、接待室、自修室、阳台、天台、教学区室外道路、停车场、体育场等公共区域的清洁卫生、日常保洁、消毒、杀毒、生活垃圾的收集、清运 |
| | 2. 生活区学生宿舍外的公共部分、生活区室外道路、运动场馆等公共区域的清洁卫生、日常保洁、消毒、杀毒、生活垃圾的收集、清运 |
| | 3. 教师公寓、商业楼、临时员工宿舍、室内网球馆、学生食堂外环境等公共场地的清洁卫生、日常保洁和生活垃圾的收集、清运 |
| 特约服务 | 学校及师生专属区域的设施维修、清洁开荒及票务代理、学生大件物品寄存、家教中介等 |

## 1. 教学管理服务

"教学大于天"，教学管理服务是学校物业管理的重中之重，教学设备、教学物质保障服务，各类教学计划、各种考试计划的执行和落实等直接影响着学校教学任务的完成，大正物业公司通过多年教学管理服务的经验总结，逐渐形成了完善的"教学管理服务标准化"和"教学应急保障措施"等一系列行之有效的措施与制度，通过重庆市级高校物业管理标准化试点工作的实施，对相关标准进行了固化，形成了具有鲜明特色的教学管理服务模式。

## 2. 公寓管理服务

现代校园公寓管理已不同于以往，公寓管理不但要做到日常的基础管理，而且还要关注到学生的日常生活，协助校方了解和掌握学生的思想动态。建立学生思想动态档案，定期进行心理沟通。及时做好报失报修及物件进出管理。维护学生公寓正常的公共秩序。公寓管理员实行"早迎晚送"式亲情服务，让学生感受到"公寓似我家、阿姨像妈妈"的公寓氛围，最大程度贴近学生的日常生活。得到学校领导、学生和学生家长的称赞。

**3. 学校假期管理服务**

学校物业管理与其他类型物业的重大区别之一就在于"假期"，也是最能体现物业管理水平的特殊时期。而直接体现在假期前后的"放假、开学两个时间点"上，大正物业经过多年的管理服务实践，逐渐形成了假期物业管理服务标准和模式。既满足"送老迎新"繁忙工作，又可利用对设备设施进行大规模的检修和维护保养以延长设施设备的使用年限。也充分利用假期时间对员工进行各种培训和岗位练兵。学校假期管理服务，已经成为大正物业学校管理服务的特色品牌。

**4. 管理服务标准化**

经过多年的总结和实践，大正物业总结和形成了公司"高校物业管理服务规范"。并被确定为重庆市高校物业管理服务标准化试点单位。通过两年的探索和试点，形成了比较完整的高校物业管理服务标准化体系，建立了公司的高校物业管理规范。使公司高校物业管理服务又上了一个台阶。为公司未来高校物业管理服务标准化、规范化建立了基础，为公司服务模式的可复制提供了保证，为物业同行提供了经验。

**5. 校园文化建设**

公司从 2005 年为第一所高校提供物业管理服务开始就高度重视文化建设，努力使物业服务工作融入学校的管理工作当中，使之成为学校工作的一部分。同时教育员工要先成为学校人，然后才是大正人。这样员工才会有主人翁的责任感和主动意识。通过多年高校物业管理服务工作的实施，使这一口号被更多的员工所接受，已经成为公司的高校物业服务理念和文化理念。

"人过地洁"是公司在高校物业服务工作中提出和践行的另一种文化和口号。提倡和鼓励从事高校物业服务的员工，不分工种、不分职务，在管理区域见到白色垃圾都要有随手拾捡的意识并成为一种自觉行动。这样做一方面通过此行为整合全员的力量维持环境的美观，另一方面通过此举感染服务的师生，让其养成良好的卫生习惯。

**6. 作业机具的重点投入**

近两年加大服务机具投入超过 260 万元，如警务巡逻车，大、中小型清扫车等不但通过生产组织形式的优化组合，大大提高机械化作业水平同时也降低了员工的劳动强度。同时减少了用工人数，从而提高了服务质量和效率，减少了对学校正常教学、生活秩序的影响。

**7. 校企合作共建双赢**

校企合作，充分发挥企业和高校两个积极性，为培养新型实用人才探索道路。为加强校企深度合作，公司与高校合作，就合作原则、合作内容、合作方式等达成协议。几年来通过校企间的紧密合作，先后在企业建立了三个学生实习基地，而且优先录用服务院校学生为管培生，仅两年就选用了150余人，许多学生已成为基层高校服务队伍骨干。同时在企业建立"教师工作站"，教师全脱产来企业任职业务经理、品质经理一年，全部按正式员工考核，共引进博士1人、硕士3人来企业任职，提高了高校物业服务的理论研究水平。

充分利用学校的教学优势，定期给企业中高层管理人员进行专业理论的培训，提高企业管理人员的理论水平。

# 案例02：广东众安康后勤集团医院后勤物业服务模式与战略解读

## 一、众安康立志做全国医院后勤服务行业领先者

广东众安康后勤集团有限公司（以下简称"公司"或"众安康"）成立于1999年11月，现有48家分公司、8家子公司，员工15000多人。公司具有国家一级物业管理资质，2015年1月15日，中国证监会正式批准上市。

众安康后勤集团是中国医院后勤社会化服务的领先企业，集团经过十六年的发展，逐渐形成了以医疗后勤综合服务为核心，医疗专业工程整体解决方案为辅，医疗用品销售为有益补充的业务结构。其中，医疗后勤综合服务为集团发展之根基，其主要针对医疗机构非诊疗支持保障服务体系提供全方位一体化管理服务，涉及医院机电管理，消防安全，保安、保洁、导医、导诊、病患餐饮、陪护服务，医疗设备物资管理、医院手术室、重症监护室等医疗设施的洁净工程，以及医院信息化建设等业务功能。

20世纪90年代开始，国家号召医院后勤服务社会化改革，这是医院改革的一个突破口。广东众安康后勤集团有限公司发挥其企业的体制与机制优势，率先在这一领域进行探索和创新，逐步建立起适合医院发展、服务优质、保障有力的新型后勤服务体系，走出一条符合社会主义市场经济和现代医院后勤管理的新路子，彻底摆脱了传

统医院后勤管理中人事、分配、效率、效益等深层次矛盾，攻克了传统医院难以克服的后勤机构臃肿，人员过剩，效率低下等"顽疾"，为医院缩减了上万名员工编制，节省费用开支数亿元，全方位实现了优质、高效、低耗服务，为医院快速发展注入了强劲的动力。

广东众安康后勤集团有限公司秉承"品牌＋创新"的理念，不断创新和提高医院后勤服务科技含量，自主研发行业领先的具有自主知识产权的众安康集团管理信息系统、医院后勤管理信息系统、医院后勤应急指挥信息系统、医院后勤安全管理系统、医院物资管理信息系统、医院资源计划管理系统。编著和出版《医院后勤管理实用手册》和《医院后勤一体化物业管理物务规范》，量身定做了一套切实可行的具体操作方案，力求把医院委托服务管理的每一个项目都做出特色，做出效益，打造成精品。集团先后承担全国110多家大中型医院的后勤综合管理服务和洁净工程建设，成功打造了以北京大学深圳医院后勤社会化服务为代表的医疗后勤综合服务典范，在全国医院后勤服务社会化改革中起到了标杆示范作用。党和国家领导人多次到北京大学深圳医院参观考察，国内外医院1000多批次团体到该院参观交流，中国医院协会和广东省医院协会先后三次召开现场会议，向全国医院大力推荐北京大学深圳医院后勤社会化服务的理念与模式，中国医院协会还将北京大学深圳医院作为全国医院后勤管理的培训基地，在全国范围内开展行业交流推广。

## 二、"众安康模式"及其价值解析

在我国，医院后勤服务管理是新兴行业，也是极具生命力的朝阳产业。众安康立足市场前沿，紧扣现代医院大后勤观念，以敏锐的触角和快捷的作风，率先运用全新的理念、机制和经营管理模式，主动与临床服务、医学工程、人文关怀相融相通并逐渐摸索出一套有理论、有实践、切合现代医院后勤服务的社会化经营管理模式——"众安康模式"。纵观众安康集团16年的实践，我们认为其倡行多年的"众安康模式"应有理论性价值模式、运作性事务模式与流程性服务模式三个不同层次的理解、呈现。

### 1. 理论性价值模式

所谓理论性价值模式，强调从理论层面阐述公司提供的后勤一体化服务对医院后勤社会化管理的价值。集团专门成立医院后勤与健康产业研究所，负责医院后勤服务社会化及集团发展战略与模式的研究，林正刚正是他们的学科带头人。在相对庞杂的医院后勤服务管理方面，众安康人深入研究和探索，积累了丰富的理论和实战经验，为政府推行后勤社会化提供专业支持。"众安康模式"以紧贴医院需求和特点、紧贴医院效益和医疗行业发展趋势为服务目标，为医院提供最佳服务。其宗旨是以最合理的资源配置发挥最大的效能，其核心理念是追求品质与创新，把客户交给的每项服务做出特色、做出效益、做成精品。他们的理念、作法、经验和成效，在广大地区已经形成与现代医院建设息息相关的竞争优势，而且具有独特魅力。

### 2. 运作性事务模式

运作性事务模式，是指集团倡行的价值模式在各医院后勤服务项目现场运作中的具体呈现。实践方面，林正刚认为，后勤专业化是医院后勤社会化改革的目标和归宿，而全方位、一体化后勤服务是后勤专业化的核心和根本，是目前我国医院后勤社会化最彻底的一种模式。后勤一体化又可细分成全方位一体化和单项专业化两个方向，单项专业化立足于将服务做精做细，全方位一体化则立足于统筹管理，强调规模效应。只有这样，才能把医院后勤做专、做精、做大、做强。众安康后勤服务管理内容包括物业管理（房屋本体养护、机电设备运行维护、安全保卫、清洁卫生、园林绿化）、医疗辅助服务（导医、专业陪护、护工、医用被服洗涤、医疗运送）、餐饮服务（营养配餐、职工用餐、接待餐饮）、商业与物资管理（自选商店、文化书店、便民服务车、物资/仓库管理）及其他服务（医院中心消毒供应室、医院信息系统、医院公务与职工上下班交通运输、幼儿园、会议室、行政办公室、招待所、文体场馆管理）等等。按照项目类别，众安康提供的服务可分为5大类、25子项、70多个工种，并且，现有服务项目和工种仍在不断丰富、创新、发展、完善和扩充之中。众安康通过"1+3"服务责任制、标准化服务作业、限时复命制、CBA训练认证制、质量自查提升责任制、"四定"目标责任制等有效的管理模式和监督机制，实施科学、严格、高效的管理。在此理念指导下形成的特色服务和低耗运作原则，构成了众安康品牌的核心竞争力。

### 3. 流程性服务模式

流程性服务模式，重在用标准化、规范化、文本化形式比较详细地展示医院后勤服务的各项内容，使其直观化、体系化、可操作化。应该说，这一层次工作集团历来十分注意，推进有力，成果丰富，社会认可。在企业内部标准化方面，众安康推出《企业综合管理服务手册》一套14册，包括《质量/环境/安全管理手册》、《体系综合管理手册》、《环境安全管理手册》、《项目发展及支持手册》、《行政管理手册》、《人力资源管理手册》、《财务管理手册》、《机电设备管理手册》、《医疗辅助服务手册》、《环境美化服务手册》、《保安服务手册》、《餐饮服务手册》、《商业服务手册》、《服务受理及其他服务手册》。2008年参加卫生部行标 WS308-2009《医疗机构消防安全管理》标准的编制，已于 2009 年 12 月 1 日实施。2009 年接受中国和广东省医院协会后勤管理专业委员会的要求主持编写了《医院评价标准》(后勤保障)，2010 年 7 月已通过试行，拟在全国医院晋级评审时用于"后勤保障"的评价标准。2013 年众安康在医院后勤服务标准化方面继续努力，上半年受政府部门委托牵头编写了深圳地方标准《医院物业管理内容与提供标准》，10 月集团组织编撰的全国首部《医院一体化物业管理与服务规范》也在机械工业出版社正式出版发行。

## 三、众安康集团的发展战略解读

### 1."双路径"发展战略

众安康集团自 1999 年正式组建以来，在医院后勤物业服务平台上，向医院物业服务和医院大后勤服务两个路径发展。众安康在坚执于医院大后勤服务，强调自己是一个专业的医院后勤管理机构的同时，并不否定自己是一个特色物业服务企业。集团是住建部颁证的国家一级资质物业服务企业，是 2013 年荣获中国物业管理协会评选的物业管理综合实力 TOP200 企业，中国医院物业管理特色服务企业排名第一。正因为如此，众安康可以借用物业管理的行业平台力量，参照物业管理行业基本理论和法律法规，学习同行企业的先进管理经验，分享行业发展的共同荣光。

### 2. 集中与聚焦战略

众安康多年来一直坚持"定位定天下"的主张。众安康承认自己是一家品牌物业服务企业，但绝不满足于做普通的物业企业。在总裁林正刚先生领导下，众安康根据内外部条件，在与竞争对手力量对比之后，坚持集中目标市场策略，选择医院后勤服务细分市场作为自己的目标市场，以全心全意致力于中国医院后勤服务，做行业的领先者为愿景，坚持聚焦医疗机构，服务医疗机构，服务病患者，死心塌地坚持做医疗后勤业务。"一招鲜，吃遍天"，实行集中与聚焦战略（见图 1-1），拓展与深化了医院后勤服务内容，有效地控制了成本，提高了运营管控的科学化、标准化水平，加强了集团在医院后勤领域的市场地位，经过近 15 年的艰辛努力，终于"玉汝于成"，发展成为国内排名第一的医院后勤品牌企业。

图1-1 集中与聚焦战略图示

### 3. 大后勤 "双轮驱动" 战略

经过多年实践探讨，众安康整体定位医疗后勤服务，聚焦两大业务，形成"双轮驱动"发展战略（见图1-2）。前轮是医院后勤综合服务；后轮是医院工程建设，二者皆属医院大后勤业务。医院后勤综合服务，包括五大类内容：①医院的动力能源管理；②医院安全管理；③医院环境美化；④医疗辅助；⑤生活保障。医疗工程建设，包括①手术室洁净工程；②ICU洁净工程及相关洁净工程；③制氧中心。在医疗工程建设领域，企业拥有医疗工程公司和电力工程公司等配套子公司，是医疗后勤管理的坚强后盾，有效的提升了医院后勤管理的工程技术实力。

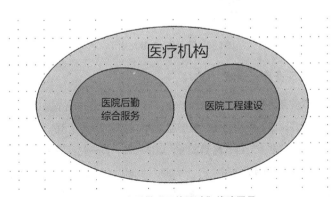

图1-2 大后勤 "双轮驱动" 战略图示

### 4. 不平衡 Y 型战略

总体而言，众安康集团在医院后勤业务方面的战略思路可以概括为不平衡 Y 型战略（见图1-3）。简单地说，就是坚持了双路径发展与重点方向聚焦发展的统一。其中，在医院常规物业管理方面，坚持"个性、延伸、标准、融化"原则，始终作为基础业务给予关注。所谓个性就是要找出医院在物业服务方面的个性化需求并加以切实满足；延伸就是要在医院服务中大胆开展各类延伸服务，为院方创造附加价值，提升项目盈利能力；标准则是要强化规范化、标准化与流程化管理；融化是指医院物业服务内容要逐渐融化到医院大后勤服务的内容中，成为其组成部分。在医院后勤业务方面，则坚持"专注、放大、深化、包裹"原则，实施高度倾斜、聚焦发展战略。坚持咬定医院后勤不放松，逐步放大服务内容范围，深化、细化服务内容，并最终求得以广义的医院大后勤服务包裹常规物业管理内容。

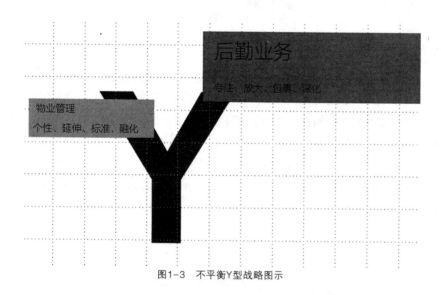

图1-3　不平衡Y型战略图示

### 5.外延发展"四轮齐动"战略

　　未来几年，众安康将聚焦医疗与健康产业，因为这个产业市场前景广阔，国家政策支持度高，业务黏度强，市场吸引力强，复制能力大，资本放大能力强。集团将以医院后勤服务为基础，探讨集团业务外延式跨越发展。具体思路，其一是从医院后勤服务的医疗辅助服务系统中剥离护工、陪护业务，进一步加以精细化、专业化，延伸护理、养老服务；其二是从医院内部工程建设发育延伸出医院整体基建业务，进一步研究养老养生健康产业园建设，打造城市医疗综合体。这样，从整体上，众安康的发展战略就由原来的"双轮驱动"，升级发展到谋求医院后勤综合服务、医院工程建设、护理养老服务和医院整体基建工程建设"四轮齐动"（见图1-4）。

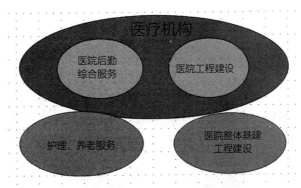

图1-4 外延发展"四轮齐动"战略图示

## 案例03：中航物业对金融机构特色物业服务的实践总结

### 一、丰富的金融项目物业管理服务经验

中航物业具有金融机构物业管理服务的丰富经验。从前期接管到日常工作的相互配合支持，中航物业依靠自身的专业化和市场化运作，在与金融机构的相互适应、磨合到相互配合支持过程中，对在管金融物业项目的整体情况都非常熟悉，在清洁服务、餐饮服务、会务服务、文体活动服务、公用设施维护、机电设备运行保障等方面具有成熟的服务经验，并摸索出了一套适合金融实际的后勤一体化管理服务体系。

目前由中航物业提供多年服务的金融类项目有工商银行××分行（见图1-7）、民生银行××分行（见图1-6）。2009年先后中标农业银行××分行、××分行项目，2010年中标招商银行长沙分行项目，2011年中标广州农村商业银行（见图1-9）及中国人民银行总行项目（见图1-5），2012年中标山东金融项目（见图1-8），2013年中标广盈农商银行、××南山金融和佛山农商行项目，进一步拓展了金融业后勤化服务的广度与深度，在中航服务的金融类物业项目中，提供了包括银行超高层写字楼物业管理服务、营业厅大堂引导服务、网点物业管理、数据中心物业管理、机房物业管理、后勤仓库物业管理以及银行员工餐的餐饮服务、客房服务及领导办公区域VIP服务等，服务内容涵盖了金融银行类物业管理服务的方方面面，中航物业在项目服务过程中通过不断总结提炼，形成经验积累，公司创建了金融物业知识库和案例库，内部随时可以查阅和分享成果，共同促进与提高。

部分同类业绩展示如下：

图1-5　中国人民银行总行办公楼

图1-6　民生银行××分行

图1-7　工商银行××分行

图1-8　农业银行××分行

图1-9　××农村商业银行

图1-10　××农村商业银行

## 二、中航物业金融机构物业管理目标和服务定位

管理目标：打造金融系统后勤社会化服务标杆。

服务定位：安全高效、超越创新、亲和默契、保密环保。

（1）安全高效。建立起一套针对项目特征的安全管理体系；并"以客户为中心，以流程为导向"，围绕客户需求，精编流程，提高效率。

（2）超越创新。为了给金融机构提供与之相匹配的服务，中航物业在创新方面不断追求和探索，以求超出客户期望，提供与客户需求高度结合的物业服务。同时，将利用各类活动，调动员工无时无刻不停止创新思考和行为，最大程度促进中航物业内部创新，并根据 ** 金融特色将服务应用于物业管理中，中航物业相信"服务只有起点、满意没有终点"，需要通过不断的追求，才能超越客户期望。

（3）亲和默契。为金融机构各项工作正常运转提供必要的专业保障，为金融机构员工提供周到、热情、高效的服务。中航物业将建立完善的团队建设体系，从员工生活、团队建设等方面着手，融入金融文化，保持顺畅沟通。通过与金融机构多年合作所积累的经验，能够持续创新，提供更加符合金融需求的服务。

（4）保密环保。在物业服务中倡导低碳高效节能，体现节约型管理服务理念。中航物业将从节能降耗、绿色能源、绿色材料等多方面着手，将"低碳环保"的概念融入物业管理的每个细节，同时金融类物业要求保密的需求，需要物业服务单位从员工选用和管理中强化保密意识。

## 三、中航物业服务金融项目的十大措施

结合以往经验，针对 ×× 金融项目的管理目标和服务定位，本着"真诚合作、专业保障、长远承担"的服务宗旨，中航物业提出确保项目运作支持控制与管理重点服务的十大措施（见图 1-11）。

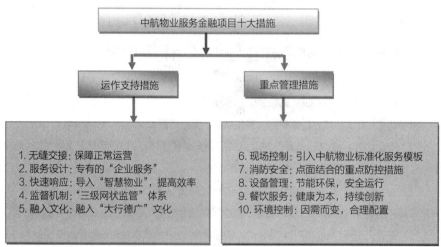

图1-11　中航物业服务金融项目十大措施

**措施一："无缝交接"平稳有序开展接管工作，保障正常运营不受影响**

　　金融机构后勤服务的平稳交接是开展优质服务的基础，中航物业的指导思想是提前沟通、周密计划、无缝交接、全面迅速、安全有序，以此保障在服务交接过程中不影响项目的后勤工作的正常开展。

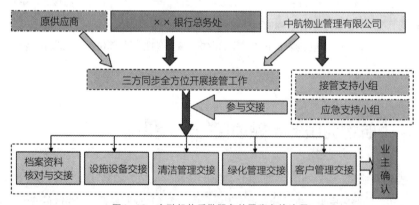

图1-12　金融机构后勤服务的平稳交接流程

　　（1）中航物业将与××银行建立沟通渠道和专门沟通方式，组织三方（或多方）协调沟通，形成一个良好的交接环境。

　　（2）统一部署制定详细的交接计划，在实体交接前进行资料核对和设备摸底等工作。

　　（3）协助××银行组织开展三方（或多方）同步全方位交接，以达到快速接管。

中航物业将利用公司的资源，为该项目的交接工作提供坚强后盾和强力支持，确保××银行的日常工作与业务开展不受任何影响（见图1-12）。

**措施二：提供多层次配套服务设计，打造高标准服务水平**

中航物业将按照金融企业物业的特点，细分××银行的服务需求，进行贴身设计服务项目，同时打造高标准的服务团队与服务设计相配套，提供多层次、个性化的服务内容来满足客户不同需求。

（1）专属设计，人文创新，品质服务

服务设计专属化：针对不同的服务区域、服务对象、服务需求，分别设计服务内容并实施适宜的个性化服务。

1）VIP服务（专属团队）：针对高管的服务需求，配置专属团队，提供专人服务，实施全新的"酒店式、隐性服务、专属服务"，包括：室内保洁、会务接待等。

2）适合金融物业的服务套餐：专门针对××银行各类上级考察、接待、大型研讨会、新闻发布会、行政办公会、年终决算配合、年终晚会配合、年度运动会配合等，设计不同的服务方案，确保高标准的服务。

3）资源便利提供：整合中航物业的资源，为客户提供优惠及便利服务。

（2）强化培训，精雕细琢，注重服务人员服务技巧与礼仪形象打造

项目全体服务人员进入项目参与服务之前，中航物业借助中航集团内部兄弟单位——中航酒店管理公司的专业培训人员与培训教材首先对所有服务人员进行职业礼仪规范、倾听技巧、服务控制等方面进行培训，考核合格后上岗，打造职业化员工形象，凸显客户尊荣。确保服务人员从服务技巧、礼仪形态与外观形象上符合该项目和谐亲民的行政办公氛围，并从中航物业现有管理项目中抽调具有丰富客户服务经验、形象气质佳的服务人员组成客户服务专业协助团队，协助该项目做好会务接待工作。

**措施三：以"智慧物业"为平台，以质量体系和标准化管理为基础，建立快速响应与管控体系**

（1）引入"智慧物业"管理工具，实现客户服务一站式、智能化，提升内部管控与调度效率

导入全新信息化管理软件和配套硬件，提升为集客户服务、会议室管理、现场巡查、设备管理、邮件收发、库房管理等服务管控于一体，将一站式客服中心科技化，使信息流转更快捷、服务监管更有效（服务需求无遗漏、所有服务数据、流程层层受控）、服务改进更有据（服务数据真实积累、实时分析、提供改进的依据及改进效果监控）（见图1-13）。

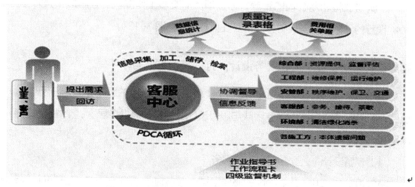

图1-13　中航物业一站式客服中心示意

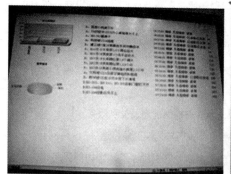

图1-14　中航物业信息化的客服中心，管理现状、服务信息一目了然的显示在大屏幕上

其次，通过"现场标准化数据库"，将不同类型物业的规范服务标准植入现场，使各物业工作效果有据可依（见图1-14）。

（2）导入质量管理体系，应用"现场标准化数据库"

质量管理体系是服务控制的基石，在该项目的管理中中航物业将导入质量管理体系，除要求服务人员依据质量管理体系进行作业外，还将定期由相关人员按体系文件核实作业的规范性，以利于该项目服务质量的规范和持续提升。

应用公司现场标准化数据库，将各物业服务板块的服务规范标准植入该项目的服务过程中，规范员工操作流程，使服务人员明确应达到的效果。

**措施四：整体运作实施"三级监管"体系，采取网络化立体式监管模式，确保监管到位、反馈及时，服务水平持续提升**

中航物业在 ** 银行项目物业管理上实行"中航物业——** 分公司——物业服务中心"

三级监管体系，确保项目物业服务水平持续提升。

中航物业对物业服务中心日常管理服务水平，进行月度、季度绩效考核，对项目日常物业管理不符合项开出《问题／报告处理单》，要求物业服务中心限时纠正。

** 分公司对物业服务中心日常管理服务水平进行月度检查考核，组织项目部内各物业服务中心间互检、互评，对项目日常物业管理不符合项开出《问题／报告处理单》，要求物业服务中心限时纠正。

物业服务中心由经理牵头组织各部门负责人，对日常管理服务水平进行每周自检、发现问题，对于能够现场解决的问题，现场监督解决、纠正，对于不能现场解决的，限时解决、纠正，并将内容做好详细记录。

**措施五：融入金融机构文化，强调和谐氛围和节能运营**

（1）全员学习和深入了解金融文化，营造项目良好氛围

使物业服务中心员工了解 ** 银行的企业历史，深入了解 ** 银行的企业文化。便于在服务过程中，可以将这些文化融入每一个服务细节。以金融员工为核心，塑造"关心人、尊重人"的文化氛围和环境，充分体现该项目人性化的特色。

（2）配合农业银行的"绿色治理"理念，协助金融建设"绿色银行"

在中航物业日常管理过程中，积极响应政府倡导的"绿色 GDP"、"节能减排"的号召，融入了低碳环保的管理模式，创建清洁生产企业便是中航物业在行业内率先引入国际先进环保理念的运作成果，中航物业将把这项内容引入到该项目中，协助金融建设"绿色银行"。

结合 UNEP（联合国环境规划署）对清洁生产四层含义的概括：

1）节省能源、降低原材料消耗、减少污染物的产生量和排放量。

2）改进技术、强化企业管理，最大限度地提高资源、能源的利用水平和改变产品体系，更新设计观念，争取废物最少排放及将环境因素纳入服务中去。

3）通过排污审计，发现排污部位、排污原因，并筛选消除或减少污染物的措施及产品生命周期分析。

4）保护人类与环境，提高企业自身的经济效益。

中航物业在 ×× 银行项目的节能环保管理上，将以上四层含义对应的内容结合目前实施的 OMIS 管理系统、ISO14001\ OHSAS18001 管理体系、开展环保宣传、开展过程管理、开展节能改造、实施排放监控等多种手段，使其纳入清洁生产企业的范围，为该项目打造环保绿色形象贡献力量。

**措施六：引入中航物业标准化模板**

中航物业在客户服务尤其是会务服务标准化方面领先行业，建立有完善的服务标准体系。中航物业将通过标准体系的导入，对服务过程的每个环节进行规范。** 银行项目服务过程中中航物业将引入这套服务体系，借助服务全国人大的高端会务服务标准，提供会务接待服务。

××银行项目涉及多个物业，为避免不同项目和人员对同一工作表现不同的工作效果，现场管理水平参差不齐的现象，中航物业建立"现场标准化数据库"，结合实际将以往的管理累积经验和项目涌现的新创意，以彩图、样表填写、以文字等相结合的直观方式，按工程、安全、行政、清洁等管理类型收集、整理和编制，并定期以现场检查、会议、小组讨论等方式持续推广，以达到好的标准系统在不同物业现场的移植，各物业工作效果及人员表现一致的效果。

**措施七：采用超常规的安全管理体系，实施点面结合的重点防控措施**

××银行项目安全管理体系有别于一般物业类型的安全管理体系，除常规安全管理内容外，项目日常保密管理、应急事件处理等关系到 ** 金融的正常办公秩序（见图1-15）。

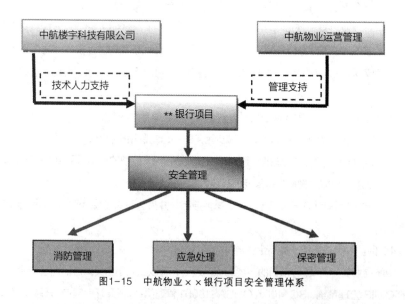

图1-15　中航物业××银行项目安全管理体系

完善重点防控。物业服务中心通过消防安全管理方案、精细化作业流程等方式，确保辖区消防安全。针对楼宇内特殊的设置，在重要的部位建立重点防控措施。服务特色:主动、超前、零干扰、零缺陷、零风险。

（1）消防管理。加强消防宣传、完善巡查机制、进行消防事故易发点梳理，定期消防演练、特殊时段（节假日、大风天气）进行全面隐患排查。

（2）保密管理。人员严格政审，学习《保密法》，考核合格后上岗，严格按照行业与中航物业保密管理规定，实施保密控制，确保信息安全。

（3）应急管理。依据建立的应急管理制度，定期核查应急设备，组织人员开展应急预案的演练，不断提高应急反应能力。

**措施八：建立设施设备管理体系，引入 FMMIS-PDA 系统**

中航物业根据 ** 银行项目设施设备的不同使用情况与管理要求建立不同模块，按照不同的方式进行管理与维护，着重其针对性，提升设备管理效果。管理方式，如图 1-16 所示：

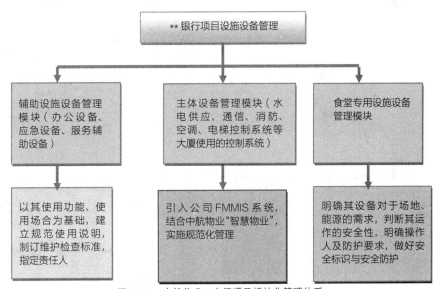

图1-16 中航物业**农行项目模块化管理体系

（1）主体设备模块的管理：引入 FMMIS-PDA 工具，建立规范化的设备设施管理

中航物业在 ** 银行项目设备设施主体模块的管理上引入 FMMIS 系统（见图1-17），运用中航物业"智慧物业"系统，建立与公司 FMMIS 链接同步的金融项目设备设施标准规范化管理体系，为项目设施设备管理提供远程技术支持（见图1-19）。

以预防性维修设备管理理念为导向，构建 ** 金融项目设备管理标准化制度规程（见图1-20）。基于 FMMIS 功能实现标准化作业，优化设备管理工作流程，降低运营管理成本，提升设备管理水平（见图1-21）。

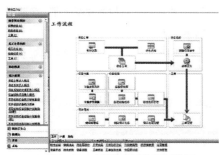

图1-17　中航物业FMMIS系统图　　　　图1-18　中航物业信息化设备台账

图1-19　中航物业信息化设备运行计量系统

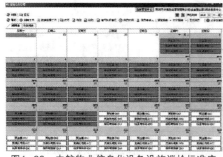

图1-20　中航物业信息化设备设施巡检标准库　　图1-21　中航物业信息化设备设施巡检系统

（2）辅助设备模块的管理

建立辅助设备管理台账，匹配相应的操作说明与检查流程，制定维护检查标准，明确使用范围与授权人，指定责任人进行管理（见图1-18）。

（3）食堂专用设施设备模块的管理

明确其设备对于场地、能源的需求，判断其运作的安全性，明确操作人及防护要求，做好安全标识与安全防护。

**措施九：健康为本（建立食物卫生与安全管理体系 HACCP），持续创新**

HACCP（Hazard Analysis and Critical Control Point）表示危害分析的临界控制点，其识别食品生产过程中可能发生的环节并采取适当的控制措施防止危害的发生。通过对加工过程的每一步进行监视和控制，从而降低危害发生的概率。在 HACCP 管理体系原则指导下，食品安全被融入设计的过程中，而不是传统意义上的最终产品检测。因而，HACCP 体系能提供一种能起到预防作用的体系，并且更能经济地保障食品的安全。

中航物业将以 HACCP 管理体系为基础，对 ** 金融餐厅日常管理采取"酒店式服务、食堂化运作"和"非营利性"的经营管理方式，一手抓食品安全，一手抓服务品质。在供餐服务上做到"两化"——口味多样化、供餐合理化。

重点把控食材的进入关，杜绝转基因食品的流入，利用公司资源，从山东、河南等地生产厂家直接采购无任何添加剂的面粉、大米、食用油等，关注采购流程，从源头上保证食品的健康。

持续推进创新机制，定期开发新菜品，增加菜品的多样化，保持菜品的新鲜感。在私人银行等餐厅开展接待服务时，可根据不同的接待客人，调配厨师资源，调整菜品的口味。

在服务中体现温馨，可根据客人的习惯，提供针对性、个性化服务（见图1-22）。

图1-22　高度重视餐厅服务，组织开展技能竞赛

**措施十：环境控制、因需而变，合理配置网点保洁力量**

环境控制在注重标准化作业的管理基础上，中航物业将人、物、情景作为一个整体来考虑，始终贯彻环境以人为本的观念，通过对三者的协调，因需而变，为银行职工营造舒适、

健康、温馨的环境。

（1）因景而变：不同情境、不同风格。根据建筑物在不同情境下的展示重点，结合特定服务对象实施环境控制：如节日摆花，根据节日不同，通过品种与摆放方式的组合，营造出或喜庆或温馨的环境氛围；会议布置根据其不同的功能、主题选择不同方式，艺术地衬托会议主题，渲染会议气氛，使租摆花、画、座协调一致。

（2）因人而变：不同对象、不同方式。识别不同区域服务主体的需求（如营业点的大厅和 VIP 贵宾室有所区分、不同会议有所区分），依据主体需求细化服务。

（3）因时而变：不同时段、不同要求。综合考虑季节变化、天气变化对环境的各项影响，针对性控制；关注环境使用不同时段的作业重点（如会前、会中、会后）。

（4）注重作业环境控制。以人的感受作为出发点，将作业环境控制纳入总体的环境控制中通过对作业人员、作业标识、工具使用的规范，实施零干扰作业、优雅作业。

（5）合理规划，高效保洁。对于市内分散营业网点的维护，采用区域共享原则合理配置资源，合理规划，实行以各支行为中心的分区管理。

## 四、中航物业对金融机构物业管理的服务延伸

在常规物业管理的基础上，中航物业融合多年来金融物业管理的经验，可以为银行提供更为多样化与高质量的物业管理延伸服务，如下：

### （一）节能环保运营，营造绿色低碳空间

目前，在中航物业日常管理过程中，从四个方面采取措施，融入低碳环保的管理模式，针对性地实施节能降耗及环保措施（见表 1-2）：

设备节能降耗与日常环保措施　　　　　　表 1-2

| 序号 | 项目 | 内容 |
| --- | --- | --- |
| 1 | 设备节能降耗 | （1）根据不同的时间、气候，针对机电设备运行特点，结合 FMMIS 平台的数据分析模块，制定《金融设备运行节能方案》，并根据实际情况不断完善节能方案<br>（2）结合设备运行特点，设计多种专业的节能改造方案，供业主选择<br>（3）根据不同时间、气候、节假日及员工加班情况等照明度要求，控制金融项目空调、照明系统的开与关 |

续表

| 序号 | 项目 | 内容 |
|---|---|---|
| 2 | 日常环保措施 | （1）按 ISO14001、OHSAS18001 体系要求，对物业服务过程中产生的废油、危险废弃物统一进行处理<br>（2）清洁、消杀、空调水质处理使用药物严格按环保要求选择<br>（3）对日常活动产生的垃圾进行分类，回收利用<br>（4）在重点区域设置危险、固体废弃物回收临时存放处<br>（5）利用特定的节日，联合客户一起做好节能环保宣传，系统开展节能环保活动，提高员工节能环保意识 |

## （二）持续开展创新服务

为金融员工提供个性化的创新服务，以缓解员工压力，以营造和谐的氛围。同时，制定特色服务，创新服务示例（见表 1-3）：

为金融员工提供创新服务　　　　　　表 1-3

| 序号 | 项目 | 内容 |
|---|---|---|
| 1 | 开展条形码快递管理服务 | 采用快递条形码管理系统，对金融员工的快递可以及时登记，短信通知收取人，按照 ** 金融的需要予以代为递送 |
| 2 | 开展微博通知平台 | 通过手机微博及时公布重要通知，作为固定公告的补充，也方便接收金融员工的意见 |
| 3 | 洗手间温馨布置 | 为女性员工及孕妇提供手机或用品置放空间 |
| 4 | 可视化管理 | 运用标识、图片、文字说明，对设施设备引入可视化管理 |
| 5 | 特色餐饮关怀 | 为金融员工提供晚餐带饭服务、病员关怀煲汤餐等 |

## （三）出入便捷的交通导航服务

根据公司管理服务高档写字楼多年的经验，上下班高峰时段人员与车辆的交通导航十分重要，在服务农业银行 ** 分行大厦过程中，针对大厦上下班期间人流乘电梯密集的特点，成功设计了电梯使用的创新改造方案，制定高峰时段交通导航措施，大大方便了上下班期间员工乘坐电梯的效率。在 ** 金融项目中，公司也将根据楼宇特点，制定更具针对性的高峰时段交通导航服务：

（1）制作电梯导航标识及电梯分布平面图，摆放至合适位置，提醒进入大厦人员。

（2）上班高峰时段，安排管理人员在电梯厅引导，确保人员分流有序，垂直交通顺畅（见图 1-23）。

图1-23　安排管理人员在电梯厅引导

**（四）信息化的网络支持系统**

在集成化 OA 办公系统的基础上，公司引入网络与 3G 概念，开发了智慧物业平台管理，集客户服务、库房管理、会议室管理、现场巡查、设备管理、邮件收发等服务于一体，在传统物业管理模式的基础上，引入信息化管理手段，提高服务效率，提升服务品质。

# 案例 04：剑走偏锋驰黑马 "三驾马车" 彰风华
## ——深圳明喆后勤服务集团高端后勤服务战略

黑马，现代社会出奇制胜的代名词。2000 年 10 月，深圳明喆物业公司在中国改革开放的前沿——南国深圳成立。为了给客户提供更加周全的广谱化后勤服务，2012 年，明喆率旗下所属的物业管理、资产管理、环保节能、投资发展、餐饮服务、小额贷款等六家公司，在总部深圳成立了明喆后勤服务集团，由此形成了协作更紧密、内容更广泛的集团化后勤服务团队，一举使明喆集团跨入中国大型现代后勤服务企业的行列，为明喆事业实现更快、更大、更强的发展提供了无与伦比的广阔天地。经过十五年的发展，明喆集团已成为实力雄厚、享誉业界、具有国家一级管理资质的大型现代后勤服务企业。目前，明喆集团的注册资金 1.5 亿元，在北京、上海、天津、重庆、成都、沈阳、郑州、昆明、哈尔滨、呼和浩特、乌鲁木齐、福州等地成立了三十余家分公司，其开拓的物管市场辐射北京、华南、西南、华东、华北、东北、东南、西北区域，共托管 200 余个高端一体化后勤服务项目，托管面积 6000 余万平方米，员工人数 20000 余人，年产值达 14 亿余元。明喆服务呈现出的高品质、高效率、高稳定性的品牌特征，获得了极高的客户口碑和广泛的社会美誉度。

# 一、"三驾马车"战略定乾坤

明喆后勤服务集团从组建伊始，在目标市场选择上始终坚持正确的策略。简要而言，明喆的市场战略可以概括为集中市场策略基础上的差异目标市场选择策略。具体而言：

其一，是在总体上采取集中目标市场选择策略。明喆后勤集团根据内外部条件和自身的竞争优势与劣势，选择以政府招标类后勤服务作为目标市场，集中满足目标市场的消费需求。实行这种目标市场选择策略，其优点是能加强企业在高端后勤服务领域中的市场地位，易于管理，成本低，投资少。

其二，是坚持在高端后勤服务领域精耕细作，进一步实施差异目标市场选择策略。明喆后勤集团审时度势，把高端后勤服务整体市场划分为若干细分市场，紧紧盯住医院、学校、政府机关后勤服务三个特定目标市场，针对不同目标市场的特点，采取不同的营销方案，研发提供不同的服务产品，满足各个市场的不同消费需求。

正是基于有所为，有所不为的"三驾马车"市场战略，如今的明喆集团，不仅能为医院、学校、政府机关等高端客户提供高品质的保洁、绿化、消防安保、导医导诊、患者护理、消毒隔离、会务接待、宿舍管理、设施设备维护等传统类后勤服务，而且因其雄厚的集团化后勤服务实力，还能为客户提供公务用餐、宴会接待、车辆管理、超市服务、商务作业及与之配套的资产管理、金融信贷、节能环保等特色服务，由此奠定了明喆集团在后勤服务市场独树一帜、不可撼动的品牌地位。

# 二、七大理念指方向

深谙管理之道的明喆创始人，自明喆创建伊始，就匠心独具地提出了颇具特色的"七大行为理念"，由此清晰地确立和界定了明喆的处世哲学和立世方略，并据此把明喆事业引入了可持续发展的康庄大道。

在"不唯资历、不唯学历、只重能力"的人才理念指引下，明喆确立了"倚圣人、重君子、轻小人、弃庸人"的用人准则；在"建立简单而健康的人际关系"的团队理念的指引下，明喆最大限度地摆脱了复杂人际关系所带来的羁绊；在"我与客户是两个团队、一个整体,是分工不分家、一荣俱荣、一损俱损的关系"合作理念的指引下,明喆在与客户携手的历程中实现了最大程度的双赢;在"专业的,才是值得品味的"发展理念的指引下,明喆义无反顾地摒弃了贪大求全的发展战略,一心一意做好后勤服务这件事;在"时时讲规范,处处显标准"的行为理念的指引下,明喆独树一帜地创建了集适宜性、充分性、有效性于一体的现代后勤服务理论体系。

与此同时,明喆还用"规范服务、苛刻要求、绩效导向、尊重人性、操守完美"的经营理念作为统筹团队的重要指引,将"使客户的权益获得充分保障,使客户的人格得到充分尊重"的服务理念作为呵护客户利益的座右铭。明喆团队正是在一系列高屋建瓴的科学理念指引下,才坚定了明喆的发展方向,催生了与众不同的明喆集团。

## 三、企业文化聚人心

明喆自创立以来,其核心团队始终把磨炼愈挫愈奋的意志、培养吃苦耐劳的精神、树立科学管理的意识、打造求真务实的作风、追求精湛卓越的服务,视为塑造明喆品牌的必经之途和必由之路。

为了培养一支万众一心、众志成城的明喆团队,高海清董事长首创了独具明喆特色的《管理者培训系列光碟》及《明喆圣经:为了明喆的明天》等培训教材,由此培养了一大批承载着明喆理念、明喆文化和明喆作风的骨干管理团队。

为了训练一支业务知识完备、操作技能精湛的服务团队,明喆确立了以"终身学习、持续提高"为目标的三级教育培训考核体系,由此使每个岗位的明喆人都能成为符合标准化管理要求的合格员工奠定了厚重的管理基础。

为了让精益求精的宗旨浸润在每个员工的脑海里,为了让真诚服务的宏愿渗透到每个员工的习惯中,明喆还创立了独树一帜的明喆文化,由此使《明喆服务三字经》《明喆管理者守则》《明喆人之歌》《明喆人月刊》成为明喆团队喜闻乐见的精神指南。

为了使明喆团队永葆蓬勃向上的活力,明喆构建了科学合理的业绩考评体系,由此使"多劳者多得,少劳者少得"的公平原则及"能者上,平庸者下"的用人机制在明喆团队得到了最大范围的体现。

奔忙不息的明喆团队,在艰苦的奉献中少有抱怨、稀有离心的原因,就是因为明喆将"勤奋诚实,合作守信,感恩善思,创新坚韧"的核心价值观有机地融入一系列卓有成效的团队建设活动中,由此才形成了明喆团队无往不胜的核心竞争力,由此才一步步靠近"打造品牌王国、争做百年名企"的奋斗目标。

## 四、优质服务显一流

　　为了给客户提供长期、稳定的广谱化高品质服务，明喆集团充分利用国际标准化管理平台，对所开展的各项服务均建立了明确的作业流程、清晰的作业规范和严格的作业标准，创立了细致缜密的"六级质量保障体系"，建立了归档清晰、查阅方便的文件管理系统，拟定了人人参与、控制有力的节能降耗方案，独创了使责任一目了然的"卡片式"管理，打造了一支"招之即来，来之能战，战之能胜"的突发事件快速反应队伍，由此为明喆集团实现"令客户感动＋惊喜"的终极服务目标创造和提供了最有利的条件。

　　在明喆保洁员的细心呵护下，目光所及之处总会呈现出一派纤尘不染、窗明几净的怡人胜景；善用巧夺天工的园林艺术，勤施绿植养护的手法技巧，这就是明喆绿化工回报客户的最佳礼物；及时有效地处理突发事件，全天候为客户财产保驾护航，这就是被喻为"亮丽的风景线"和"放心守护神"的明喆保安员引以自豪的神圣职责；为了确保水、电、气设施设备正常运行，明喆技术人员牢牢抓住"以养为主，以修为辅"这条工作主线，由此将事故苗头和事故隐患消灭在了萌芽状态之中，最大限度确保了"快速反应，保障有力"目标的实现；新鲜卫生的食品，不断翻新的菜式，面向大众的价格，百问不厌的服务——这就是明喆大厨在回答"民以食为天"这道人生课题时交给客户的一份亮丽答卷；无论是常规的会议接待，还是大型活动的会务安排，客户都能领略到明喆会服甜蜜的笑容和亮丽的风采；明喆的导医，不仅是医院的一道美丽风景线，更是广大患者和家属知寒问暖的热心人；当目睹明喆护理员为患者端茶送水、洗身擦背、搀扶助行、促膝谈心的温馨举止时，人们一定会说，明喆护理员不仅是医护人员不可或缺的好帮手，更是患者心中"不是亲人胜似亲人"的爱心天使；当学生宿舍出现"脏、乱、差"现象时，当学生出现不良嗜好或神情不振时，明喆宿管员就会把慈祥的关爱及时奉献在那里——这就是明喆宿管员的一腔情怀。

## 五、客户赞誉发心底

　　明喆集团与众不同的高品质服务，吸引了一大批高端客户将其一体化的后勤服务管理权交予明喆旗下，由此使卓尔不群的明喆服务在高端客户群中立下了一座座饱含钦佩和盛誉的丰碑。

天津泰达国际心血管病医院后勤保障部：与明喆合作有十二年了，这些年来，医院后勤部门与明喆之间没少磕磕碰碰。而正是这些磕磕碰碰，让彼此间的合作更密切了，沟通更顺畅了，服务质量和服务效率越来越好了。说心里话，无论是医院争创"三甲"，还是通过美国的 JCI 认证，凡是医院的大型活动，明喆这支团队都能以主人翁的身份和态度积极参与进来，为医院做了不少事、受了不少累，还承受了不少委屈，但他们却从来没有半句怨言，这让我们很感动！如果说这就是明喆精神的话，那么衷心地希望工作在心血管病医院的明喆人能够永远保持这种精神！

深职职业技术学院华侨城校区后勤办：屈指算来，与明喆合作已有十四个年头。这期间，我们与明喆的合作从最开始的甲方乙方关系，逐渐转变成了亲如一家、亲密无间的挚友关系。实现这种关系转变的主要原因，就是明喆员工在提供各项服务时表现出的勤奋、务实、真诚、友善的作风和态度。作为明喆创业时托管的第一个项目，我们在明喆毫无任何业绩和经验的前提下最终选择了明喆，最主要的原因就是看中了明喆创始人特有的诚信做人、努力做事的品行。

天津市滨海新区塘沽工委机关事务管理局：作为天津市政府机关后勤服务社会化的试点单位，当初，是我们主动找上门与明喆结成合作伙伴关系的。这样做最大的风险，就是一旦明喆做不好，毁掉的不仅是机关事务管理局的名声，而是政府机关后勤服务社会化这个鲜活的思路。合作十一年的大量实践告诉我们，明喆一体化的后勤服务模式，确实给政府机关的后勤服务带来了令人振奋的新气象，无论是后勤服务的形象，还是后勤服务的质量和效率，都是未开展社会化之前的机关后勤工作不能比拟的。因此，我们认为，当初选择明喆是正确的，政府机关走后勤服务社会化的路子是正确的！

## 案例 05：深圳龙城物业政府机构物业服务的认识和实践

## 一、概述

中国物业管理行业经过三十多年的发展，市场不断扩大，产品类型也不断进行细分，传统的住宅小区、商务楼、办公楼等各种物业形式得到很好的发展，改革开放后，一种新的产品，也是物业管理的一个重要组成部分——政府机构物业开始出现并得到越来越多的关注。在众多物业管理企业的多年共同努力下，中国的政府机构物业企业管理成为主流趋势。

政府机构物业服务前后经历了三种模式：第一种是传统地设立后勤编制，对办公用房进行"谁建设谁使用、谁使用谁管理"的分散模式，这种模式是计划经济体制下的产物，随着市场经济的快速发展，彻底退出历史舞台；第二种是部分政府机关对后勤编制实施改革，让企业进入管理，制定责任目标和检验标准，使后勤服务走向规范化、标准化，但是随之出现的成本效益、产权与使用权等的冲突也让这种模式不再适应需要；第三种模式就是龙城物业开创的由政府机关全权委托专业化物业管理企业管理政府机关物业，这也是目前社会主流的政府机构物业服务模式。

龙城物业成立之初，正值深圳各级政府为倡导政府机关后勤服务社会化改革。因此，龙城物业的历史，见证了政府机构物业管理发展的历程。1994年龙城物业受托管理龙岗区政府大楼，开创了政府物业企业化管理的先河。1997年，龙城人将龙岗区政府大楼推向了全国城市物业管理优秀示范大厦，受到深圳市乃至广东省政府机关的高度关注和赞赏。1999年，龙城物业一举中标管理全国首例政府物业管理招标项目——深圳市中级人民法院大楼。2002年9月，龙城物业经过激烈的竞争，获得了对市民中心实施专业化和一体化物业服务的管理权（见图1-24）。

龙城物业所管理的政府物业项目在全国行业评优中创造了多个第一，同时是唯一一个政府机构物业服务标杆企业。目前龙城物业已管理着包括深圳市中级人民法院、市检察院、市中院、市财政局、市图书馆、龙岗区政府、布吉街道办、龙岗区财政局、地税分局、福田区政府、福田区人民检察院、宝安区委区政府、宝安区人民法院等多个政府办公大楼类型物业。2015年9月8日，龙城物业又中标江西省行政中心的物业经营管理权。

龙城物业依靠政府机构物业服务取得的快速发展也表明政府机构物业服务已经成为物业管理服务的重要部分，它是有着广泛的社会需求。龙城物业发展的巨大成功表明政府物业企业化管理的优越性，政府机构物业服务应该受到社会和企业的广泛关注。

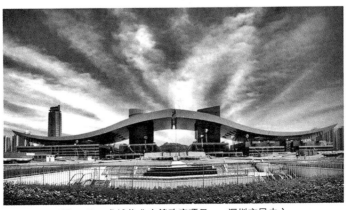

图1-24　龙城物业在管政府项目——深圳市民中心

## 二、龙城物业对政府机构物业服务需求的归纳

了解需求，才能更好地提供服务。政府机构物业作为物业管理服务的一种类型，有物业管理的共性，如保洁、保安、工程等几大模块，又因为服务对象的特殊性，与其他公共写字楼有着很大的服务区别和特色。龙城物业作为政府物业管理的先驱，从实际工作中归纳总结了政府机构物业服务的几大需求：

一是政府机构物业服务对安全、保密管理要求高。作为公务人员办公的地方，政府机构因其特殊性和影响力对安全和保密工作的要求特别高。因此，作为政府机构的物业服务管理企业，安全责任重大，政治影响大。

二是政府机构物业服务对环境要求高。作为政府的形象代表和社会的标杆，政府类机构要求更为舒适、洁净、文明的环境，因此，物业从业人员要有专业素养，保证环境卫生的高水平。

三是物业科技含量高。政府机关建筑装饰装修材料品种多，涉及各种智能化系统和现代化技术。所以，政府类物业管理涉及的专业技术面非常广泛。

四是政府机构物业服务使用人文化品位高。政府机构工作的人员都是国家公务人员，对物业的管理和对人的服务更注重文化内涵和超前意识，提倡科学、主动、细微，立足于更新、更高的科技、文化信息含量。

五是政府机构物业服务设备设施功能保障良好。政府机构的性质决定了在任何时候都必须保证大楼的设备都能够正常运行。因此，在设备设施日常维护过程中，要坚持预防为主，日常保养与计划性维修保养并重的原则，使设备时刻处于良好状态。重视设备的使用管理和维修保养，延长设备的大修周期和使用寿命，实现设备保值增值。

## 三、龙城物业对政府机构物业服务内容与重难点的把握

鉴于政府机构物业服务需求的特殊性，龙城物业以自己管理政府机构物业多年的经验，提出了在实际物业管理工作的内容与重难点。

### 1. 整体形象

政府机构物业不仅仅是一座社会公共建筑物，更是政府机构办公的场所，是政府形象的外化和延伸，是外事活动、公众礼仪接待的场所，所以要明确定位服务形象。

### 2. 保密

政府机构物业的特殊性对保密有着极高的要求。作为政府机构物业管理人员，须具备安全保密的知识，按国家保密方面的有关法规，做好保密工作。物业公司与甲方签订保密协议，并且物业服务中心要与每个员工签订员工保密协议。

### 3. 安全管理

政府机构物业一般都会集政府办公、会议中心、餐饮等功能于一体，进出的车辆、物品和人员很多，成分复杂，重大会议、接待的安全保障工作异常重要。龙城公司采用五环安全管理模式；发挥"4+2"e站式服务模式提高现场管控效果；推行三层三级安全防控服务；应急事件按四级状态进行控制管理在实际管理工作中取得成功。

### 4. 重要接待、大型会议活动保障

作为政府机关，接待国家领导人和重要外宾来访频繁，会议活动经常举行，大型接待和会议活动的保障已成为物业管理的重要内容。

### 5. 节能与环保

政府机构的建筑大量使用各种高新技术材料和各种大型机电设备，开展节能和环保具有重要意义。

### 6. 机电设备管理

政府机构物业一般都是现代高新技术的集合体，是一座超大型的智能化建筑，机电设备系统不仅装机容量大、复杂，而且技术先进。设备多且杂，涉及多种现代高新技术。作为政府物业，其设备运行安全正常是保证整个物业正常运作的基本条件，所以，机电设备的管理显得尤为重要。

### 7. 突发事件处理

根据政府机构的特点，有针对性地制定切实可行的突发事件应急处置方案，明确安全生产事故报告程序及应急处置流程，保证能够及时应对突发事件。

### 8. 特殊时期的管理

特殊时期指的是非典、禽流感等传染性较强的疾病发生时期。龙城物业曾在非典、禽

流感等传染病的预防工作中，采取了大量的措施，同时也积累了丰富的工作经验。根据以往的经验，在特殊时期的管理工作中，首先在政府机构加大相关知识的宣传力度，增强办公人员对各类传染病的了解，思想上引起高度重视，提高预防意识。

另外，出现大规模的上访事件时，对人员进出严格的控制，既要防止可疑人员混入建筑物内，对设备、设施造成破坏或干扰办公人员的正常工作秩序，同时又要防止将办公人员误挡在外，引起其对政府的不满。

## 四、龙城物业政府机构物业服务特色

龙城物业在管理政府机构的过程中不断探索，结合政府机构的特点和政府机构物业服务的特点，逐渐摸索出一套完整的政府物业服务管理体系，摸索出以"四位一体"的管理机制，结合"三大思路"、"四大措施"的独特管理方法，在政府物业服务管理领域独树一帜，成了政府物业服务领域的标杆企业。

### 1. 管理机制的"四位一体"

龙城物业实行执行机构、责任机构、监督机构有机结合的"四位一体"式的共管机制（见图1-25），明确了各方的职能，避免了分工上的冲突和遗漏，也加强了不同部门之间的沟通与联系，保障了项目物业服务以高品质、高效率、高满意度来完成。

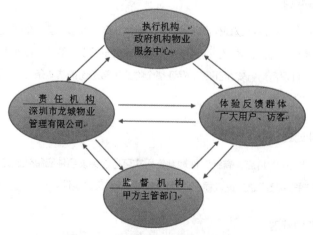

图1-25 "四位一体"式的共管体制

政府机构对应的主管部门是项目的监督机构，可通过行使以下权利，对物业公司及政府机构物业服务中心的管理行为进行监督和指导。深圳市龙城物业管理有限公司是政府机构物业管理目标的最终责任人，负责对政府机构物业管理状况的整体监控和指导，就所管理的政府机构的物业管理状况对管理中心负责。龙城物业政府机构物业服务项目作为执行机构，对物业主管部门和公司负责，确保物业管理的各项工作达到既定目标。公司紧跟时代的潮流，积极利用各种途径与用户进行沟通交流。广大用户、访客可以利用 e 站微信公众平台等途径对物业管理工作进行监督和建议。

## 2. 工作中的"三条服务思路"

根据政府机构物业的特点和业主与用户的服务需求，确定了在开展物业管理服务工作中的"三条服务思路"。

（1）思路之一：创节约与环保型物业，响应政府节能减排要求

充分利用楼宇管理系统或供电能源监测系统等节能管理的技术手段管理现场动力设备，汇集各种能耗数据，对各种能耗情况进行数据分析，制定切实可行的节能实施方案。

（2）思路之二：共性服务与个性服务相结合

把日常的、常规性的服务称之为共性服务。对于这些共性服务，遵照合同的要求，按照文件规范运作，高质量地提供服务。除此之外，还应尽力满足业主合法、合理的额外服务要求，全方位提供具有个性化的特约服务及各项便民服务。

（3）思路之三：服务的即时性与隐性相结合

根据政府机构物业的特殊性与重要性，业主与用户需要一个安静、舒适的工作环境，因此，强调服务工作即时性与隐性的结合显得异常重要。对此，需要寻找服务需求规律，采用有效措施，确保业主与用户需要服务时能即时出现，瞬时、悄然地满足业主与用户的服务需求，反之则不去打扰业主与用户，尽量达到"零干扰"服务。

## 3. 管理中的四大措施

（1）严谨的管理运作体系——整合性管理体系及导入绩效考核管理制度

为保障优质的服务质量，公司导入 ISO9001、ISO14001、OHSAS18001 三种管理体系，还将这三种管理体系进行完全整合并通过第三方外审，形成一个全新而充满活力的整合型管理体系。同时引入卓越绩效服务模式，把绩效考核制度和质量管理结合起来，用绩效成果来奖励和淘汰员工，建立以业绩为导向的企业文化，持续改进公司的服务水平。

（2）科学的人力资源管理体系

在政府机构物业管理中，对人力资源管理应进行全程的有效控制。通过定员、定岗、

定编达到高效运作的目的，所有入职人员进行政审和军事化管理，以达到政治素质和身体素质过硬的目的。

（3）严密的安全管理体系

以"外驰内张"为原则，利用现代化的手段，依靠先进的技术设备与工具，迅速协助处理突发事件。按照重大活动的性质采取不同级别的保卫方案，并规定相应的反应力量，通过完善各状态应急处理的调度、组织、协调，确保及时、迅速、有效地处理各类异常情况。

（4）保密管理

所有员工均要接受《中华人民共和国保密法》的专门培训，只有考核合格后方可上岗，上岗时一律签订保密协议并发放保密手册，对物业管理档案资料按保密等级分类存放和使用，捡到的具有秘密性的内部文件、资料，一律上交主管部门处理。此外，对重要场所进行有效的管制，对可能造成泄密的设备设施维修施工事先经物业管理主管部门批准，并由物业服务中心派专人现场监管。

政府机构物业是颇具特色的物业管理，龙城物业在政府机构物业的管理上秉着"最优服务、换位思考、零距离沟通、零干扰服务、零盲点服务、零缺陷服务"六大原则，根据政府机构物业管理工作的特点，制定各种切实可行的管理方法，全方位为政府机构服务，以行政机关办公楼物业项目为主，一步一步走向辉煌，成为全国物业管理综合实力前二十强的跨区域大型物业企业。

# 案例 06：广东华侨物业大胆涉足佛教寺院物业管理

## 一、概述

广州大佛寺始建于南汉（公元 917～971）年间，宋代曾一度荒芜。元代和明代得以重建和扩建，明代奠定了广州"五大业林"之一的地位。历尽千年沧桑的大佛寺，如今坐落于广州市惠福东路，是广州一处独特的风景。

2010 年 5 月 15 日，广东省华侨物业发展有限公司（以下简称"华侨物业"）在广州大佛寺住持耀智大和尚的邀请下进驻大佛寺，将先进的物业管理思想与物业管理方法引入大佛寺管理，与大佛寺僧人携手合作，共同对大佛寺进行管理。这一举措，在国内物业管理和寺院管理领域尚属罕见，掀开了物业管理与寺院管理结合的新篇章。

寺院功能的转变使寺院管理复杂化。传统寺院的主要功能是修持、弘法，是一个与世俗迥然不同的、比较清静的场所。如今，由于寺院功能的变化，来往人员增多，以往少数香客涉足的寺院，已成了国内外旅游观光的地方，这给寺院管理带来了新课题，增加了安全保卫、环境保护、文物保护、外事接待等新的内容，寺院管理从单一的封闭性内部管理走向了综合性社会化管理，传统的寺院管理面临社会化管理的挑战。

出家人参禅打坐，"用功办道生死期，了生脱死增上缘"，是寺院最主要工作之一，也是出家人的本分事。为了能够让僧人安心修行，不受外界干扰，将原本由寺院僧人承担的繁琐工作交给物业公司去做，就是为了能够给僧人腾出足够的修行时间，让他们能够精进，了生脱死。但是，由于出现了出家人与物管人员共同管理寺院的新模式，僧人管理寺院的传统模式受到了严峻的挑战。

目前，华侨物业对大佛寺的物业管理还处于摸索阶段。公司将把大佛寺的管理作为物业管理进驻寺庙的一个试点，为探索建立一种中国寺院物业管理的新模式而做出自己积极的贡献。

## 二、从广州大佛寺管理实践总结佛教寺院物业管理特点

经过几年的管理服务实践，华侨物业逐步探索出了一条与佛教寺院管理相匹配的物业管理服务模式，不够成熟但可与同行进行分享。

### 1. 尊重宗教习俗，注重文化融合

多年来，华侨物业致力于树立感恩服务的企业文化，禅佛文化是其中的重要组成部分。华侨物业全体员工在日常工作中长期受到禅佛文化的熏陶，相较于其他物业企业员工能够更好地融入寺院，完成企业文化与寺院文化的融合。

有意在大佛寺工作的员工，首先是从心理上对佛教有信仰之心的人员。在此基础上，公司再与寺院一起，组织新员工进行佛教文化与佛教礼仪的相关培训，让工作人员充分融入寺院的宗教氛围，在寺院工作的所有岗位人员，要掌握佛教礼仪的基本要求，要懂得寺院的规矩，哪些语言和行为犯忌，就千万不能说和做。如大佛寺的洗手间，公司刚接管时，张贴的温馨提示写的是"如厕请及时冲水"等等，许多僧人不高兴，通过了解，原来该寺院大部分师傅都是"如"字辈，我们就立即将字样中的"如"字改为"入"字（见图 1-26）。

图1-26  大佛寺洗手间的温馨提示

## 2. 引入现代制度，互补佛家理念

华侨物业进驻广州大佛寺后，引入了现代化的管理方式，在内部管理和寺院的安全保卫管理等各个方面，按照规范化物业管理的理念制定了各项规章制度，并且严格执行，原来在寺院自行管理时，虽然也有管理制度，但出家人慈悲为怀的理念注定其管理不可能严格实施，对于员工的违规，不好过于严格地批评和处置，对于不守寺院秩序和规矩的外来闲杂人员和香客、游客也不敢对其进行强力制止，阿弥陀佛式的管理，其管理力度非常薄弱，因而管理的成效也是有限的。华侨物业进驻后，对内严格执行规章制度，员工违反了制度，该批评处罚的按章办事，对不能符合寺院要求的服务人员及时更换；对外采用科学的方式疏导寺院的人流、车流，与街道、派出所密切配合，组织起有效的联防网络，对不遵守寺院规则的游客进行规劝、对扰乱秩序以及浑水摸鱼的不法之徒毫不手软地将之扭送公安机关。

虽然华侨物业一直崇尚准军事化管理，对各项目秩序维护员的训练基本上都是按照部队的要求来进行的，但到了大佛寺后，为柔合佛家的思想理念，华侨物业将大佛寺的秩序维护员改称护寺员，护寺员的服装也与常规项目秩序维护员的服装不同，帽徽和肩章上是代表寺院护法执事的法轮，护寺员与人打招呼时不敬军礼，取而代之的是双手合十礼，但车辆指挥等的动作又与交警的一致，这样的制度建立，充分融合了现代管理的要求以及佛教寺院的特点。

具体到一些细节方面，如消杀害虫服务，在大佛寺就要遵循佛家的理念来制定相关的措施了，按照佛门戒规，对于老鼠、蟑螂、蚊虫、白蚁之类也是不能杀生的，因此在这方面的措施重点是预防，通过保持清洁卫生的环境，或提前喷洒相关的药剂，使相关的虫害无法滋生；确实避免不了的，也是采用诱捕的方式，将之拿出寺外去处理。

### 3. 做好基础服务，体现专业素质

　　基础物业管理服务工作是开展各类特色服务的基础，物业管理中一般性公共服务必须确实到位，对寺院的管理主要体现在设备维护、消防、安保三个方面。例如，消防工作是寺庙物管的重点和难点，也是保护寺内文物的重要手段。华侨物业进驻大佛寺之后，对寺内点香处进行重新的规划，合理设计游客和信众点香的动线，并且在点香处和主要香烛燃放的位置，设置储水箱，做好消防工具的布置，根据华侨物业二十多年保障安全的管理经验，寺院物业服务中心坚持按照公司的要求，组织各种规范的交通指挥、防火、防暴等多项技能训练，提高员工的基本素质及处理突发应急事件的能力（见图1-27）。

图1-27　在寺院车辆指挥的动作与交警一致

### 4. 加强安保消防，保护寺院文物

　　由于长时间的文化积淀，寺院本身不仅是宗教场所，也是重要的文物收藏场所。近年来越来越多的文物犯罪分子，将目光盯在了寺院文物上，因为寺院文物保护意识普遍淡薄，技术防范能力也不足。

　　考虑大佛寺原本的监控设施较为落后，不能满足大佛寺文物保护的技术防范要求，华侨物业进驻之后仔细勘察了大佛寺环境，重新设计了监控摄像头的布点，并且提高了监控的密度。人员方面，安排秩序维护人员日夜巡查，加大了对大佛寺文物的保护力度。华侨物业进驻后，每月都要抓获不法分子数人，起到了一定的震慑作用，有效地维护了寺院道场的安全。

## 5. 实行供品回收，减少食物浪费

　　大佛寺作为广州千年古刹，从古到今香火旺盛。由于长期以来寺院缺乏制度化管理，供品摆放混乱、长时间无人回收的问题非常突出，造成了巨大的浪费。发现这一情况之后，根据大佛寺信众进献供品的数量和时间，华侨物业制定了合理的供品回收和分拣计划，及时和寺院的工作人员一道，将供品分类回收，及时处置，减少了浪费（见图1-28）。

图1-28　工作人员将供品分类回收

## 6. 开展义工活动，承担社会责任

　　禅佛文化，是华侨物业一直致力倡导的企业文化内涵。为使公司文化与大佛寺禅佛文化充分融合，形成独具一帜的、和谐的寺院文化，公司组织公司中层以上人员，成立公司义工队，每年的大年三十晚到初一，每逢观音诞、浴佛节、盂兰盆节等佛教节日，以及大佛寺的重大接待和佛事活动，自愿到大佛寺开展义工活动，参与和融入大佛寺各项活动，协助大佛寺完成或解决各项问题，同时丰富和提升公司和谐的企业文化（见图1- 29）。

图1-29　华侨物业义工队参与大佛寺活动

## 案例 07: 中航物业大力推动机构物业高端会务服务标准化

## 一、概述

近年来，伴随物业管理专业化及物业服务需求多元化的发展趋势，由物业管理延伸带来的相关服务如会议服务外包等也逐渐发展壮大。政府、金融机构、综合性院校和企业等单位都希望通过采购的方式获得社会资源的支持，获得高水准、专业化的会务服务。在这一形势下，物业管理企业通过发挥自己的专业优势，深入挖掘会务服务需求，规范会务接待行为，统一会务服务标准，可提高会务服务水平，为参会者创造良好的会议环境，为主办方赢得良好的口碑，为物业服务组织树立良好的品牌形象。

深圳市中航物业管理有限公司会务服务质量居于行业之首，中航物业制定的《会务服务标准化》《高端会务服务模式》在多个顶尖项目实施。在企业会务服务标准化实践基础上，公司发起提出并与深圳市标准技术研究院联合起草了广东省地方标准《物业服务指南 会务服务》。本标准由广东省质量技术监督局归口发布。本标准以提高物业服务组织的会务服务质量、规范会务服务行为、维护相关各方的合法权益为出发点，提出了物业服务组织利用相关软硬件资源向主办方提供会务服务时的通用性指南。

## 二、广东省地方标准《物业服务指南 会务服务》

物业服务指南 会务服务

Guideline for property service: conference service

### 1. 范围

本标准给出了物业服务组织，在物业服务范围内利用物业本身所提供的软硬件资源，为物业使用人提供会务服务，包括会务服务的基本原则、资源管理、制度建设、服务提供、服务质量的评价与改进等。

本标准适用于物业服务组织向业主和物业使用人提供的会务服务。

### 2. 规范性引用文件

下列文件对于本文件的应用是必不可少的。凡是注日期的引用文件，仅所注日期的版本适用于本文件。凡是不注日期的引用文件,其最新版本(包括所有的修改单)适用于本文件。

GB/T 20647.9—2006 社区服务指南 第 9 部分:物业服务。

## 3. 术语和定义

GB/T 20647.9 中所确立的以及下列术语和定义适用于本标准。

3.1 物业使用人 Property Users

物业使用人指不具有物业的所有权,但是对物业享有使用权,并且按照合同、法律规定能够行使业主的部分权利的人。

3.2 会务服务 Conference Service

物业服务组织在物业服务范围内利用物业本身硬件资源为业主和物业使用人提供保证会议顺利有序开展的配套服务。

3.3 会务服务人员 Conference Service Staff

物业服务组织在提供会务服务的整个过程中所投入的人员,包括专职于会务服务的人员以及根据会务服务需求临时调配的人员。

3.4 会务服务需求 Conference Service Demands

主办方要求物业服务组织根据会议属性提供相应的会务服务内容的行为。

3.5 会中服务 Instant-on Service in Conference

会务服务人员与参会人员发生直接接触的过程中,以自身的言行举止为载体向参会人员传递的能够感官感知的会务服务的提供。

## 4. 基本原则

专业化

物业服务组织应向专业化方向发展,所提供的管理和服务应充分体现专业化素养。

## 5. 资源管理

5.1 概述

物业服务组织应当采取合理的方式对可用于会务服务的软硬件资源进行有效管理。

5.2 基础设施管理

物业服务组织应当制定明确的用于会务服务的硬件资源的保管、领用、清洁、消毒、维护等管理规定。

5.3 人力资源管理

5.3.1 选聘

物业服务组织应当根据各管理和服务岗位的需要配置相应的专职人员，物业服务组织在选聘会务服务人员时，宜考虑下述事项：

——受教育程度；

——实际工作经验、技能；

——身高、形象；

——沟通表达、应变能力；

——其他行为素质等。

### 5.3.2 培训

#### 5.3.2.1 概述

物业服务组织应当对会务服务人员进行系统性的培训，以帮助员工获得提供优质会务服务所应具有的职业道德、职业素质和职业形象。

#### 5.3.2.2 培训内容

物业组织应将清晰的组织文化和服务技能作为培训的重要内容之一。通过培训，使员工的行为规范符合组织理念，以促进实现组织目标。

培训内容宜包括但不限于以下方面：

——组织的服务理念、组织文化；

——会务管理和会务服务的理论知识；

——保密制度；

——会务服务人员仪容仪表、仪态；

——会务服务人员操作技能；

——会务服务人员心理；

——会务服务礼仪；

——应对常见会务突发事件；

——其他行为素质等。

会务服务人员的仪表、仪态要求可参见附录 A。

#### 5.3.2.3 培训方式

应合理运用理论和实践相结合的培训方式，采取定期和不定期的多种学习方法，如课堂教育、模拟角色、自我教育等。培训宜采用但不限于以下方式：

——利用组织制定的服务手册，聘请有职业资格的教师授课；

——聘请专业培训机构；

——组织内部指导；

——定期进行演练、考试；

——经验传授等。

## 6. 制度建设

### 6.1 岗位职责

物业服务组织应当设立适宜的会务服务工作岗位并明确岗位职责，且通过文件化的形式纳入到物业服务组织质量体系中予以控制。

### 6.2 工作规程

物业服务组织应当制定会务服务工作规程，且形成文件纳入到物业服务组织质量体系中予以控制。

制定工作规程时宜考虑但不限于以下要素：

——物业使用人对服务的不同需求；

——确立可以衡量的服务项目；

——确定员工需要具备的能力；

——确立员工岗位行为、礼仪规范。

## 7. 会务服务提供

### 7.1 需求确认

物业服务组织应当建立适当的会务服务受理方式，并保证受理过程的流畅快捷。

物业服务组织在进行会务需求了解时，应当针对公司可以提供的会务服务内容设计标准问题向主办方进行提示，以引导主办方更准确的提出会务需求。

物业服务组织应当根据不断积累的会务服务需求更新标准问题，并不定期举行培训以确保会务服务人员同主办方的沟通顺利并能准确收集会务服务需求信息。

物业服务组织应当对会务需求进行书面登记并与主办方确认。

会务需求确认参见附录 B。

### 7.2 策划

物业服务组织应当根据确认的服务需求对会务服务的提供进行全面的策划，策划内容宜包含但不限于以下方面：

——职责分工；

——时间安排；

——场地安排；

——会务用品及硬件设施配备；

——突发事件应对措施；

——会议秩序及安全。

### 7.3 会前准备

物业服务组织应将会务服务过程中可能涉及的服务内容进行细分，并制定相应的标准以保证每项服务内容都能在合理范围内满足需求，会务服务当中可能涉及的各项服务内容可包含但不限于以下方面：

——布置导引牌；

——布置签到台；

——布置横幅与大背景；

——布置主席台，座位格局和座次安排；

——布置台布；

——制作并摆放姓名牌；

——不同类型麦克风摆放布置；

——摆花；

——胸花的制作与佩戴；

——提供纸笔；

——提供毛巾、纸巾；

——放置烟灰缸；

——灯光调试；

——音箱调试；

——投影调试；

——空调调试；

——茶具（水）准备；

——果盘服务（茶歇服务）。

会议主席台或会议台座次安排、会议主题横幅由会议主办方提供，物业服务组织协助会场布置。会场布置相关要求参见附录C。

大型会议主席台座次的安排可参见附录D；座谈会和小型会议的会议台座次的安排可参见附录E。

设备调试可参见附录F。

### 7.4 会中服务

物业服务组织应当将会中服务时会务服务人员可能涉及的服务内容及相应的言行举止进行细分，并制定相应的标准以保证会务服务人员按照标准要求提供会中服务。会中服务时会务服务人员可能涉及的服务内容及相应的言行举止宜包含但不限于以下方面：

——导引；

——续茶；

——会场巡视；

——突发事件处理；

——咨询受理。

茶具的准备、续茶要求可参见附录 G。

突发事件处理程序可参见附录 H。

7.5  会后整理

物业服务组织应当将会后整理内容进行细分，并制定相应的标准。会后整理内容包含但不限于以下方面。

7.5.1  会务用品清洁、消毒、归位

回收可重复使用的会议用品，清点数量并记录，清洁桌椅、地面等，将座牌、桌椅等归位。用品的清洗、存放和消毒要求可参见附录 I。

7.5.2  设施设备归位

清理租借、调用的物品，检查有无缺失或损坏，清洁后归还，做好相应记录。

7.5.3  清场

检查会议厅（室）是否有客人遗失的物品，如有遗失应立即还送给客人，如未能及时送还，应上缴给会场办公室妥善管理，做好记录，同时立即通知会议主办单位。

检查会议室及相关的物品是否有缺失或损坏，及时报告会场管理员，协助追补损失，做好记录。

关闭会议厅（室）：包括音响、空调、灯光、门。

## 8. 服务质量的评价与改进

8.1  征询服务意见

征询意见时可考虑如下途径：

——访谈会议主办方；

——抽样调查参与会议人员意见；

——将服务过程中参会人员语言或非语言表达的相关信息详细进行记录。

8.2  服务质量的改进

物业服务组织应对收集的服务反馈信息进行分析处理，找出产生不合格服务项的根本原因并有针对性的采取纠正预防措施。

附  录（略）

# 第二章
# 院校物业的经营管理

学校是有计划、有组织地进行系统教育的组织机构。按教育程度来分，可分为小学、初级中学（初中）、高级中学（高中）、大学。按所学专业来分，可分为职业高中（职高）、中等专业学校（中专）、技工学校（技校）和普通高等学校包括体校、军校等。本章以普通高等院校为主，简述学校物业在物业经营管理服务上有别于其他类型物业的一些问题。

[第一节]
学校物业及学校物业经营管理概述

# 060

## 一、学校物业的属性

学校物业首先是一种资产，是固定资产，属于不动产；其次，是学校教学科研工作不可或缺的载体，属于生产资料；第三，是师生学习和生活的空间，属于必不可少的生活资料。学校物业的这三个属性是学校物业经营管理服务工作中要始终关注的。

## 二、学校物业经营管理的理念与重心

### 1. 学校物业经营管理应围绕"育人"理念展开

无论哪类学校，其根本属性是育人。学校的一切工作、活动都是围绕育人这个根本目的而展开的。如清华大学明确提出"教书育人、管理育人、服务育人、环境育人"的"四育人"的工作理念。从事学校物业服务与经营管理的物业服务企业也应自觉接受并在工作中贯彻这一理念。换句话说，物业服务企业在开展学校的物业经营管理服务中，应主动围绕这个理念发挥自身优势，尤其是服务育人、环境育人。

### 2. 学校物业经营管理应抓住两个工作重心

学校物业经营管理的工作重心有两个。一是学校物业作为资产，要做到有效保值增值；二是为教学科研和师生学习生活的服务有力保障。

## 三、学校物业经营管理服务的特点

下面以普通高等院校为主简述学校物业在物业经营管理服务上有别于其他类型物业的一些问题。

### 1. 产权与使用权的问题

高等院校一般校区规模较大，建筑物多。从产权角度看，都同属学校；但不同的楼宇归属不同的院、系、单位使用。从某种意义上讲，产权人和实际使用权人尽管有上、下级关系，但不是同一主体。不同主体在对房屋管理、选聘服务企业、物业服务标准及费用等方面有不同的诉求。同时，各校在管理模式和物业费筹集支付上也不同。对此，物业服务企业在投标时要慎重考虑，在中标后要认真对待。

### 2. 与学校内部职能部门配合的问题

每一所高校基本是一个小社会，校内各职能部门分工明确。在高校从事物业服务与经营管理，企业一定要注意与校内各职能部门的配合，主动接受他们在具体工作上的指导、监督和检查。如房管处、保卫部、修缮处（设施设备）、饮食中心、后勤处等。否则，工作不易开展。

### 3. 不同使用功能的房屋采用不同的物业管理模式

高校的物业从使用功能上大致分为教学、科研、办公用房；学生公寓、食堂、活动用房；体育场馆、礼堂、图书馆等公共用房；教工住宅，包括租赁住房、售后公房、新建住宅小区等多种形式。不同使用功能的校内物业所采取的物业管理模式是不同的，其经营管理服务要求也不同。有的高校采取选聘不同的物业服务企业来管理不同的物业，如清华大学；有的高校只选聘一家物业服务企业来管理全部物业。

### 4. 假期集中

学校每年除国家法定节假日外，还有固定的寒暑假。假期中，大部分学生离校。物业服务企业应利用这个相对集中的假期，对房屋建筑、各类设备实施尤其是地下管线等，配合校方做一次全面系统的检测、修缮，对校园环境进行整治与提升，迎接新学期的到来。

需要提出的是，对学校物业管理合同的起始点应以假期为界，这将有利于双方交接工作的顺利进行。

[第二节]
学校物业经营管理的主要工作

学校物业经营管理的主要工作包括教学管理、学生管理、公共设施与公共事务管理、假期管理和其他管理。

# 一、教学管理

### 1. 教室

教室种类很多，有大小教室之分：大的可以容纳百余名学生，小的只够 10 余人上课；有阶梯教室、有实验室、计算机室、听力室、语音室（外语院校）等。教室最主要的功能是授课，因此，方便老师授课是教室管理的核心。随着先进教学设备和手段的引进和使用，大量电子仪器进入教室，这就需要物业管理者事先配备能力强的工程技术人员，确保设备满足教学需要。同时需要配备人员，协助老师的板书处理和图像播放等工作。

### 2. 图书馆

在学校里，图书馆开放时间最长，容纳的人员最多，使用人最杂。安静的环境，良好的照明，相对私密的学习空间构成了图书馆的使用三要素。这也就是对物业管理者的三项要求。在确保温湿度、舒适度、照明度、安静程度方面，需要细致入微的管理模式和润泽无声的管理手段，严禁大呼大喊，图书馆应该是一个静谧的包容之所。

### 3. 实验室

在理工类院校，实验室必不可少。有的甚至涉及化学试剂、有毒气体和危险元素的使用。实验室应由专人配合校方管理，并明确双方责任与管理范围和权限，如实验室的使用登记及开启和关闭；设备试剂实验材料的准备、配给、回收、报废和记录；实验室的维修、通风、设备的保养、管线的定期检测等；墙面、地面、（操作）台面、水面、液面的清洁、消毒、清扫等工作，定期检查试管、容器、绳索、梁架的牢固程度或完整程度。根据国家有关规定，对经常在教学工作中接触有毒有害气体液体物体的人员要定期安排进行体检,确保人身安全。

# 二、学生管理

### 1. 宿舍管理

宿舍目前普遍称为学生公寓，是学生在学校的家。对学生宿舍进行精细规范的管理服务也是服务育人的要求。

学生宿舍需要配备足够数量的垃圾箱和洗衣机（是否收费由校方确定）及私密性良好的淋浴设施，足够的晾晒设备和空间及足够的宽带服务。物业管理方要确保这些设备设施的完好及宿舍区域的清洁卫生。

利用假期或空余宿舍进行适当的租赁经营，既可以充分利用有限资源又能产生一定的经济效益，是一项投入有限但产出丰厚的经营项目。在校方的同意或授权下，物业服务企业要组成专业的经营班子，制定有竞争力的租赁价格，同时关注把控好与租赁相关的问题，如入驻人员身份甄别、房间的安全合法使用、按时合理纳税等问题，做到既增加效益，又安全稳妥。

### 2. 学生食堂

学生的餐饮管理是学校物业经营管理的重点，也是一大难点。学校食堂的经营管理是否使学生满意，直接影响正常教学和生活秩序，学校和物业服务企业对此都要给予高度重视。目前大多数学校对于学生食堂都采取专业外包的方式。在学生食堂外包问题上，要特别注意不要采取一包了之的做法，而是要外包加外管，放手不放眼。

这就是所谓的学校社会化后勤和后勤社会化的不同之处。所谓学校社会化后勤，简单讲，就是采取一包了之的做法。学生食堂的饭菜质量，价格高低，食品卫生等完全交给外包公司负责。而后勤社会化则是采取学校统一管理，定期检查，奖优罚劣，末位淘汰。主动权和决策权仍然掌握在学校手里。如果遇到价格上涨的情况，学校可以综合各方因素，采取适当价格补贴的方式，严禁承包单位随意涨价，以保证学生的基本权益。这种做法，应该是学校后勤改革的方向。

学生食堂要严把进货、储存、加工、烹饪、销售各个环节的卫生标准，严格执行国家卫生及教育主管部门颁布的有关行业规范和准则，确保饮食卫生、可口。学生食堂的门口或主要通道内应设立标识牌，提示学生当天菜品的名称、价格、窗口，方便同学快速选择，愉快进餐。

学生食堂要格外注意满足不同民族学生的生活饮食习惯，尊重来自少数民族地区的学生的饮食传统，实行必要的分别进货、单独加工、小灶烹饪等手段，增进民族和谐。

对于学生存放碗筷等餐饮器具的地方，要定期消毒擦拭，避免因外界污染而引发大面积的肠道疾病。要特别注意残渣剩饭的处理，避免环境污染，气味污染，阻断因此引发的疾病传播和流行。对于洗漱区域，特别是下水管道，要定期由专人清理疏通，确保畅通。

### 3. 聚会

丰富多彩的课余活动是学校的一大特点。这些活动大体分为两类：一类是学校或院、系出面组织安排的，如校庆活动、五四青年节、一二·九纪念日等；一类是学生各社团、班级或学生自发组织的各类活动，如聚餐、小型会演等。作为物业服务企业，要积极配合各类活动的组织者，统筹谋划，精心安排，使活动达到预期效果。

首先是场地的布置，要突出主题，既简朴又热烈。其次要根据活动内容和参加人员数量，备好桌椅、舞台、音响设备，选购摆放鲜花、绿植以及烘托气氛的彩带气球等。

上述活动中，物业服务企业可以承担诸如现场拍照、录像及后期制作、印刷、装订、派送等经营性工作，在方便学生需求，减少院系压力的同时，增进双方理解和感情，增加物业经营利润来源。

## 三、公共设施与公共事务管理

### 1. 体育设施

学校体育设施包括：操场、游泳池、健身房、室内室外球场等。体育设施最重要的是确保其安全性。避免在使用过程中造成人员意外伤害。

### 2. 园林与古建筑

中国的大学校园具有浓郁的传统文化气息，保存有不少年代久远的名胜古迹。对于古建筑及古典园林的维护和修缮，物业管理方由于不具备专门的技术和专门人才，因此要与城市建筑园林主管部门密切沟通。在进行维修之前，要在必要技术储备、资金支持、防火防盗防损、登记造册、拍照留档等诸多方面精心安排，周密设计，甘当助手。

### 3. 教学区与家属区

教学区与家属区一墙之隔是中国大学校园的特色，有其特殊的历史背景。这种现象既有有利的一面也有不利的一面。

不利的一面是指互相干扰大，家属区的小孩随便进出校园，老人穿过园区买米、买菜，走亲访友的外来人寻求捷径往往不顾学校规定，任意闯门岗，驾驶私家车的人不按标准缴纳停车费或长时间占用学校工作用停车位等。如此种种，确实会给管理带来极大的不便和难度。

有利的一面是指：便于师生交流，下课后甚至晚自习时，学生可以就近请教，上午授课结束，老师可以及时回家休息，调养精神。

如何在保持有利因素的同时，化不利为有利，需要物业管理方敞开思路，在为教学服务、为教师服务、为学生服务的大前提下，不怕麻烦，不怕繁琐，不怕矛盾，通过细致调研和周密探索，设计出有特色的管理方案和操作流程，在突出物业服务企业严格管理魅力的同时，着力提高物业服务人员化解冲突的能力。

## 四、重要时点管理

### 1. 新生入学

每年新生入学经常是各种事故频发的日子，需要格外关注。新生来校，众多亲属陪送到校的现象非常普遍。亲属的食宿问题、进出学校问题，尤为突出。需要物业管理方配合校方提前策划，周全安排，发放必要的入学指引。妥善安排陪送亲属的生活和在校期间的活动。

### 2. 毕业生离校

学生离校，包裹行李不少，用过的书本及图书资料也很多。应当确保学生个人物品全部安全运出，而借用学校的资料物品应全部妥善退还。宿舍、教室清扫干净，不带走的物品妥善堆放，专人看管，尽快处理，不留安全隐患。特别注意：学生离校前应结清在校一切费用；属于学校的财产、资料、设备、工具全部归还。做到文明毕业，干净离校。

### 3. 假期活动

学校利用假期可以组织各种活动，社会上的各类机构也会利用学校假期，借用学校场地组织活动。假期活动最应关注的是安全问题，包括：（1）防火；（2）防盗；（3）防踩踏事故；（4）防止迷路。

对此物业管理团队要事先做好预案，合理安排服务人员，加强与活动主办方的沟通和协调，实行前置设防，防止各类安全事故的发生。作为经营内容之一，物业服务企业可以集中采购假期活动所需的物品出售。这既方便了用户，又增加了企业的利润。

## 五、其他管理

### 1. 留学生管理

随着中国改革开放进程的不断深入，越来越多的外国学生到中国留学。不同文化背景，不同肤色的人们聚集在校园里，风俗信仰迥异，生活习惯千差万别。这既是一道亮丽的风景线，也是考验物业管理者的一道难题。搞得不好会形成宗教冲突，甚至是种族矛盾或涉外事件。

实践证明，管理留学生比较好的办法是：学习上把留学生看作一个整体，统一编班，统一授课，统一学籍管理。在生活上把留学生作为单独的个体看待，允许他们在不违反校规校纪的前提下，自主选择住宿、饮食、娱乐方式等，不过多过深介入他们的私人事务中，尊重其个人隐私和宗教信仰，做到收与放有度，管与理相间。

### 2. 短期培训班

在高校开设各类短训班已经称为一种常态，不仅学校愿意开办，社会各单位甚至国家机关也乐于借助高校的场地和品牌形象举办系统内的各类培训班、短训班。此类培训班一般时间长度不会超过一个星期，参加人员以有一定工作年限及一定管理经验的中青年管理人员为主。

针对这种特点，物业管理方应在以下几方面注意协调和合理安排：

（1）停车位。参训人员一般都驾车来校，因此，充足的停车位和清晰的指示标识非常重要。在可能的情况下，应把相关指引图预先提交给他们。

（2）午间休息。为保证参训人员下午精力充沛，要注意考虑他们的午间休息问题，提供方便，注意午间时段安排。

（3）吸烟区。应在条件允许的情况下，多提供烟灰缸、烟灰筒等设备，方便有吸烟习惯的人使用。

[第三节]
学校物业经营管理策划与运作案例展示

## 案例 01：重庆大正物业重庆大学新校区物业管理服务运作

## 一、重庆大学（虎溪校区）基本情况介绍

重庆大学是教育部直属的全国重点大学，是国家"211工程"和"985工程"重点建设的高水平研究型综合性大学，地处重庆沙坪坝区。校园占地面积近5450亩，有A、B、C、虎溪四个校区。

图2-1 重庆大学虎溪校区

重庆大学虎溪校区坐落在重庆西郊大学城内，离老校区约25公里（见图2-1）。虎溪校区占地3670亩，其中教学用地2628亩，教职工住宅用地以及学校发展用地1042亩。按照统一规划，分期实施的理念，规划校舍155万平方米、在校生3.5万人。虎溪校区于2004年12月18日开始动工修建，2005年10月8日入住第一批近7000名本科一年级学生。现累计竣工校舍60万平方米，入住学生17000余人。目前，除了外国语学院、艺术学院、新闻学院、数学与统计学院、物理学院、软件学院、弘深学院、化学化工学院、生命科学学院九个学院完整入住之外，虎溪校区主要承担全校本科一、二年级学生的培养

任务。经过 10 年多的建设，如今的重庆大学虎溪校区环境优美，校内花木繁茂，山林湖泊点缀其间，各类教学、科研、生活、运动、学术交流设施先进齐全，教学管理秩序井然，学生学习风气淳厚，已成为读书治学的理想之地。

# 二、重庆大学新校区管理模式与管理机制

## 1. 管理模式

学校启动新校区建设后，于 2004 年 11 月成立虎溪校区管理委员会。2005 年初，学校正式出台《重庆大学关于虎溪校区管理模式的若干意见》，明确了新校区的管理模式为：实行矩阵式、相对集中的管理体制，实现"学校领导、职能延伸、校区统筹、条块结合"的管理模式以及"矩阵式、相对集中"的管理体制；树立"以育人为中心，以师生为主体，规范管理，创新高效"观念，建立精简高效、结构扁平的管理机构，锻造服务意识强、综合素质高的管理队伍。

## 2. 管理目标

在 2005 年 10 月 8 日正式入住学生之前，虎溪校区管委会急迫而现实的目标是让学生"住得进，稳得住"。此后，新校区的管理目标就成为如何通过大后勤的社会化与精细化管理达到管理高效率、高效益和服务高水平；如何通过校园环境的美化和文化传承为学生的成长成才提供良好的育人环境；如何通过管理的创新使其对学生未来培养更具意义，让学生成为能"适应和驾驭未来的人"；其终极目标则是把新校区打造成为一个具有灵魂的校区。

## 3. 组织架构

要实现新校区的管理目标，需要对复杂的大学行政管理实行简化，设置一个统一的由学校对校区直接下达指令的组织架构。由此，学校设立了立足校区统筹的条块结合的机构：

（1）设立虎溪校区党工委和虎溪校区管理委员会，受校党委和校行政的直接领导，对虎溪校区的工作具有执行、指挥、协调、督查和考核的职能。

（2）虎溪校区党政下设了 5 个"以块为主"的机构，即：管委会办公室、教务办公室、学生工作办公室、后勤与资产管理办公室和网络信息中心，负责校区的综合协调、党务管理、行政管理、教务管理、实验室建设与管理、学生政治思想教育与日常管理、后勤

服务与资产管理和数字化校园规划、建设和信息系统的运行维护。教务办公室于 2007 年撤销,教学运行调整回教务处负责,教学资源与条件保障调整到管委会后勤与资产管理办公室负责。

（3）虎溪校区下设了安全保卫办公室、校区医院、校区图书馆、档案管理办公室和各学院工作室等"以条为主"的学校派驻机构,其职能进行延伸,工作由校区协调。

## 4. 体制优势

重庆大学虎溪校区这个管理模式形成了管理体制的优势:

（1）决策机制的优势

管委会主任由学校副校长兼任,虎溪校区党工委书记是校党委常委,管委会常务副主任是校长助理。虎溪校区党工委书记与管委会常务副主任均要列席学校的党政联席会与办公会,学校的政策、工作思想等可以第一时间了解并迅速传达和执行。

（2）工作机制的优势——大统筹、大协调保障校区的高效运行与平安稳定

"校区统筹、条块结合"的管理模式和独立划拨的运行经费为校区的大统筹大协调提供了机制和费用保障。虎溪校区党工委和管委会能够统筹指挥校区各单位,形成管委会全员重视、派驻单位鼎力支持、社会单位密切配合、广大师生积极参与的工作联动良好格局,从而保障校区各项工作的高效运行。

（3）市场机制下的后勤、网络服务社会化促管理上水平见效益

国家一直推动的高校后勤社会化,由于历史和体制的因素,在老校区实施较困难。新校区管委会成立之初,就勇于探索运用市场机制按社会化方式管理新校区。在构建后勤管理架构时,大胆引进市场竞争机制,采取社会化合作形式。校区电话与网络基础设施、新老校区点对点交通车队、校区内穿梭电瓶车全部通过社会合作方式建设,学校未投入人力和财力;校园物业管理、学生食堂、学生生活服务、校园绿化养护等方面引入市场竞争机制,通过竞标方式进入,校区实施合同管理,只负责过程监控和质量监督。新校区运行 10 年多来,实现了投入少、效率高、服务优的管理目标。

● 校区条件保障成体系:

如校区的物业管理是通过社会招标,与重庆大正物业管理公司(国家一级物业管理企业)签订合同,由大正物业承担虎溪校区物业管理任务,虎溪校区物业管理实行全方位托管方式,物业管理的宗旨是"以师生为本,为教学服务"。

●服务质量精细化管理,并形成服务质量监督体系:

重庆大学虎溪校区 2012 年启动后勤服务质量监督工作,建立了校区工作人员和校区老师、学生参加的服务质量监督管理组、教师组和学生组三支监督队伍(见图 2-2)。

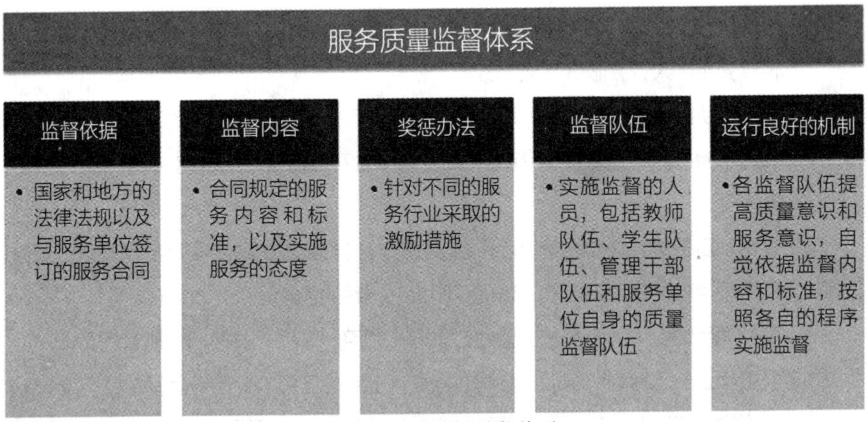

服务质量监督体系
监督依据
• 国家和地方的法律法规以及与服务单位签订的服务合同
监督内容
• 合同规定的服务内容和标准，以及实施服务的态度
奖惩办法
• 针对不同的服务行业采取的激励措施
监督队伍
• 实施监督的人员，包括教师队伍、学生队伍、管理干部队伍和服务单位自身的质量监督队伍
运行良好的机制
• 各监督队伍提高质量意识和服务意识，自觉依据监督内容和标准，按照各自的程序实施监督

图2-2 服务质量监督体系

## 三、重庆大学新校区物业服务中心组织架构与人员安排

（一）组织架构

重庆大学新校区物业服务中心组织架构（见图 2-3）

项目经理
经理助理
秩序维护部
工程设备部
行政管理部
公寓服务部
教学服务部
环境服务部

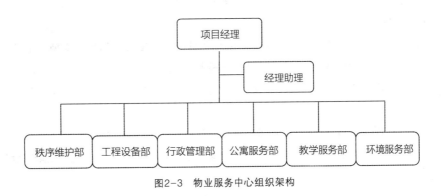

图2-3 物业服务中心组织架构

（二）部门及岗位设置

大正物业重庆大学新校区物业服务中心设项目经理和经理助理各 1 人，服务中心下设 6 个部门合计 450 人，项目总计人员配置 452 人。

1. 项目经理 1 人

2. 经理助理 1 人

3. 行政管理部

共 14 人（其中内勤 1 人，行政领班 1 人，商业管理员 3 人，文员 1 人，前台接待 2 人，收发 2 人，驾驶员 1 人，会服 3 人）。

（1）负责本项目各项行政后勤保障工作，确保项目各项工作有序高效运行。

（2）负责前台服务与值班管理，接受教职工与学生及其他客户的咨询、报事、报修、投诉，并及时妥善处理。

（3）负责项目各类会议的准备、组织、服务工作，内部会议记录纪要及工作安排的督办。

（4）负责项目各种公文的收发、管理，印章、档案的管理。

（5）负责项目物资（固定资产）计划、采购、领用、库存、发放、台账管理。

（6）负责项目员工招聘、培训、合同、档案、考勤、工资、保险等管理。

（7）负责物业管理费及其他服务费的收取，项目备用金的管理。

（8）完成学校及项目安排的其他工作。

4. 教学服务部

共 46 人（其中部长 1 人，领班 3 人，教学管理员共 42 人）。

（1）负责协助学校对教学区域及教研活动的管理，为教学、科研、考务活动的开展提供后勤支撑服务，保障教研活动的有序运行。

（2）负责教室的管理，按学校的教学计划安排教室与自修室，按时整理及开关教室门。

（3）负责教学设施设备、用品用具的管理，按时发放和回收扩音设备、多媒体机柜钥匙、粉笔、笔擦等。

（4）负责教学活动期间教学区的巡查，接待、处理、跟进师生报事、报修及其他临时需求。

（5）负责教休室的管理，为教职工提供课间休息服务。

（6）负责学术报告厅的管理，根据学校教务处计划，跟进学术报告会及各类讲座的服务保障工作。

（7）负责协调并监管教学区的安全秩序、设施设备与环境保洁工作质量。

（8）负责定期收集、研究、分析教职工与学生的教学需求，提出持续改进的措施满足师生需求。

（9）负责本部门员工的招聘、培训、管理及工作检查、考核。

（10）负责完成学校及项目安排的其他工作。

5. 公寓服务部

共 67 人（其中部长 1 人，领班 4 人，公寓管理员 50 人，涉外管理员 2 人，客房服务员 10）。

（1）负责协助学校对公寓的管理，为师生日常生活提供后勤支撑服务，保障公寓管理有序运行。

（2）负责师生入住、退宿、迎新、搬迁等手续办理。

（3）负责进出人员、物品的盘查和登记。

（4）负责师生报事、报修的接待、跟进、回访。

（5）负责学生宿舍钥匙及室内物资的登记、管理。

（6）负责协助学校对学生违规违纪现象的管理。

（7）负责协调并监管公寓区域的安全秩序、设施设备与环境保洁工作质量。

（8）负责定期收集、研究、分析教职工与学生的公寓需求，提出持续改进的措施满足师生需求。

（9）负责本部门员工的招聘、培训、管理及工作检查、考核。

（10）完成学校及项目安排的其他工作。

6. 秩序维护部

共105人（其中部长1人，主管2人，领班4人，内勤1人，门岗（北门岗、东大门、西大门、西三门）共28人，巡逻岗共22人，固定岗共24人，监控室4人，消防控制室4人，轮休15人）。

（1）负责协助学校保卫办（处）对校区服务区域治安、消防及交通秩序管理，保障校区安全、有序运行。

（2）负责治安、消防监控室的值守、设备操作使用与管理。

（3）负责学校各大门、重要建筑出入口、重点部位固定岗位的值守，对人员及大件物品的出入进行控制。

（4）负责服务区域各重点线路及重要部位的安全巡查，发现安全隐患，及时落实整改。

（5）负责服务区域所有监控及消防等安全设施设备的管理与检查，确秩序维护员全有效。

（6）负责各类突发事件的跟进与协作处理，及时妥善处理各类安全咨询与投诉。

（7）负责重大活动的安全服务，根据学校计划做好应对方案并确保落实。

（8）负责协调并监管服务区域客户服务、设施设备与环境保洁工作质量。

（9）负责定期收集、分析教职工与学生的安全服务需求，提出持续改进的措施，满足师生需求。

（10）负责本部门员工的招聘、培训、管理及工作检查、考核。

（11）完成学校及项目安排的其他工作。

7. 工程设备部

共45人（其中部长1人，工程调度1人，综维领班4人，配电工4人，综合维修工25人，综维工（夜班）10人）。

（1）负责服务区域内房屋建筑物本体、共用部位、共用设施设备的维护保养，运行管理，以及教学、公寓等专有区内设施设备的小型应急维修，确保房屋设施设备的正常使用，延长其使用寿命。

（2）负责服务区域供配电、电梯、给排水等主要系统设施设备的使用操作、运行维护、维修保养以及设备外委维修保养的监管。

（3）负责服务区域内房屋建筑物本体、共用部位、附属设施的定期巡查、日常维护。

（4）负责教学楼、综合楼、学生公寓等专有区域设施的小型应急维修。

（5）负责共用设施设备突发故障、事故的处置及抢修。

（6）负责物业工程档案资料、设施设备运行、维修保养等资料的收集、整理、归档及管理。

（7）负责协调并监管服务区的安全秩序、客服与环境保洁工作质量。

（8）负责定期收集、研究、分析教职工与学生对设施设备维修、管理的需求，提出持续改进的措施满足师生需求。

（9）负责本部门员工的招聘、培训、管理及工作检查、考核。

（10）完成学校及项目安排的其他工作。

8. 环境服务部

共173人（其中部长1人，领班6人，第一、二实验楼10人，第三实验楼8人，教学楼（白班）14人，教学楼（夜班）10人，行政楼5人，综合楼10人，学院楼6人，出版社6人，外围40人，商业街9人，公寓楼48人）。

（1）负责服务区域楼内（外）公共区域、约定服务区域的日常（定期）清洁与保洁，垃圾清收及清运，消毒及消杀工作，保障环境卫生整洁有序。

（2）负责服务区域所有建筑物楼外道路、广场、活动场地等楼外公共区域的日常（定期）清洁与保洁。

（3）负责服务区域建筑物楼内通道、卫生间等楼内公共区域的日常（定期）清洁与保洁。

（4）负责教室、阅览室、活动室等室内区域日常（定期）清洁及保洁和学生公寓内卫生间的定期清洁。

（5）负责服务区域所有生活垃圾的定时清收与及时清运。

（6）负责服务区域的定期消毒与消杀工作。

（7）负责协助并监管服务区域内的安全秩序维护、设施设备维护、客户服务工作。

（8）负责定期收集、整理、分析、研究教职工与学生的保洁需求，提出持续改进的措施并满足合理需求。

（9）负责本部门员工的招聘、培训、管理及工作检查、考核。

（10）负责学校、师生专属区域合同约定的特约服务工作。

（11）完成学校及项目安排的其他工作。

# 四、重庆大学新校区物业管理重点内容展示

（一）教学管理服务

1. 教学楼管理服务

（1）按照学校教务处的课表安排、调课通知、考试安排等课室使用计划开关课室门。

（2）在不影响正常教学安排的情况下，对于教学单位、学生社团政党使用课室举办讲座等活动给予积极配合，合理安排。

（3）为每个课室配齐粉笔（或者白板笔）、笔擦，每天检查3次配备情况。

（4）对教学楼内的课室进行动态管理，确保满足教学及正常使用需要。课室管理员应不断巡查课室使用情况，遇到自修学生人数较多，自修课室较为拥挤时，应增开备用课室。对于没人使用或使用率不高的，应及时关闭熄灯，开放课室的座位总体空位率不得高于50%。

（5）在教学楼一楼设立服务台，负责协调教学楼管理的有关事务，及时处理师生的服务要求，接受师生的投诉等。

（6）保持教学区的安静、整洁，制止一切乱呼嚷、大声吵闹等影响教学秩序的行为。

（7）保证电铃准时运行，电铃出现故障的，及时维修。

（8）做好教师休息室的开、关工作,保证有充足的教师休息室处于开放状态供教师使用,避免无关人员占用。

（9）对课室内教学设备、课桌椅等到物次进行统一管理，对新增的资产及时进账，对调整的设备进行跟踪，按物资管理的要求做到账、物、卡相符。

（10）管理人员应提前10分钟到位，做好教学楼课室上课前的扩音设备及其他教学设施的出借登记及课后的收回工作。

（11）保证教学楼内课室照明设备的正常关启。保证课室里的课桌椅配备整齐，每天检查课桌椅的配备情况。

（12）制订有关教学设备的使用指南，并贴在相关设备边，方便师生使用前阅读。

（13）按规定保养教学设备，配件（如电源线、插线板）配备齐全，保证各项教学设备随时处于可投入使用的状况。

（14）每日检查课室内的设备状况，发现故障及时处理，一般故障，应随叫随到，没有备用设备的，要及时对使用该课室教师说明清楚，如要使用有关设备上课的，要及时与

相关部门联系，调整课室并提前通知上课学生。

（15）对教师在课堂教学过程中教学设备出现问题及时提供技术支持，对于教师在教学过程中提出的技术支持请示，应在 5 分钟内赶到现场并进行处理。

（16）对使用多媒体设备课室的，要做好多媒体讲台钥匙的借用登记及回收工作。关闭课室门前，保证多媒体设备及多媒体讲台处于关闭状态。

（17）教学楼的教室管理要确保满足教学及正常使用需要，高效节约、避免浪费，开放课室的座位总体空置率不高于 50%。

2. 教室管理

（1）本校教职工或学生，未经管理人员或学校有关部门允许，不得擅自进入教室。

（2）进入教室的本校师生须佩戴校徽或携带学校有关证件，管理人员和学校巡查人员有权检查学生证件。

（3）进入教室，不要随便挪动设施设备，对故意污损或毁坏公物者，除赔偿经济损失外，还将视情节给予处分。

（4）自觉维护教学秩序，保持安静，严禁在教学楼内打闹，高声喧哗。

（5）尊重大楼管理人员的劳动，爱护清洁卫生，不乱扔垃圾，不随地吐痰，争做文明人。

（6）节约用电、用水，及时关灯，关空调、风扇。

（7）注意公共安全、保管好随身物品。

（8）教室按校区作息时间进行管理，按时开关门。

（9）教室所有教学设施，都必须向教学办公室写出书面申请，到物业管理中心办理手续。无正常手续的，管理人员不得移作他用。

（10）需要使用教室的单位和人员，都必须遵守以上规定，不能以任何借口干扰正常的教学秩序。

3. 自习教室管理

（1）根据校教务处的安排，确保满足学生学习需要，合理开启自习课室。

（2）学生在自习时应爱护学校的财产，不得损坏或移作他用。

（3）在非正常教学外，最大满足学生自习的需求。

（4）为节约电源，避免浪费，所有的自习课室空座率不得高于 50%。

（5）空座率在超过 50% 以上的自习课室，管理员应将学生集中自习。

（6）学生在自习过程中不得喧哗，如有发现，管理员应及时制止，不听劝说者，管理员有权责令其离开。

（7）管理员在巡查中发现自习教室人数较为拥挤时，应及时增开备用教室供学生自习。

（8）作好自习课室的安全管理及其他工作。

4. 多媒体课室使用管理

（1）学校教务办公室负责多媒体课室的集中统一管理，由教务办公室指定的技术管理人员具体负责（包括多媒体课室门锁），并在校区招聘勤工助学的同学参与多媒体课室管理的具体事务，为老师使用多媒体教学手段提供帮助。

（2）用多媒体课室的老师应先熟悉多媒体设备的操作程序和相关知识。未经技术管理人员许可，不能在多媒体课室电脑内存放课件等。未经老师同意，上课同学不能随意动用控制讲台上的开关、设备。

（3）老师在多媒体课室网络教学系统上使用的课件，要与多媒体相匹配，如果确实需要使用其他课件，应提前向教务办技术管理人员提出并得到安排后方可使用。

（4）凡是老师自带光盘、软盘等外部存储设备，使用自带的软件等，均须经过学校技术人员测试确证无病毒后方可使用。

（5）正常列入多媒体课室上课的课程，技术管理人员或勤工助学同学应提前15分钟到达课室，打开门锁，开启设备电源等做好上课前的准备工作。有关使用操作问题，任课老师可在课前请技术管理人员或勤工助学同学给予协助。

（6）要求从普通课室调整到多媒体课室授课，或变动多媒体授课时间、地点（包括取消多媒体授课），应提前一周向教务办公室书面申请，由教务办公室根据多媒体室排课实际情况答复申请人。

（7）临时借用多媒体室使用者，应提前两天向教务办公室申请，经批准同意后由技术管理人员具体落实。

（8）每间多媒体课室要建立授课登记制度，技术管理人员应当每次都做好设备使用状况记录，做好设备检查、维护工作。上课结束后，技术管理人员按正确的程序关闭设备电源及照明、电扇电源，锁好门窗，保管好钥匙。

（9）多媒体课室清洁卫生由物业管理公司负责，教务办公室管理人员负责检查工作。

（10）多媒体课室无论使用与否，管理人员每天至少到课室检查一次，发现异常情况应当及时向教务办公室或校区保卫办报告。

（11）教学楼一楼均设有为多媒体课室管理工作室，师生有关使用多媒体课室、设备相关问题的咨询，在上班时间请与教学楼物业值班室联系。

5. 多媒体教学设备使用管理

（1）根据学校设备管理办法的有关规定，凡使用多媒体投影教学设备从事教学、讲座、学术报告等教育活动的教师或有关人员，必须经过多媒体投影教学设备使用培训。

（2）多媒体投影教学设备由教学办统一管理，教师使用时应提前10～20分钟到物业值班室领取设备工作台钥匙和话筒。使用结束后由本人立即将钥匙和话筒交还，并填写《教学设备借用登记表》。

（3）使用者必须严格按照操作规程使用各种设备，尤其是设备电源的开和关，防止因操作不当导致设备损坏或失灵，人为造成设备损坏者按学校有关规定处理。

（4）使用计算机时不得删除任何已装软件。使用结束将更改的系统设置恢复，以保证其他教师正常使用。使用多媒体课件需提前到多媒体控制中心对其进行测试。下载的WEB教育资源和装入的教学软件，用毕自行删除，若需保留其期限原则上仅限于安排的课时数。

（5）严禁使用者在课堂上播放与教学内容无关的影视节目。严禁使用者委托他人甚至是学生代为操作使用。严禁使用者在设备运行期间离开教学现场。

（6）使用者不得擅自拔插仪器设备连接线缆。不得擅自移动或拆卸任何仪器设备。不得私自把仪器设备带出教室使用。若需接入其他设备须事先经多媒体控制中心同意，否则将取消使用资格。

（7）使用过程中应时刻注意仪器设备运行情况，一旦出现故障或异常情况应立即停止使用，并及时报告设备管理人员处理。

（8）使用者应当爱护所有仪器设备及设施，做到轻拿轻放。保持设备清洁，严禁污损仪器设备。使用结束必须将所用仪器设备整理复原，锁闭设备工作台。

（9）保持设备使用环境整洁，做好防水、防尘、放火、防盗工作。严禁将水杯放置在设备工作台上。严禁在设备工作台旁吸烟。严禁将碎屑物带入设备工作台。严禁任何人扒、撬、踏、坐、移动设备工作台。

（10）凡违犯上述规定造成设备及相关设施损坏、影响多媒体教学正常进行的行为，将严格按照有关规定追究当事人的责任。

6. 教师休息室管理

（1）教师休息室所有配置物品均属于学校财产，每个人都应珍惜爱护，如有恶意破坏的现象，一经发现将按相关规定的处罚制度严格执行，如未能发现肇事者，将追究物业工作人员的连带管理责任。

（2）物业工作人员应学习正确使用休息室电器（包括烘手机）的方法，对因使用不当造成的损坏将予以追究，并由相关责任人赔偿损失。

（3）教师休息室配置的物资，教师均可在室内自行取用。

（4）任何对休息室有益的建议都可通过教学管理员反馈到物业服务中心，经物业中心领导审核确认后予以施行。

7. 计算机室、语音室管理

（1）按照学校教务课程表的安排，提前十分钟开启。

（2）开启时管理员须检查电脑的完好情况，老师到教室后管理员方可离开。

（3）维修人员要做好课前、课后的维护工作。

（4）计算机房、语音课室上课过程中出现故障时，管理员或维修员应提供技术支持，更换教室等。

（5）下课前管理员应到教室外准备检查每台设备的完好情况，及时关机，将使用情况做好记录并及时关闭教室，发现被盗必须立即报警并追查使用班级，落实责任，进行处理。

（6）学生或工作人员在课余时间不得在计算机室、语音室上网，聊天。

（7）及时做好计算机室、语音室的清洁工作。

（8）管理员须制定有关注意事项贴在教室，以备老师、同学阅读。

（9）提醒老师、同学或工作人员不得利用电脑网络发表不负责任的言论。

（10）管理员每天不定时检查计算机室、语音室有无异常情况并登记。

8. 教学管理员作业流程

（1）教学前的准备

a. 查看学校教务处课程计划安排表。

b. 开启教室门窗。

c. 巡查保洁范围。督促保洁人员对公共区域进行全面清洁。对室内墙面、地面、桌椅、门窗、黑板、房顶进行全面清洁。

d. 物资准备。检查桌椅是否按计划配备齐全、摆放到位，粉笔（白板笔）、黑板刷准备情况。电源供给是否正常，多媒体教学设备准备状况，电铃能否正常使用，发现故障按预案进行处理。

e. 教师休息室。进行全面清洁。确认饮用水充足处于饱满状态，洁手剂配备充足，检查供热、制冷系统状态。

（2）教学中

a. 确保各种教学、实验活动处于零干扰状态中。

b. 准备随时针对师生提出的服务要求。

c. 监控各系统运转情况，遇突发事件按应急预案进行操作。

（3）教学结束后

a. 关闭供热、制冷系统及多媒体。

b. 桌椅摆放整齐归位。

c. 将借用的桌椅、设备归还。

d. 对室内地面、黑板等进行保洁。

e. 关闭照明系统。

f. 关闭教室门窗。

（二）公寓管理服务

1. 钥匙管理（略）

2. 物资出入管理（略）

3. 公告栏管理（略）

4. 报修管理（略）

5. 来人来访（略）

6. 公寓管理巡查作业

（1）保洁

督促保洁人员对公共区域进行清洁。

（2）能源系统

a. 给排水供给是否正常。

b. 照明系统是否正常。

c. 安全通道有无打开。

d. 刷卡机是否能有效刷卡。

（3）白天管理

a. 检查是否有未关灯、关水、关门等现象。

b. 公共部位进行全面保洁。

c. 洗衣房。清洁卫生情况，洗衣机能正常启动、正常刷卡计费，能源系统供给正常，照明系统处于关闭状态，无浪费能源的现象发生。

（4）人员进出管理

a. 学生公寓实行门禁管理，学生一律使用门禁卡。

b. 监督进入人员进行刷卡。

c. 检查有无学生带饭到公寓里。

d. 检查有无乱扔现象。

e. 督促外来访客人员进行登记。

f. 对经过登记的学生会见时间进行跟进。

g. 检查会客人员有无按时离开。

h. 对超时没有离开者进行督促。

i. 对不听劝阻者及时向生活老师报告并作好记录。

j. 发生打架、斗殴按应急预案进行操作。

（5）夜间管理

a. 按学校作息时间关灯。

b. 检查熄灯后各宿舍有没有使用蜡烛。

c. 检查寝室学生有没有使用大功率电器。

d. 检查楼栋所有学生是否全部回来并将差额数上报客户中心及生活老师。

e. 对未按时回宿舍或晚归的学生进行登记。

f. 听到异响及时向客户中心报告并配合秩序维护员进行查看，对结果确认无误后方可返回，做好登记。

g. 作好夜间记录准备早上按时开门。

（三）会议管理服务

1. 会议系统保障服务

（1）会议受理。

（2）会议准备。

（3）会议实施。

（4）清场完毕。

（5）会议室应备用无线话筒、电池；通信工具须设置为会议模式；未经许可，不得监听或录音。

2. 会议服务要点

（1）会前准备。

（2）会中服务。

（3）会后整理。

3. 茶水间的管理（略）

4. 会议器具、物品管理（略）

（四）秩序维护服务

1. 校区安全管理要求

1）门岗值勤、安全巡逻、治安防范、消防管理、车辆交通管理等公共安全服务24小时负责：维护良好、有序的公共秩序。

2）校区发生各类突发性事件，秩序维护员确保在5分钟以内赶到事发现场进行处置。

3）发生特大刑事案件和消防事故，秩序维护员能够10分钟以内控制现场。

4）建立校区外围秩序维护员巡逻防范、红外线探测防范、大门岗控制防范、摄像监控防范、秩序维护员巡逻防范、门禁对讲控制防范、消防监控中心控制防范等七层安全防范屏障，形成全面立体安全管理网络体系，使校区安全得到保障。

2. 安全管理制度

1）员工培训

2）员工行为

3）纪律和职业道德

4）仪表及礼节

5）交接班及装备管理

6）请销假及工作报告

7）巡逻管理

8）值勤车辆管理

9）内务管理

10）停车场管理

11）监控室管理

12）学生宿舍安全管理

（1）住宿生一律按床位表住宿，不得擅自调动铺位，男女生严禁串室或同居，严禁外人住宿。实行每日查房制度。

（2）严格遵守作息制度，停电和熄灯后寝室内严禁点蜡烛等。

（3）宿舍内不允许赌博、酗酒等不健康活动。

（4）晚自修结束进舍后，应抓紧时间作好就寝准备，不允许到其他寝室串门聊天。

（5）课间不得随便进入寝室，若有特殊情况，需有关老师证明，作登记后方可进入寝室。

（6）宿舍区严禁开展影响他人休息和健康的活动。

（7）严禁擅自在寝室调换大功率灯光，严禁使用电炉、电炒锅、热得快等电器。

（8）妥善保管好自己的钥匙，抽屉随时上锁，严禁私拿他人物品。

（9）严格遵守《七不》规范。杜绝向窗外乱倒水、乱抛杂物。

（10）自觉做好防火、防盗、防触电事故等安全防范工作。发现险情，除冷静处置外，应立即与生活老师联系或向安全管理员报告。

（11）离开宿舍时应关掉一切电器（电扇、电灯、排气扇），拖把晾在窗外，关好扣牢窗和门。

13）治安管理

14）突发事件处置

15）大型活动安全保卫方案

（1）遇到迎新、搬迁、运动会等大型活动需要物业公司进行保卫力量安排，按照学校和公司保卫工作的部署和要求成立领导小组，由项目经理和秩序维护部部长共同负责，成员以秩序维护部为主，其他部门协助组成。

（2）根据学校的要求和活动的规模，决定是否聘请外援。根据保卫方案，要摸排出重点人员，主要指学校周边的闲杂人员、治安危险分子、刑满释放人员等。发现上述人员要及时向各部门领导报告，并报领导小组，采取控制措施，由秩序维护部备案。

（3）在活动开始之前，以秩序维护部为主，其他部门协助，对活动的现场和外围进行实地安全检查，发现重点隐患由相关部门负责限期整改，对一时有困难不能解决的隐患要采取临时的安全措施，确保秩序维护员安全。

（4）对参加活动保卫工作的所有人员，做好思想动员工作，强调时刻警惕，活动开始后，各司其职，保障车辆、通信联络，人员安全。各路段秩序维护人员应指挥各路段车辆的停放，严密注视周围可疑人员，发现可疑人员应立即采取果断措施劝阻或迅速带离现场，以防止乱"申诉"和阻挡参观人员的行程，造成不良的社会影响。

16）消防安全管理

（五）环境服务

1. 体育场的清洁

1）体育场体育设施应每天保洁1次。用抹布擦拭体育设施表面灰尘。用清洁剂擦拭污渍后用水清洗干净，再用干布抹干。清扫体育场内及周围的纸屑、果皮、树叶等垃圾。擦拭附近的凳子、椅子。

2）保洁时应注意。在擦拭体育设施时，发现设备设施脱焊、断裂、脱漆或有安全隐患时，及时汇报部长或机电工程维修部。发现学生未按规定使用体育设施时，应予以制止、纠正。

3）体育设施清洁标准。体育设施表面干净光亮，无灰尘污渍、锈迹。确保游体育场周围整洁干净、无果皮、纸屑等垃圾。

2. 公寓楼／教学楼大厅保洁

1）日间保洁。每天早上用地拖把大厅门口拖洗干净。用尘推将地板推尘，每天数次，视具体情况而定。擦拭茶几、台面及摆设、沙发、灯座及指示牌等公共设施。及时更换有烟头的烟灰缸并清洗干净。下雨天门口要放防滑告示牌和增加拖擦次数。下班前应把垃圾清倒干净。每周擦墙面1次。

2）夜间清洁。每天晚上用地拖将地板拖洗1次。每月两次对大堂进行消杀工作。

3. 办公室的保洁

1）办公室的清洁需派专人负责，保证每天清洁1次，整理好台面文件，用微湿布擦拭台面后再用干布抹干。清理室内的烟灰缸和垃圾。擦拭门、椅、柜等室内设施和室内装饰物品。清洁地面，将各类物品摆回原位并摆放整齐。喷洒适量空气清新剂。办公室消杀工作应每月进行2次。

2）办公室保洁时应注意：不得翻动办公室内所有物品、文件，办公用品应轻拿轻放。不应扔掉有记录的纸张。吸尘时不准动用电脑插座，擦抹电脑、电器时须用干毛巾。

（六）体育设施管理

1.体育场馆管理

（1）开放时间分为体育教学时间和课外活动时间。体育教学时间依照每学期课程表安排。教学时间所有场地首先保证教学用。

（2）进入体育场馆须穿软底胶鞋，并服从任课教师和管理人员的管理。

（3）爱护场馆内公共设施和体育器械，未经管理员同意不得随意搬动，损坏场内设施与器械，按价赔偿。

（4）上课时间，为保证正常体育教学，闲杂人员一律不得进入场馆内。

（5）保持体育场馆整洁卫生，不得乱贴广告和宣传标语。严禁在场馆内吸烟、吐痰、乱扔果皮、纸屑、矿泉水瓶、口香糖渣等杂物。养成良好的卫生习惯。做到文明观赛，不得大声喧哗。

（6）教学活动或课外活动结束，及时整理和归还运动器械。

（7）严禁一切机动车辆和自行车进入田径场、足球场，违者罚款。

（8）为保护足球场，草地雨天地湿和长草期间禁止在足球场内踢球和行走。塑胶跑道钉鞋必须使用短钉，并服从管理员的管理。对劝说不改者按有关规定罚款并给予通报批评与处分。

（9）课外活动时间，运动场地首先保证各运动队的训练使用。为保证安全，在田径场上进行投掷活动时，任何人不得穿越投掷场地，否则后果自负。

（10）各运动场地是进行体育活动的场地，无特殊情况不得进行其他活动，全校师生、员工有责任自觉爱护，相互监督。

（11）管理人员恪守本职职责，按时开放体育场馆，及时整理和打扫卫生，保证正常的体育教学和课外活动的进行。

（12）外单位向我校借用场地，必须事先联系，在不影响学校正常体育教学情况下，经负责人同意，方可借用，并酌情收取一定的场地管理出租费。

（13）物业管理服务中心要认真落实安全防火、环境卫生、岗位职责、设备器材等一系列关于场馆管理的各项制度和规定，加强对场馆的监督和检查，保证场馆的安全，保持良好的教学环境，大力提倡节水、节电及节约各类消耗品，树立管理育人、服务育人的宗旨，为师生和宾客提供安全服务。

（14）每个学期，各场馆要按照体育学院提供的课程表、规定的学生人数以及体育活动计划，及时准备器材，合理安排场地，按时开闭场馆。

（15）学校任何单位、个人在使用场馆时，发现场馆内有安全隐患、漏水、漏气、设备损坏、能源浪费等现象时，有及时向物业管理人员报告，促其立即采取措施消除隐患、抓紧维修的权利和义务。物业管理人员有责任迅速采取措施，若其自身不能解决或不属于自身管理范围的事项时，应及时向物业服务中心领导汇报，或请有关部门协助解决。

（16）非经教学办或体育学院安排的课程和健身、参观等事项，物业管理工作人员有权不予安排场地或拒绝接待。

（17）凡利用场馆进行教学、训练、科研、竞赛、集会、健身或从事其他活动的单位和个人，要自觉遵守场馆的有关制度和规定，对于故意违反管理规定者，物业管理人员有权进行批评，必要时交送有关部门处理。

2. 体育场馆安全、消防和卫生管理

3. 网球场管理

4. 篮球场管理

5. 足球场管理

6. 塑胶足球场管理

7. 乒乓球场管理

8. 游泳场管理

# 五、学校物业特约延伸服务思考

学校物业相对其他物业类型在特约延伸服务方面有所不同，但可以从以下方面考虑：

## 1. 开学服务

每年学校开学，来自全国各地的学生和家长都会提前到学校报到，由于学校接待能力不足以及周边住宿条件，因安全、卫生、距离等诸多的限制，给前来报到的学生带来很大的不便。在这种情况下，物业公司本着为学生和家长服务，为学校分忧为目的，可在学校附近自行解决或租用一定数量的空置房。在保证安全、卫生的情况下给学生和家长提供临时住所，适当收取费用。既解决了学生和家长的困难也增加了物业公司的收入。

此外，也可以通过中介的形式给学生和家长们介绍附近条件优越、收费合理的酒店和宾馆，收取合理的中介费用。

088

**2. 特约维修服务**

（1）空调清洁，学校有数千台空调机，如果在不影响学校正常服务的情况下，组织人员对空调机进行清洗清洁，应该是一项很好的延伸服务项目。

（2）学校每年会对学生公寓进行集中维修和维护，但由于使用时间较长，或学生使用不当造成部分设施或用品时有损坏。除学校物业提供配件外，仍有部分是由学生自行负责部分即属物业延伸服务部分，如镜片、洗手盆等，除成本费外，可收取经校方同意核准的特约服务费。

（3）商业街各商户的设施设备特约维修服务。

**3. 特约保洁服务**

（1）与开发商合作对学校各类新建项目交付使用前的开荒服务。

（2）商业街各类商铺转租、装修等的开荒服务。

# 附录

### 校企合作协议书

甲方：重庆 XXXX 学院

乙方：重庆大正物业管理有限公司

为充分发挥校企双方的优势，发挥高等教育为社会、行业、企业服务的功能，为企业培养更多高素质、高技能的应用型人才，同时也为学生实习、实训、就业提供更大空间。在平等自愿、充分酝酿的基础上，经双方友好协商，现就重庆 XX 学院与重庆大正物业管理有限公司的校企合作事项达成如下协议：

一、合作原则

本着"优势互补、资源共享、互惠双赢、共同发展"的原则，校企双方建立长期、紧密的合作关系。

二、合作内容

经双方友好协商，合作主要内容包括以下几个方面。未尽之处，可做其他补充。

（一）互认挂牌、就业推荐、员工培训合作

1. 甲方在乙方挂牌设立"重庆 XXXX 学院实训就业基地"，乙方在甲方挂牌设立"重庆大正物业管理有限公司培训学校"。双方均同意在对外发布信息中使用共建基地的名称，并开展管理、实习、培训、科研合作。

2. 作为甲方的校外实训、就业基地，乙方在同等条件下应优先录用甲方毕业生；甲方每年邀请乙方用人单位参加甲方组织的校内毕业生供需洽谈会，优先为乙方输送德、智、体全面发展的优秀学生。

3. 作为乙方的人力资源培养基地，甲方应利用学院的软、硬件教学资源，根据乙方要求，为乙方提供包括各类员工职业培训、技能考证等在内的人才培训服务。

4. 乙方向甲方提供本企业职业岗位特征描述，各职业岗位要求的知识水平和技能等级，为甲方制订相应合作的各专业人才培养目标，审订合作各专业建设计划、人才培养计划提供依据。

5. 双方将定期（每月一次）通过走访或座谈形式就双方合作开展情况、协议执行情况进行阶段性总结。如遇突发情况，双方将及时联系并加以解决。

（二）顶岗实习、实训基地建设合作

1. 甲方从合同签订之日起，根据教学计划和培养方案，每年选派一定数量的指定年级、专业的学生到乙方进行顶岗实习和专业实训，具体人数根据乙方岗位需求、甲方学生情况等因素，由甲乙双方协商决定。

2. 乙方作为甲方学生的顶岗实习单位，同时也是甲方的校内、外实训基地，应优先满足甲方学生在专业实训、毕业实习等方面的需求。双方在协商一致的基础上，本着共同发展的原则，建立紧密、长效的合作机制。

3. 甲、乙双方应从符合教学规律、切合企业实际、适应企业生产周期的角度，制订学生顶岗实习和专业实训期间切实可行的教学计划，以保证顶岗实习期间工、学任务的顺利完成。同时，甲方应加强对学生的岗前思想教育，指导教师、辅导员老师必须定期下企业协助乙方做好顶岗实习学生的各项工作；乙方应为顶岗实习学生制订切实可行的轮岗计划，以提高学生的综合素质能力。

4. 乙方为甲方学生顶岗实习提供相应的实习工作、生活环境。同时，乙方应为顶岗实习学生留出一定的学习时间，使学生能完成教学计划规定的课程学习任务，保证学生自身能力的提高。课程实习可以采取"1＋1"分段教学模式。实习期间企业与实习学生不具有劳动合同关系，若实习单位对实习学生有用工需求，实习单位对实习学生酌情发放实习补贴，以维护学生权益。

5. 顶岗实习学生在实习期间，根据实习协议的要求应服从乙方管理人员的管理，遵守乙方规章制度（含考勤管理和技术管理），同时不得违反甲方的有关管理规定。乙方应指派专门人员担任兼职实习指导教师，甲方派员负责实习学生在乙方单位实习期间的人身、财产安全管理（乙方不负责安全管理责任）。

6.因实习学生或甲方原因提前终止实习,甲方应提前一周告知乙方。反之亦然。实习结束,乙方应向甲方提交学生实习的证明和评价。

7.甲方成立实习指导小组对学生实习情况进行指导、监督,并加强对学生的思想教育和职业道德教育,发现问题及时提出解决办法,协调乙方和实习生之间的关系。

(三)互派挂职交流合作

1.甲方每年定期派遣一定数量的专业骨干教师到乙方及其下属相关企业挂职锻炼,培养"双师"队伍。挂职期间乙方提供相应的工作岗位,保证挂职效果。

2.乙方及其下属相关企业,每年定期派遣高层管理人员或技术人员到甲方挂职锻炼,参与甲方的管理、教学工作。挂职期间甲方提供相应的工作岗位,并保证挂职效果。

3.双方派出的挂职、培训人员应严格遵守对方的工作和教学的规定,严格遵守保密制度和各种管理规章,确保各方的正常工作、生产和教学秩序正常。挂职期满,并经考核合格后,视情况由接受单位发放相关聘书。

(四)教学、科研及产学合作

1.乙方选派中、高层领导、技术人员、中、高级技师担任甲方客座教授、专业带头人或兼职教师,参与甲方人才培养过程,参与甲方科技开发、教学改革、教材编写等工作。成果产权归双方共同所有。

2.甲方选派优秀教师和业务骨干参与乙方科研项目开发、技术援助和学术研讨,科研产权归双方共同所有,并对双方成果进行推广。

三、以上协议如遇客观情况发生重大变化或其他未尽事宜时,双方另行协商解决并签订补充协议(或备忘录),补充协议与本协议具有同等效力。

四、本协议甲乙双方签字盖章生效,有效期为 _____ 年,自 _____ 年 _____ 月 _____ 日起至 _____ 年 _____ 月 _____ 日止。

五、本协议一式四份,各双方各持二份。

甲方:重庆 XXXX 学院　　　　乙方:重庆大正物业管理有限公司

代表(或授权)人:　　　　　代表(或授权)人:

住所地:　　　　　　　　　　住所地:

联系人:　　　　　　　　　　联系人:

联系方式:　　　　　　　　　联系方式:

　　年　月　日　　　　　　　　年　月　日

## 案例02：山东明德物业在山东大学物业经营管理实践

### 一、山东大学概况

山东大学是一所历史悠久、学科齐全、学术实力雄厚、办学特色鲜明，在国内外具有重要影响的教育部直属重点综合性大学，是国家"211工程"和"985工程"重点建设的高水平大学之一（见图2-4）。

山东大学是中国近代高等教育的起源性大学。其医学学科起源于1864年，为近代中国高等教育历史之最。其主体是1901年创办的山东大学堂，是继京师大学堂之后中国创办的第二所国立大学，也是中国第一所按章程办学的大学。从诞生起，学校先后历经了山东大学堂、国立青岛大学、国立山东大学、山东大学以及由原山东大学、山东医科大学、山东工业大学三校合并组建的新山东大学等几个历史发展时期。百余年间，山东大学秉承"为天下储人才"、"为国家图富强"的办学宗旨，践行"学无止境,气有浩然"的校训,蹈厉奋发,薪火相传，形成了"崇实求新"的校风，为国家和社会培养了40余万各类人才，为国家和区域经济社会发展做出了重要贡献。

图2-4　山东大学

作为国家首批重点建设的"211工程"和"985工程"大学，近年来，山东大学实现了跨越式发展，各项事业均达到了前所未有的高度。学校的综合办学实力和竞争力明显增强，办学质量和为国家、区域服务的能力显著提高，国际影响力大幅度提升，9 个学科的学术影响力和贡献能力跨入世界前 1%。学校基本完成了从教学科研型大学向研究型大学的转型。

学校规模宏大，实力雄厚。总占地面积 8000 余亩（含青岛校区约 3000 亩），形成了一校三地（济南、青岛、威海）八个校园（济南中心校区、洪家楼校区、趵突泉校区、千佛山校区、软件园校区、兴隆山校区及青岛校区、威海校区）的办学格局。其中威海校区、千佛山校区、兴隆山校区由山东明德物业管理有限公司提供物业管理服务。

## 二、明德物业高校管理优势与服务理念

明德物业长期从事大学园区的物业管理，有较高的专业水准。明德物业对大学的整体运作比较娴熟，对大学生心理有较为深刻的研究。公司坚持"立足山东、面向全国"的战略目标，力争成为集大成的"高校管家"。山东明德物业管理有限公司在管项目 300 多个，其中大学类项目占 40%，是目前国内管理高校物业最多的物业管理企业。

明德物业对高校提供物业服务的理念：

1. 标准化作业。公司为行业编著出版了近 120 万字的《高校物业管理服务规范》，受山东省住建厅、省质监局委托，负责起草的《山东省高校物业管理服务标准》已经颁布。

2. 不均衡管理。明德物业各项服务工作均会依照工作的轻重缓急和师生的工作、学习规律进行统筹安排。不均衡，有所侧重地安排工作。通过优化后的工作编排使工作更加人性化，更加节省委托方的每一分钱，更加符合专业化物业管理公司的要求。

3. 零打扰服务。明德物业将认真解决因自身管理服务工作可能给教学等造成的干扰问题，在服务、管理的时候，尽可能不打扰师生，将师生在工作、学习、休息时受外界干扰的程度降到最低限度，给广大师生一个良好的环境。比如根据学校时段性强的特点制定工作时间安排。学校一年有寒暑两个假期，每天有固定的上下课时间，在日常工作安排中合理的安排工作时间。

4. 个性化服务。针对老师、学生提供全方位、多层次、有效且经济的服务，最大限度的为广大师生提供方便。如：欢迎新生入校，老生开学、放假等学校重要时期，管理处会悬挂横幅等渲染活动气氛。新学期开始为上第一堂课的老师准备水杯及慰问信，教室内配备湿巾供老师擦手等形式，融入到学校教学活动中。

5. 公益性服务。在学校门口将设立提示板，将当天的天气预报、留言、失物招领等进

行提示，为师生提供一个方便的信息源。购置一些常用物品、工具，如雨伞、针线、小维修工具等，建立物品、工具借用点，使学生在需要的时候，能够及时使用到这些东西，使他们感到明德服务的周到。物业服务中心同时备有一般急用药品，当学生发生急病、受伤、中暑等意外情况，在先行处理的同时，通知学校医务处或紧急召救护车前来急救。此外定期举行义务宣传安全用电、用水常识和消防、安全防范常识等公益活动。

6. 管理育人、服务育人。物业服务企业为高校广大师生服务，更重要的环节还必须配合学校做好学生的管理工作。提供合理的"勤工助学"岗位，让学生参与到具体工作，既锻炼了学生的劳动意志，又能帮助确实需要帮助的学生，达到管理育人、服务育人的目的。

7. 校园110服务。倡导"有事请找物业服务中心"的"校园110"一站式管理服务。师生只需拨打物业服务中心24小时服务电话，即可解决各类常规服务需求。"校园110服务"的目的是形成"校园110服务"联动，为师生提供方便、快捷、全方位的服务。其核心思想即为：物业服务中心的员工，不分彼此，不分分内分外，全员均为"校园110服务"的执行者。管理员既是师生的服务者，也是保洁者；保洁员既是保洁者，也是师生的服务者，诸如此类。不论师生有何需要，只要通过值班电话或向物业服务中心的任一员工反映，都会做到事事有交代，件件有落实。

8. 安全预案制。针对大学安全管理要求高的特点，不仅要制定针对性的车辆、人员、物资进出管理及教室管理制度，还要根据学校特点，积极与校方、政府机关联络配合，维护学校和周边的治安环境。制止学校周边不良人员勒索学生财物、乱摆卖等严重影响学生人身财产安全事件，维护学校声誉，形成了针对学校特点的安全管理模式。还要在配合学校相关部门做好安全保卫工作的同时，预先制定校区停水、停电、安全管理、消防管理等工作紧急处理方案，对各项工作有一整套应急处理办法和预警措施。同时对所管理的教室内资产和自己所使用的资产负有保管责任，防止资产流失。在工作中，明德物业注意平时工作经验的积累，对报纸、杂志刊登的意外事故报告进行收集、复印，张贴在校园宣传栏上，另外发给班主任，让学生认识到危险性及如何防范事故的发生，避免此类事件时常发生。

9. 节能型维护。房屋及附属设施设备维修养护是维护学校正常教学工作的基础服务项目，物业服务充分发挥在设施设备维护上专业优势，针对学校特点制定设施设备保养计划，使学校设施设备的运行状况得到根本性的改变，确保了学校正常教学工作的开展，另外为师生着想，在养护的同时注重降低设备的运行成本，对学校的水、电、气实施监控，定期上报《水电气用量分析报告》，提出节能的合理化建议，实施后为学校节约多项设备运行开销，争取获得合作双方"双赢"效果。

10. 首问责任制。建立师生意见、报修、投诉全程跟踪处理流程和责任制，首先是指面对师生的问题，不管是对任何物业服务人员反馈、求助或投诉，物业服务人员均有责任将师生的问题向物业服务中心进行反馈,不得以任何理由进行推诿,严禁说"这事不归我管"、"你应去物业服务中心反映"等。其次是物业服务中心接待员接到师生或物业服务人员汇报的问题后,应在师生服务要求受理表上记录,并及时将情况告知并要求责任班组处理。处理结束后向师生服务中心进行反馈。由师生服务中心向师生进行反馈或回访。

11. 时效工作制。物业管理工作是劳动密集型行业,在配备相应设备的基础上,必须确保足够的人力物力。确保各项服务工作实行时效工作制,公布各类工作的处理时限,在规定时间内妥善处理完成。

12. 公开服务制。服务项目均向师生公开,禁止物业服务企业员工个人向师生索取任何酬劳。

13. 回访工作制。明德物业将依照标准作业规程对开展的服务工作定期走访师生。虚心接受师生的建议,批评。

14. 零障碍沟通。明德物业实行定期工作例会制度,结合校区实际情况,积极与相关部门沟通,建立定期会谈或拜访制度,并就单位意见或建议及时进行沟通协调,重大决策、措施均会事先通报给校方,从而不断提高服务水平。

## 三、明德物业对山东大学物业管理服务整体设想

(一)山东大学物业管理需求分析

1. 高校物业管理在能力和素质要求上要实现"专业化、职业化"

高校物业的地位、功能性质决定了高校物业管理必须高标准、严要求。这就要求物业管理从业人员最好具备与学校学科性质相接近的知识背景、专业素质、工作能力。推进山东大学物业工作"管理数字化、服务专业化、流程标准化、操作机械化"进程。

2. 针对不同性质的物业在管理运作上尽可能实现"差异化"

不同学科性质的学校有不同类型的物业,同一所学校也会有不同性质和特点的物业。这就要求物业公司在物业管理实施过程中注意区别对待,充分考虑物业服务对象的各自特点和差异性质,从而采取各自不同的管理办法,制定不同的目标和管理标准。

3. 应高度重视和处理好与校方的公共关系,保持良好经常性的互动

物业管理由于涉及面广,服务对象层次多,协调处理好与学校各部门的关系就显得特别重要。作为物业管理委托方的学校不同于一般物业的业主,其对物业管理公司的监管权力往往由其校后勤职能处室来履行。此外,在对学生的管理上,校区文化活动开展上,还必须与校办、学生处、校团委、校学生会等取得联系,保持经常性的沟通和协调,并尽可

能利用学校现有资源做好各项工作。

（二）管理服务设想

为充分体现明德物业的管理理念，达到让山东大学领导放心、省心，让校区广大师生舒心的目的，特提出如下管理设想：

1. 物业管理人性化向人文化方向转变

过去传统的物业管理，由于服务对象——师生的文化素质参差不齐，所倡导的"人性化"管理，基本上能满足师生的需要。但是，在对高校中的知识分子——师生实施物业管理、提供各项服务时，从业人员一定要强化"人文"观念，即在具体的工作中要体现物业管理的文化含量、文化品味、尽可能营造文化氛围。这主要体现在实施高校物业管理导入 CI 企业形象识别系统过程中，要特别注意理念系统（MI）的精心设计。此外，物业管理从业人员必须具有一定的文化层次，普通员工则必须强化培训，体现良好的企业形象。

2. 物业管理由主导式向共管式方向转变

传统的物业管理中，师生基本上处于被动状态。所有的管理运作，包括社区文化活动都是物业管理公司在起主导作用。而高校物业管理由于服务内容特殊且要求高，"师生"民主意识强，以及高校物业常常处于不断扩建、改建的状态中，加上高校仍保留专门的后勤职能部门，学校不会对所有的物业管理项目完全放任不管，所以高校物业管理就由过去的物业管理的"主导式"转变为"共管式"。

3. 物业管理由单一式向复合式方向转变

高校物业管理的物业构成很复杂，包括公寓、教学楼、办公楼、图书馆、大学生活动中心等多种类型，这就要求物业管理企业必须树立新的"复合式"物业管理的观念，特别是要培养能管理公寓、教学楼、办公楼、图书馆、大学生活动中心等复合式物业管理人才，培育能同时管理多种类型物业的，组建更多与高校物业管理相配套的专业化队伍，如清洁、消杀、电梯、师生服务中心等综合管理的能力。

4. 物业管理委托式向管家式方向转变

高校的物业管理特别是在"学生公寓"的管理上，由于兼有公寓和酒店的特点，加上学生单身生活的特殊性，需要更多、更细、更贴心的家庭式关怀服务，所以物业管理公司就必须改过去"委托式管理"为"管家式服务"。提供的服务要从室外转向室内，要从共性化公共服务转向更加个性、人情化、细分化的生活服务，让物业管理公司真正成为名副其实的学生管家。例如可为学生提供洗衣、购物、打字、复印、就业信息、工作联系、天气预报、紧急备用药品、物品临时寄存等多种学生需要的服务。

（三）在山东大学推行"酒店式物业管理"服务模式

1. 在接管该物业项目伊始，全面导入现代酒店管理和技术，变"后勤物业管理"为"物业服务与管理"，更加强调突出"服务"的内涵，把物业管理服务真正提高到一个新高度。为师生提供一种酒店特有的和谐舒适、整洁优美、安全健康、便捷的服务。

2. 对外服务和接待上，设立总服务台为师生提供温馨的人性化服务。

3. 完全以师生为中心，强调服务意识，提高服务效率，把酒店行业的零缺点服务导入到物业管理中来，通过训练有素的、有酒店服务水准的物业从业人员，提供热情、高效、优质的酒店式专业服务。

4. 在搞好基本后勤物业管理和专项物业服务即日常环境清洁保洁、维护公共秩序、消防安全、设施设备日常运行管理与维护保养、车辆交通管理等的基础上，还增加一些特约服务和便民服务。

（四）明德物业"亲情服务"特色

亲情服务内容："一新"、"二温馨"、"三勤"、"四个主动"、"五个多一点"、"六个一"、"七声"、"八字理念"。

1. "一新"

即全新的后勤服务人员形象。明德物业后勤服务人员，根据后勤服务的工种，按规范着装，统一的配饰为师生创造温馨的视觉效应，给师生镇定、安全之感。规范服务礼仪，加强语言修养，多与师生沟通交流，树立良好的职业形象。

2. "二温馨"

温馨的甲方环境：让师生感觉"环境安全可靠"。

工作规范温馨：熟练掌握工作技能，动作规范温馨。

3. "三勤"

手勤——多为师生做好事。

脚勤——多巡视观察工作责任区域。

嘴勤——多解答师生问题。

4. "四个主动"

主动介绍、主动帮助、主动沟通、主动征求。

5. "五个多一点"

多一点尊重、多一点理解、多一点解释、多一点鼓励、多一点帮助。

6. "六个一"

一个微笑：笑脸相迎。

一声问候：新年、节日问候。

一杯热茶：接待客人或师生时亲切的递上一杯热茶。

一张卡片：一张服务指南。

一声祝福：节日祝福。

一次谈心：每天与师生谈心交流。

7. "七声"

来有迎声，走有送声，见面时有称呼声，合作后有谢声、遇到师生有询问声，操作失误有道歉声，接听电话有问候声。

8. "八字理念"

以人为本，师生至上。

（五）物业管理服务全面保障体系

1. 从与校方确立合作关系后，明德物业将按照科学分工、职责明晰的原则，按时按计划合理安排各项工作。

2. 公司秩序维护部、环境部负责指导、监督物业管理处的师生服务、安全、清洁等各项工作；公司质检部负责指导物业管理处将 ISO9001 和 ISO14001 管理体系导入校方项目，并负责服务质量考评；公司工程部负责指导、监督工程设备设施的维护保养工作；公司人力资源部、财务部、采购部、行政部分别负责指导、监督人员、财务、采购、仓库等各项管理工作。

3. 明德物业将全力协助校方开展各项工作，全力打造物业服务优质品牌，同时塑造明德物业的优质服务形象。

# 四、项目组织机构设置

项目管理处下设六个部门：公共事务部、秩序维护部、工程部、环境服务部、公寓管理部、经营部。配置：项目设经理一名、副经理一名、各部门主管各一名；员工依据项目需要进行配置。

# 五、明德物业在山东大学实施全方位一体化经营的实践

山东明德物业管理有限公司致力于成为中国高校后勤集成服务提供商，在高校物业管理做大做强的基础上围绕学校需求努力开展多种经营服务，逐步成立了，明德餐饮公司、明德超市公司、明德节能公司、明德停车场公司、明德家政服务公司、明德传媒公司。这些专业公司依托高校物业项目进行经营，并逐步拓展其他领域的市场。

（一）明德餐饮公司在山东大学的经营

2015年11月份明德餐饮公司经过招投标获得了山东大学部分食堂的经营权，学校食堂的管理工作是学校工作的一个重要组成部分，组织好学校食堂的管理工作是办好学校的必要条件之一。搞好学校食堂的管理工作，可以使广大师生员工生活无后顾之忧，教师一心一意搞好教学，学生能够安心学习，保证教育教学工作顺利进行和学校教学秩序的稳定。

学校食堂的任务是：提供丰富、卫生、营养、可口的饭菜和食品，为师生员工服务。餐饮公司除了提供日常的膳食外，还利用互联网开通了家简成厨客户端，通过微信平台为广大老师提供净菜服务。

食堂提供的食品，不但要求价格低廉，经济实惠，而且要求按质论价，避免偏高偏低。成本是价格的基础。只有加强成本管理，合理下料，科学加工，杜绝浪费，节约支出，才能合理制定价格，贯彻"收支平衡，略有节余"的原则，办好学校食堂。

根据食堂饭菜品种多，一日数餐，周转快的特点，应采取适当的方法，进行成本计算。对于日常供应的食品，在成本条件不变的情况下，价格也不变；对于不经常供应的食品，则应分批核算成本，分批制定价格。

分批核算成本有两种情况：一是有严格的预定制作份数，可按预定份数和标准用量配料，再根据每份菜标准用料数量和进货价格计算成本，合理定价。二是事先没有预定制作份数，整批大量下料，做成以后，先算出总成本，再按实际分成的份数平均分摊，求出每份食品的单位成本，作为定价依据。

在食堂成本核算中，也有"直接成本"和"间接成本"之分。直接成本是能够直接计入某项食品成本的消耗，如直接下料、配料的成本金额；"间接成本"则是各项食品共同发生的、不能直接算作某项食品成本的消耗，如调味品、燃料等开支金额。

例如，经过一段时间的测算，各种食品直接成本总额为4000元，而同时期燃料支出为200元，则

燃料费分摊率 =200÷4000×100% =5%，

若某项食品直接成本为50元，则

该项食品应分摊的燃料费 =50×5% =2.50元。

分摊间接成本的方法，还有其他不同种类。各食堂应从实际出发，灵活掌握，从而使食品价格尽量接近实际成本，更好地服务于广大师生员工。

食堂财产及管理实行食堂主任负责制。食堂食品、物品，设专人管理，领用食品，物品出库要登记，并随时接受检查。对食堂食品、物品实行"采购、入库、使用"三分离原则。建立三本账，做到采购、入库、使用三个数据基本一致，误差控制在1%以内，食堂主任要认真把关，分管领导要认真督查。

食堂的财务管理：出纳员负责食堂现金的收支与结存，并有责任监督现金支出的合理性，尽可能取得正规的票据，如果出现不符合规定的开支要及时向领导反映。食堂各项开支必须经食堂主任签字审核，分管副总和总经理签字后才能报销，发现未经审批的发票报销，除追回报销款项外，还要视情节轻重予以其他处理。食堂出纳同时应登记简单现金日记账，每日进行现金的核对，将当日所取得的收支凭据如实交与会计作为计账依据，定期与会计核对账目。打卡所收现金应及时交入银行账户。食堂会计应负责食堂的全部账目，正确核算收支与结余，每月按时与出纳结合下账，点清收支票据，及时进行账务登记和账目核对。食堂账目必须日清月结，学期末由公司有关部门进行审计。

（二）明德超市公司在山东大学的经营管理

明德超市目前正在山东大学承包经营学院内学生超市（名称：明德超市兴隆山店）（见图2-5）。2015年5月18日正式开业当天，有4000余学生光临，当天营业额达1.5万余元。超市营业时间为16小时（早7点~晚23点）。配备4~6名工作人员。开业以来，以专业化运作、人性化服务、轻松舒适的购物环境，放心可靠的商品质量赢得了学生的喜爱和学院领导的好评（见图2-6）。

经营范围包含速食食品、面包主食、休闲食品、风味食品、蔬菜水果、熟食素食、饼干糕点、糖果、冲调食品、营养保健品、饮料、罐头、调味制品、酱菜、个人洁护、奶制品、蛋类食品、冷冻食品、保鲜果汁、散货食品、文化办公、体育娱乐、图书图像、五金家电、家居用品、休闲用品、箱包皮具、家用清洁、家用纸品、杀虫芳香、床上用品、针棉用品、服装鞋帽、饰品、工艺品等几十个种类2000多个品种的商品（见表2-1）。

在服务项目上有代充话费、洗印照片、修配眼镜、代订机票火车票、熨衣干洗等多元化服务项目，充分满足了学生日常生活需求。

图2-5　山东大学内的明德超市　　图2-6　明德超市深受师生欢迎

学生超市在经营商品种类上以为师生提供方便快捷的生活服务为准则，在控制和保证商品质量的前提下，生活必需品种类齐全，满足校区范围内的消费者多方面的生活需求。

超市经营商品种类 表 2-1

| 商品大类 | 商品种类 | 商品小类 |
|---|---|---|
| 包装食品 | 休闲食品 | 膨化食品、干果炒货、果脯蜜饯、肉脯食品、鱼片 |
| | 饼干糕点 | 饼干、派类、糕点、曲奇 |
| | 糖果 | 香口胶、巧克力、硬糖、软糖、果冻 |
| | 冲调食品 | 奶、豆粉、麦片、餐糊、茶叶、夏凉饮品、羹 |
| 饮料烟酒 | 饮料 | 碳酸饮料、饮用水、茶饮、果汁、功能饮料、常温奶品 |
| 副食 | 罐头 | 水果罐头、农产罐头、畜产罐头、水产罐头、果酱、沙拉酱 |
| | 酱菜 | 酱菜、腐乳 |
| | 速食品 | 方便面 |
| 生鲜类 | 蔬果类 | 蔬菜、水果、干菜 |
| | 熟食素食 | 熟食制品、速食制品、半成品 |
| 日配类 | 面包主食 | 面包西点、主食面点 |
| | 冻品类 | 速冻面点、微波食品、肉类制品 |
| 散装加工 | 散货食品 | 散货蜜饯、散货干果、散装糖果、散装干货、散装糕点 |
| 文体娱乐 | 文化办公 | 文具、工艺礼品、相架、娱乐用品、健身器材 |
| | 图书图像 | 报纸、期刊、杂志 |
| 五金家电 | 五金家电 | 灯具照明、电工电料、家用五金、精品小家电 |
| 家居百货 | 家居用品 | 餐具、不锈钢制品、塑料制品、瓷制品、杂品、雨具伞具 |
| 洗涤日化 | 个人洁护 | 洗浴洗发用品、美发护发、润护品、个人洁护、婴幼用品 |
| | 家用清洁 | 洗衣粉、衣物护理、清洁剂、洗衣皂 |
| | 家用纸品类 | 餐/面/湿巾、卫生巾、护垫、家用卷纸、一次性用品 |
| | 杀虫芳香类 | 杀虫片/剂、杀虫器/具、芳香剂 |
| 针纺服饰 | 床上用品 | 夏凉用具 |
| | 针棉用品 | 男袜、女袜、毛巾浴巾 |
| | 服装服饰鞋帽 | 衬衫、内衣/裤、皮带、拖鞋、鞋具 |

1. 经营优势

1）企业文化优势

明德超市母公司明德物业以高校管家著称，目前物业在管高校项目 68 个，有着丰富的高校管理工作和服务工作经验。明德超市充分整合自身专业超市连锁经营经验和母公司高校工作经验，将超市经营从一般的买卖和坐店式经营提升到满足学生多方面生活需求的贴心服务和管家式经营。力求达到让学校放心、家长省心、学生舒心的目的。

2）管理优势

从 2014 年明德物业接手兴隆山校区的物业管理到现在已经 1 年了。1 年来，一批批的明德人默默地付出，辛勤地做好学校和师生的服务工作。他们对学校和师生有着深厚的感情，更了解兴隆山校区的实际情况、更懂得本校区学生的特点以及消费需求。物业和超市相辅相成，也促使他们能够为学校和学生提供更好和更全面的服务。

在超市内部实行有效的管理策略：

（1）简单化，即作业程序简单化，减少不必要的报表与手续。

（2）规范化，即制度手册作业程序明确，新手也能顺利接手。

（3）专业化，即专业分工，各司其职。

（4）标准化，采购、经营方式、商品陈列布局、服务态度等均有执行标准。

（5）节约化，即内、外部人员的防损、商品的防损、营运费用的控制等。

3）差异化经营优势

明德超市高校连锁店奉行"亲情化经营，细致化服务"的理念，根据各高校不同的地域、人文环境、学生群体特点、生活和消费习惯等等实际情况，制定相应的经营措施，采购相应的商品、实行相应的多元化服务项目，有的放矢地做好超市经营，最大程度地解除学生生活上的后顾之忧，更好地投入学习当中去，享受"省时、省心、省力、省钱的"轻松购物。

4）专业团队优势

明德超市以建立高校连锁超市体系为发展目标，整体员工的平均年龄在 24 岁，专科以上学历的占 85% 以上，以酒店管理、商业管理、经济管理的毕业生为主。大部分员工和学生消费者年龄相仿，易于交流和沟通，能够更准确地提供服务。公司定期组织员工进行专业培训，开展专业技能比武，全面提升员工的综合素质和团队协作精神。

2. 经营策略

在经营策略上，初步拟定了稳定发展、创新取胜，结合学生的消费特点和学校实际情况，扬长避短，扎实稳固的做好商品品质管理、多元化经营、顾客培养、优质服务、有效管理等方面工作。以轻松舒适的购物环境、相对齐全的货品、相对可信的商品质量、方便快捷的购物方式，提供专业、舒心的服务，满足师生多方面生活需求的经营策略。

1）舒适布局，轻松购物

超市布局和货架陈列管理是超市商品销售管理的重要方面，作为学校超市，根据大学生文化层次高、时尚、追求生活品味的特点，在超市布局上扩大学生消费者的活动空间，达到超市面积的35%左右。分区清晰、布局合理、通道顺畅。减少师生在商品选择上的压迫感。以经营有品牌效应、畅销、质量可靠的品牌产品为主，并设专卖、专柜、专架（见图2-7）。在条件允许的情况下，设多个出入口和多台收银机，减少学生等待时间和出入的拥挤（见图2-8）。在商品陈列上，充分地利用货架和卖场的空间来陈列商品，并考虑不同商品的关联性（如，将袋装奶放在面包类食品的附近货架，学生选择面包后会感觉喝袋装奶比较适合，从而两样都购买）。以轻松舒适的购物环境，方便快捷的购物方式赢得学生的喜爱。

图2-7　超市货品摆放整齐　　　　图2-8　超市设多个出入口和多台收银机

2）建立富有人文色彩的标识系统

按照"以人为本"的服务理念加强超市标识系统的建设。比如：在售卖雨具的货架上悬挂这样的标识牌："你不能左右天气，但你可以改变心情"；在售卖化妆品、个人护理品的货架上悬挂"你不能改变容貌，你可以展现笑容"的标识牌；散装特色食品标价签上标明食品的介绍、特性、功效；指引牌和分区指示牌以色彩搭配和时尚造型为主等。

3）多元化经营策略

（1）根据实际情况，努力为师生提供多层次的服务。例如：代收手机话费、代售邮票、代订车票和飞机票、洗印照片、修配眼镜、代定机票火车票、熨衣干洗等等服务项目。

（2）以学校校内网或学生论坛为基础建立网上超市平台，展示所有商品的图品、说明及价格，使学生可以更直观、更简洁地浏览和选购需要的商品，并通过网上订购、QQ订购或电话订购，为学生提供送货上门服务。同时，可以在网上超市平台发布各种促销和活动信息，避免在超市门口张贴广告、宣传单等影响美化，污染环境的做法。还可以举办组团团购等时尚活动，如：女生较喜爱的某品牌化妆品，征集20人团购，优惠20%等。

4）灵活运用促销方式

（1）设立所需货和缺货登记制度，最大程度的解决学生生活的后顾之忧。

（2）水果蔬菜等不易保鲜，销售期短。根据不同商品保鲜期的不同，不定期限时降价销售，使超市内生鲜食品常保新鲜和高品质。如：香蕉 2 元 / 斤，摆放 2 天后，第三天晚上 8 点开始以 1 元一斤的价格降价促销。

（3）天天特价，享受实惠。每天至少拿出 1～2 个品种进行促销活动。

（4）根据实际情况和不同时期，促销的方式和品种，随时调整和创新。同时要注意促销活动的连贯性和即时性。如：大学生钟爱的节庆日、新生入校期、学生考试时的文具和巧克力、咖啡等即时性商品促销、学校重大活动等等。

5）走进生活，贴心服务

（1）本着"人人为我，我为人人"的经营理念，细分顾客。根据不同学生群的特点进行细致化服务，从新生入学起，培养长期稳定的客户群。

（2）帮助和支持学校批准成立的各类学生组织和学生个人勤工俭学活动，根据实际情况有选择的以物品或商品赞助他们举办的各类活动。

（3）每周有新品，每周有促销，每月有活动，每年有积分。

（4）实行明德超市连锁会员卡制。会员宣传资料及商品资料每星期海报派送。

（5）服务态度要热情，体现亲和力，实行微笑服务。

（三）明德停车场公司在山东大学的经营管理

1. 山东大学停车场承包报价的确定

通过对山东大学停车场车流情况及相关信息进行全面调查了解，经公司相关部门研究，明德物业对山东大学停车场承包实行包干制。通过测算，明德物业预估每月停车场利润为XXXXX 元，明德物业愿每月支付停车场承包费 XXXXX 元，停车场人员及管理成本均由明德物业全部承担。包干制操作简便，易于把控。同时盘活停车场资源，在全面降低停车场管理成本的同时还可为公司创造利润。

2. 管理目标

通过专业外包管理模式，整体提升山东大学校园停车服务管理品质，同时有效控制停车场管理成本，有效避免停车场管理风险。通过制定及落实停车场管理规范，完善停车场安全管理，保障车辆停放安全，校区交通畅顺，出入有序，确保车场设施设备运转正常安全，防止事故发生。

3. 停车场管理

停车场管理是日常管理的一个重要内容。如何使车辆有序进入，安全停放，减少事故，减少纠纷，杜绝车辆丢失，控制非师生 / 住户人员车辆在停车场发生火灾、碰撞事故的应急处理等问题。

（四）明德节能公司在山东大学的合同能源管理

明德节能公司是一家以热能技术研发应用为主，集节电、燃气节能、节水为一体，经国家合同能源管理备案的高新技术企业，竭诚为广大客户提供节能减排"一站式"的综合节能服务。公司致力于锅炉节能改造、中小锅炉替代、余热回收、中央热水（开水、蒸汽供应，保温、加湿、烘干）、中央供暖、中央节能厨房改造、节电照明、节水减排等综合服务领域，为客户提供能源诊断、综合节能节水方案设计、合同能源管理、节能节水工程实施和运行保障等综合节能减排服务。

合同能源管理具体的合作模式是：能源服务公司与业主签订能源管理服务合同，通过实施节能项目来减少能源消耗产生节能收益，并用节能收益支付实施节能项目的成本和费用。在合同能源管理模式合作方式下，业主将能源系统改造和维护交给节能公司，系统的节能改造投入由节能公司全部或部分承担。节能公司与业主长期合作，节能改造工程及维护保证所带来的收益，由节能公司与业主按比例长期分享。

2014 年 12 月明德节能公司与山东大学签订节能改造合同。改造区域（部分改造）学生宿舍楼（9 栋）、图书馆。具体项目建设内容：

1. 照明节能改造

产品特点：旧式的 T8 荧光灯，使用电感式镇流器，工作时存在电能损耗大，发热量大，启动闪烁，功率因素低等缺陷。使用性能优越的 T5 荧光灯，取代旧式荧光灯，可以弥补其缺陷，节省运行电费支出 30%～40%。

2. 中央空调节能改造

学生是国家和社会的未来，保证学校师生卫生、健康、舒适的生活和学习环境，是节能改造必须考虑的前提，因此，在做好空调节能的同时，根据国家的相关标准与规范，如《公共场所集中空调通风系统卫生标准》《空调通风系统运行管理规范》等，严格控制中央空调的卫生条件，杜绝由中央空调末端设备引起的二次污染。

山东明德物业管理有限公司通过物业管理引入了其他方面的经营和管理，为学校提供了多元化的管理与服务，增强了企业与学校的粘合力，降低了企业风险，又增加了公司的整体效益，使物业成为高校后勤服务的集成供应商，满足高校后勤社会化发展的需求。

# 第三章
# 医院物业经营管理

医院是为患者提供医疗服务和进行医学教学和科研的特殊场所。医院物业管理是指物业经营者运用现代科学管理手段和专业技术，融管理、服务、经营于一体，对医疗机构的后勤系统实施全方位、多功能的统一管理的活动，其特点是为医疗机构的使用人提供全面、高效、节约、有偿的服务。服务对象是人，基本要求是统一、规范、科学、高效、安全和协调。

[第一节]
医院物业与医院物业管理概述

# 108

## 一、医院的功能及运作体系

医院是为患者提供医疗服务和进行医学教学和科研的特殊场所。医院内部建、构筑物的使用功能大体上可划分为医院办公楼、门诊部、住院处、教学楼、礼堂、宿舍、食堂、配电室、机房、库房、锅炉房、停车场等。研究医院及其物业管理服务的功能、角色、运作，乃至面临的问题及发展趋势，这是搞好医院后勤服务工作和企业经营管理的前提。

医院是社会医疗保健工作组织体系中最基本的工作机构，医院无论由谁创办、资产和经营权属谁，其基本的功能都是医治照料病员、增进大众健康和推进医学的进步。其中，对病人开展诊疗和护理，通过医疗与辅助业务密切配合，形成医疗整体，为病人服务，是医院最基本的功能和中心任务。此外，培养教育好医疗服务人员，搞好医疗卫生工作的科学研究，做好人民群众的疾病预防和保健等，也是医院日常的基本工作任务。

医院作为整个社会卫生工作的一个组成部分，处在社会救死扶伤和维护人民群众健康的第一线，也是开展医疗科学实验，增进医疗保健水平的场所。因此，医院在提高人民群众生活素质，促进国民经济发展中具有十分重要地位。从另一角度来看，医院又是反映社会文明进步程度的载体和标志。医院的物业管理作为医院功能运作与实现不可缺少的部分和重要保证，因而，从事和搞好医院的物业管理服务工作也是一项神圣的职业和有益的社会贡献。

医院围绕其功能运作和日常的工作任务，有规律地构置其组织体系。不同的医院，其组织设置由于其业务功能和侧重及规模的大小而有所区别，就业务功能属综合性的医院而言，一般根据业务工作的性质，按诊疗科室、辅助诊疗科室、行政后勤科室和学术研究机构等分类构置组织系统。

## 二、医院的社会属性

医院是一个救死扶伤的社会公众场所，又是一个知识技术密集度高和一切以病人为中心的科技含量高、工作要求严谨、运行系统庞大的实体机构。按照医院的工作规律和要求，最少有以下几个方面的显著特点：

1. 工作技术性强，许多工作个例均需多种专业技术人员和辅助人员共同参与，密切配合，对整体的运作性要求很高。

2. 医院的一切工作以病人为中心，不仅需要为病人提供最好的医疗技术服务，而且必须科学照顾病人的饮食和做好生活服务。同时，还要为病人营造整洁、安静、舒适、安全、友爱、优美、健康的环境。

3. 医院是为人民服务的重要单位，肩负着救死扶伤，实行人道主义的神圣义务和责任。随着医疗事业改革的不断深化，医药分开，医院的经营性行为逐步增加，这既为医院注入了活力和动力，也在某种程度上引发和激化了医患矛盾。

4. 医院是以病人和社会特殊群体为主要服务对象的单位，医疗水平的高低是衡量一个医院好坏最重要的依据。在不断提高医疗质量的基础上，保证教学和科研任务的完成，并不断提高教学质量和科研水平也是医院必须完成的工作。

5. 与其他业态的物业项目相比，医院物业的开放度最高，营业时间最长，来往人员构成最复杂，矛盾交叉点多，容易形成冲突和纠纷，需要从事医院物业经营与管理的企业具备较高的协调、引导和舒解能力。

## 三、医院物业的特点

由于医院物业管理从属于医院的后勤服务系统，要有效开展医院物业管理服务，必须对医院后勤服务的特点有清醒的认识。概括而言，医院后勤工作具有以下九个特点：

（一）技术性

医院是知识和技术密集型的服务对象，尤其集临床、教学、科研于一体，现代化程度高的综合性大型医院，科技含量更高，保障系统庞大而复杂。医院的诊疗、科研需要多方面技术包括后勤服务的全体人员来合作完成。医院的技术密集型和劳动密集型协调运作是医院后勤服务保障工作的一大特点。医院必须提高技术标准、服务素质，提升医院整体形象，以适应人民生活水平日益提高的消费观念、消费心理和消费需求。医院各类后勤工作都有其技术的要求，尤其现代医院的要求更多更高。对仪器设备、建筑设施、环境净化、病人饮食营养、经济运转及经济分析等技术要求远远超过以前；一个现代化病房楼的后勤保障需要多学科的知识。因此，建立相应的技术规范及管理规章，加强专业技术队伍的建设及后勤人员的培训应作为后勤管理的基本建设常抓不懈。

（二）服务性

医院的后勤服务工作涉及医院的运转效率、环境质素、精神风貌，因此，医院的后勤服务不仅是一个保障支持系统，同时又是医院的一项体现人性化的形象工程和民心工程。医院后勤管理的目的是实现医院的目标和任务。后勤工作的性质，决定了它的工作必须坚持为医院的医疗、科研和教学工作服务，特别是为临床第一线服务，服务上门、送物品上门，及时有效地保证各种供应，做好维修工作。医院的服务对象主要是病人，他们是处于心理弱势时期的特殊群体，医院的后勤服务必须给予患者特别的关怀和爱护。

（三）不间断性

医院担负着救死扶伤的社会任务，人命关天，治病救人高于一切，后勤保障供给分秒不能中断。后勤服务保障工作要求高、压力大。医院医疗工作的要求，决定了后勤保障必须保持不间断性。在事关病人生命的分秒必争救治中要保证各种供应的通畅，水电暖处于正常状态；在维护环境秩序上，要坚持不懈；在日常的病人和工作人员生活保障上，要持续地正常运行，不能时好时差；在各种仪器设备的维护上，要及时检查与维修，使之开得动，用得上。要保持后勤保障的不间断性，除了合理安排物资和人力外，还需有相应的制度保证。

（四）经济性

医疗工作虽然是公益事业，但医院不是福利机构，而是相对独立的经营实体。随着国家推行事业机构改革，医院靠补贴来经营的传统体制正在逐步被取消，这必定给医院的经营带来新的压力。医院投入相当大的比例在后勤保障工作方面，医院的成本核算主要依靠后勤管理部门去实施。因此，后勤管理的经济性是不言而喻的。要按照医院的经济规律去管理后勤，讲究经济效益，加强经济分析，提高设备物资的利用率、资金的周转率，在保证医院等业务工作质量的基础上，节约开支，防止浪费，以及重视废品利用等，都应切实落实，抓紧抓好。

（五）计划性

医院后勤工作项目繁多，涉及面广，而且由于医院医疗工作的随机性大而带来务必实时保障的要求。因此，加强预测与计划十分重要，否则，就会出现忙乱和失误。要在掌握医院工作规律，尤其是医疗工作规律性的基础上，做好人力、物力和财力的安排，建立相适应的工作程序，包括项目论证与决策、实施与反馈，保障效果评价；针对不同的保障要求，做好计划，规定提前准备时间及工作量；要有一定的应急措施，以应突发的重大医疗抢救等活动之所需。加强计划性，不能理解为器材物资设备越多越好，恰恰相反，正是为使物资器材既能及时供得上，又不造成积压浪费。医院后勤保障的计划性是一门大学问，要从科学管理上提高计划的时效性和准确性。

（六）突发性

急诊和危重病人来院治疗抢救天天发生。对于患者家属讲这属于急事和特例，而相对于医院来讲，这又是常事和惯例。大到急救车的无障碍停放，急救通道的通畅，小到患者家属的休息吃饭等，都需要医院委托的物业服务企业从严管理，策划到位，执行到位，检查到位，并持之以恒。

（七）高消耗性

医院是一个人多事杂、人员流动性高、全天候开放、24 小时运转的公众场所和服务机构，尤其担负地区医疗保健骨干作用的大型医院，更是一个小社会，其后勤服务系统处于高负荷、高消耗状态。

（八）矛盾性

医院的后勤保障既是一个庞杂繁琐的工作体系，又是利益争端和矛盾的滋生地，消耗了医院和领导的许多资源、精力，而又难以管好。人员老化，无法优胜劣汰，积弊很深，后勤社会化必定触动这些深层矛盾，需要耐心说服，采取有力措施化解矛盾。

（九）高压力性

在病人眼中，没有医生与物业服务员工之分。往往物业服务人员会被误认为是医务人员而受到莫名的指责甚至刁难。在这种情况下，物业服务企业要对物业服务人员不断进行心理辅导，缓解压力，做好本职工作。同时，应加强对他们的基本医疗知识和患者心理知识的培训，使他们在与患者打交道时能逐步做到得心应手。

# 四、医院物业管理原则

1. 坚持党和国家对卫生事业的定位及方向。

2. 坚持国家对物业管理的标准、法规和质量认证。

3. 坚持以病人为中心，以医疗为中心。

4. 坚持国有资产保值增值。

5. 坚持以人为本，人性化的理念，视服务质量为生命。

6. 坚持讲究经济效益，严格核算和财务管理。

7. 坚持先进、科学、经济、合理原则。

8. 坚持节能、减排、绿色、环保、安全原则。

# 五、医院常规物业管理的主要内容

医院物业管理内容主要包括以下几个方面。

（一）公共设备设施管理及房屋维修

物业服务企业主要负责对房屋建筑、中央空调系统、锅炉、高低压配电系统、备用发电机、消防报警系统、给排水系统、电梯、水泵系统、照明系统、污水处理系统、楼宇智能系统、通风系统、制冷设备、广播系统等维修养护和运行管理。保证 24 小时水、电、气、热供应，以及电梯、变配电、中央空调、锅炉房、氧气输送系统等正常运转。

此外，大型医院一般配有专用大型医疗设备如核磁共振、CT 扫描仪、加速器、高压氧舱等。这些设备的维护由厂商负责，但物业服务企业要提供及时到位的配合与协助。

房屋维修管理服务包括局部墙面的修补和粉刷；院内道路、广场、停车场、围墙、下水道的维修和维护；门窗的保养和维修以及办公室家具、各种座椅等设施的维修保养；屋面及设施的维修保养；公共设施维修维护；其他与物业有关的修缮任务。

物业服务企业应做到根据医疗要求和设备运行规律做好维修养护计划，提高维修养护效率，保证完好率，不得出现任何有损患者的安全事故。物业维修技术人员必须既有一定的理论水平，又有丰富的实践经验，在出现紧急情况时能采取正确有效的应对措施，做到忙而不乱。

（二）医院清洁卫生及绿化管理

医院的卫生保洁工作主要包括对医院各病区、各科室、手术室等部位的卫生清洁，对各类垃圾进行收集、清运。在垃圾处理时要区分有毒害类和无毒害类，定期消毒杀菌。医用垃圾的销毁工作要统一管理，不能流失，以免造成大面积感染。

医院的保洁人员应具备较高的素质，掌握基本的医疗医护知识，清楚遇到突发性事件的处理程序，严格遵守医疗医护消毒隔离制度。保洁人员要勤快，随脏随扫，同时保持安静的就医环境。应对医院环境熟悉，服务态度要好，切忌一问三不知。

有效开展对医院公共区域的绿化美化工作，定期对树木和绿地进行养护、灌溉和修剪，杜绝破坏和随意占用绿地的现象。

（三）安全服务

医院的秩序维护管理工作主要包括门禁制度、消防安全巡查、安全监控、机动车及非机动车辆管理、处理突发事件等。尤其要做好手术室、太平间、库房、药剂室、财务室、院长室等重要或特殊区域的安全防范工作。秩序维护人员要加强对医护人员的安全保护，对于打架、斗殴或医疗纠纷，要及时、慎重、果断地进行处理。加强对医院出入口的监控，日常门诊时间结束后，要加强对院区的巡视。要有效开展防盗工作，防范治安刑事案件。

定期组织消防安全工作检查，彻底消除安全隐患。要配备专职的消防工作人员，成立义务消防队伍，不但要定期对医务人员进行业务知识的培训，还要定期举行消防演习。

# 六、医院物业管理延伸服务内容

（一）医疗辅助服务

导医、护工服务，医疗运送服务以及陪护服务是医疗辅助工作四大项工作，作为医院后勤的重要组成部分而设置的机构名称为：医疗辅助中心。医疗辅助服务是医院后勤服务项目中最贴近医疗工作的后勤核心业务，是临床后勤工作的一个重要组成部分。在实施中，医疗辅助服务必须形成一套完善的、科学的，并符合医院实际工作需要的管理体系和运作系统。

导医、护工，医疗运送以及陪护服务同时服务于门诊和病区，同属医疗辅助性工作；贴近护理工作但又与护士工作内容有根本的区别。医疗辅助业务的开展将护士处理日常杂务所占用的时间还给了护士，护士把时间还给了病人。但是，医疗服务又是医院后勤的高风险专业，为了控制风险，便于管理，医疗辅助中心有如下特色：

1. 行政工作隶属管理处，业务工作隶属医院护理部指导。

2. 实行统一招聘、统一培训、统一管理。

3. 实行专业化管理，高层管理必须具备高级护理专业职称，具有丰富的管理经验。所有员工必须是护理专业或相关专业中专以上毕业生，从基本素质方面给护理服务质量提供保障。

（二）餐饮服务

1. 职工餐饮服务。

2. 病人营养餐饮服务。

3. 来访人员餐饮服务。

餐饮服务要求价格合理，品种、口味应适合多种消费，微利经营。食堂设备、设施要及时维护保养，确保运行安全。从业人员须持有健康上岗证，售卖饭菜时工作人员必须戴口罩，统一着装。厨房使用厨具、采购食品必须符合市场监督局检查要求。采购食品、加工食品，必须符合《国家食品卫生法》要求，确保食品卫生、安全、健康。

除追求色、香、味之外，更要注重营养搭配和医疗辅助作用。可以开展职工餐以及病人营养膳食的订餐、送餐服务。

（三）其他服务项目

可能开设和提供的其他经营项目有：

1. 开设商务中心，开展打印、复印服务；协助办理住院陪住证；办理电信卡、传真、火车票、飞机票等服务项目。

2. 开办多功能的小型超市。出售生活必需品、新鲜水果、鲜花礼品、图书等物美价廉的商品，既可以丰富病人的生活，又可以有效控制因病人外出造成的交叉感染及意外伤害。

3. 固定资产辅助管理。协助医院进行固定资产管理系统，查点、登记、调剂家具、办公装备，检查总务资产的使用状况等。

4. 会议室管理。如会议室门卡、钥匙、家具管理；会议室清洁和布置，常规性清洁并记录在表；会议室配套设施管理，维修；会议接待服务等。

5. 职工宿舍管理。办理医院员工人员入住登记、退房登记；宿舍设备、设施管理及保洁管理；宿舍安全管理服务；物业相关业务服务。

6. 职工活动室管理。运动器材管理；卫生清洁服务，常规清洁并记录；球赛及员工活动服务，球场及活动室预约服务及球赛协助服务。

7. 报刊、邮件收发管理。根据医院各科室报刊、杂志的订阅信息做好每日的收发工作。

8. 病床出租管理。每天定时对出租床进行卫生消毒工作；确认客户出租床需求，填写《出租床登记表》，并按照出租床管理的相关规定办理押金收取、开收据等相关手续；每日认真做好收费、出租床的费用总结。

[第二节]
医院物业的服务特色

随着我国物业管理市场的不断细化和医院后勤管理的逐步社会化，医院后勤的物业管理的个性化特色越来越受到业内人士的关注。

## 一、医院物业环境卫生管理特色

### 1. 医院的环境卫生管理工作必须严格遵守医护消毒隔离制度

医院是各种病原体大量存在的地方，稍有疏忽极易造成疾病传播和交叉感染。由于医院的人员流动量大，且医院的地面经常受到病人的排泄物、呕吐物、分泌物的污染，因此对于地面的消毒、清洁频次要求较高，必须及时清除地面污染以防止病原菌的扩散。对于清洁所用的工器具必须严格区分，不能混淆使用。传染区内的工器具和非传染区的工器具要有明显的标识予以区别。人员的着装及着装所到的区域应该严格遵守消毒隔离制度，不得穿着工作服进入食堂、宿舍、哺乳室、图书馆等地方。医院手术室、产房、婴儿室的清洁工作应该配备专职的清洁人员。

### 2. 医院的清洁工作要适应病人需要，符合病人的特点

医院是患者看病、养病的场所，需要保持肃静。鉴于医院清洁工作的特点，要求清洁人员在实施作业时动作要快、要轻，尽可能减低噪声的音量；在对医院地面，特别是病房走廊地面进行清洁作业时，使用的机器设备噪声要低，并要经常养护，防止机械故障产生的附加噪声，并要仔细确定地面清洗作业的时间段，以免影响病人的休息。另外，医院的地面应不要出现湿滑，以防病人行动不便而摔倒。

### 3. 医院对消杀工作的要求

医院的消杀工作主要是以清除"四害"为主，老鼠、苍蝇、蚊子、蟑螂是多种病菌的主要传播途径，因此，要定期进行消杀工作，作为医院后勤物业管理服务的一项重要内容，从事医院物业管理服务的环境清洁部门，应该对所辖区域鼠害经常出现的重点部位和蚊蝇滋生的地点了如指掌，并定期对这些地方进行彻底消杀。

### 4. 对医疗废物、垃圾处理的特殊要求

医院后勤物业管理服务部门必须熟悉和掌握并严格执行国家法律、法规和企业内部对医疗废弃物、医疗垃圾的相关管理规定。各家医院应严格执行《医疗废物管理条例》，对本院可能产生的医疗废物、医疗垃圾做出处理。

医院医疗废物及生活垃圾的处理须按照不同的类别分置于相应的包装物或容器之内。例如，生活垃圾须放入黑色塑料袋；感染性废物和需焚烧的物品要放入黄色塑料袋；损伤性废物要放入防穿刺、防渗漏的容器内；液体垃圾要放入防渗漏的容器内，并不得回收。即使是包装物或容器的外表面受到污染，也应对被污染的地方进行消毒和增加外包装层。同时，对于医疗废物的收集与运送都有非常严格的规定，要求由专人收集、转运并且中途不得流失，在运送前及运送过程中要对包装物的标识、标签及封口进行检查，要使用专用运送工具运送，每天运送完毕后应对运送工具进行彻底的消毒。同时，从事医疗废物、医疗垃圾处理的人员，必须要接受严格的培训和考核，经严格培训和考核合格的人员方能上岗工作。

## 二、医院物业安全保卫管理特色

医院是医生医治疾病、进行医疗科学研究的场所，也是伤者、病者消除疾病、恢复健康的地方。只有安全有序的环境，才能为医患人员提供一个安全的工作环境和舒适的休养场所。

### 1. 医院安全工作的重点之一是消防工作

作为医院后勤物业管理的安全保卫部门，应该定期对医院的各个部门、重点部位进行详细检查，消除火灾隐患，防患于未然。医院中的易燃物较多，如医用氧气等，一旦出现火灾，后果不堪设想。因此，必须对易燃危险品妥善管理，同时，应加强对非专业人员消防知识的培训，提高全体人员对消防安全工作的重视程度。

### 2. 治安案件多发的特点

医院是一个特殊的场所，常常由于医患纠纷而发生打架斗殴的事件，影响医院的正常医疗秩序。另外，还有一些偷盗之徒想乘人之危，将病人的治病救命之钱窃为己有，因此，医院的挂号处、住院处、出院处、交费处等场所，应是安保人员重点防范的区域。物业管理公司的安保人员应该积极配合公安机关，有效防范治安案件的发生。

### 3. 停车场的管理与车辆的疏导问题

医院人员流动量大，车流量也大，机动车、非机动车交错混杂，特别是在医院的入口处，人、车交织在一起，非常容易出现事故，物业管理公司的车辆管理人员一定要规范管理，认真疏导车辆，注意保持应急车道的畅通，以使救护车能够顺利通行。另外，充分发掘医院自身资源、广泛借用周边社会资源来增加医院停车区域，可按性质划分探视停车区、门诊停车区、急诊停车区、急救车辆专用停车区等。

**4. "医托"问题**

医托指伪装成工作人员或病人，运用各种手段将患者从正在（准备）看病的医院带到或介绍到其他医院（诊所）看病而获得利益的人。

坚持驱赶及时、防守严密、持续巡查的原则。对有组织的，第一时间把医托主力集中驱赶出医院，使其不在院内形成规模；然后在院门口设岗，将医托堵在院外，对个别时候浑水摸鱼进院的及时进行驱赶，然后加强相关区域巡查，全面做好防守。责任区值班员适时向病患（含医务人员）宣传医托黑幕，提醒做好识别、举报、自防工作。保安部加强与派出所及辖区警联系，适时请民警参与管理，提升威慑力。

**5. 关于医患纠纷问题**

医患纠纷近年来呈愈演愈烈的趋势在发展。特别是当前民众对医疗服务和医疗质量的要求越来越高，一旦他们觉得医院所提供的医疗服务和医疗质量不能满足主观意愿时，很容易产生情绪，并且把矛头指向医务人员，从而引发纠纷。

在院内可能发生纠纷的重点要害部位安设固定保安员巡逻；如急诊科、门诊科室等。巡逻时，注意观察人员言行和举止，及时发现纠纷前兆。对正在进行的院内纠纷处理现场（医务科、门办等）随时增派便衣保安，以应对万一。发现苗头，立即介入和报告，做好解释说服，帮助病人协调解决问题，缓和当事双方情绪。当矛盾激烈且有恶化前兆时，立即劝离医务人员，或将其带到近处办公室；同时将病人请到保安值班室，使事态不再恶性发展。

# 三、医院物业设施设备管理特色

## 1. 医院设施设备管理的安全可靠性

医院作为一个医治患者伤病、抢救病人生命和医务人员科研工作的场所，要求医院的设备设施要具有绝对的安全可靠性。医院的供电系统、氧气站及供给系统、负压吸引系统、紧急呼叫系统必须要做到万无一失。在设备设施的日常运行监护、维护保养方面必须制定严谨的工作计划，以保障设备设施的正常运行。同时，医院的供电系统要有足够的备用设施、设备，并且要能够保证随时投入使用。

### 2. 专业的医疗设备应由专业人员负责维护保养

本着"专业的人员从事专业的工作"的原则，作为医院后勤物业管理服务的工程服务部门一般不承担专业医疗设备，如 CT 扫描设备、核磁共振设备、X 光机及其他专业医疗设备的日常维护，这些设备的日常养护和维修保养应由生产厂家或专业维修公司的服务人员来完成。医院后勤物业管理的工程服务人员仅承担医院房屋本体、基础设备设施的运行维护。有条件的专业物业管理公司可以朝着专业医疗设备的维修养护方面发展，为本企业开拓新的市场空间，在企业市场竞争中增加核心竞争力。

## 四、医疗辅助服务

医疗辅助服务是医院后勤服务项目中最贴近医疗工作的后勤核心业务，是临床后勤工作的一个重要组成部分。医疗辅助业务的开展将护士处理日常杂务所占用的时间还给了护士，护士把时间还给了病人。

### 1. 导医、导诊

导医、导诊要清楚科室设置、医院设施、医疗专业技术水平、特色专科，热情主动，有礼貌，有问必答，百问不厌，引导患者挂号、候诊、检查。

### 2. 护工

根据科室要求负责医疗辅助性工作任务。

### 3. 医疗运送

（1）负责各类标本的收集运送（常规、急、平），发放结果报告单。

（2）负责陪同病人检查和治疗（I级、卧床、重病人、生活不能自理、行动不便等）。

（3）负责运送各类医疗文书。

（4）负责收集运送各科室消毒物品。

（5）负责送部分科室常规药车。

（6）负责取血和回收血袋。

（7）负责送全院的各类大输液。

（8）负责收、送病历审核。

（9）负责送小型医疗仪器维修。

（10）负责送各种医疗用品（总务库、设备库）。

（11）负责手术病人的接送。

运送人员必须以医学院校中专以上毕业生为主。从事协助科室在全院护理外勤工作，如标本的收送、病人的陪检、手术的接送、临时取血取药等技术含量比较高的运送工作，风险大、技术性高、劳动强度大。

### 4. 病人陪护

病人陪护服务分为专业和非专业陪护，即专业陪护和普通陪护。

专业陪护人员为病人提供专业化、亲情化服务，要认真做好病人的生活护理、心理护理、健康宣传、饮食指导、病情观察等，治疗处置时要协助护士再次做好检查病人用药过程中的反应，发现异常情况及时报告。专业陪护员必须是卫生学校或医疗专业毕业的专业人员，经考核合格后方可录用。

普通陪护即非专业人员组成，照顾恢复期病人的生活起居。

### 5. 病区被褥用品洗涤及供应管理服务

医护人员工作服及病人服、床上用品的点收洗涤及消毒管理工作主要包括病区脏被褥用品的收集、清点；分类放袋、分类处理等，传染性及被血、便、脓污染的衣物要密封；回收各类被褥、工作服，进行洗涤时，病人衣服与医护人员工作服要分开，遵守衣物分类洗涤原则，回收的脏被褥要及时消毒浸泡；各病区干净被褥的分送要按时下发到科室并做好清点登记；每天做好破损物品的修补等记录。

## 五、医院物业管理应急预案管理

（一）24 小时运行服务应急管理

客户服务中心是为方便、快捷地服务医院的后勤工作，设立服务专线电话和网络的每天 24 小时不间断服务，以"一个电话就 OK"的服务模式，排解医院后顾之忧。值班员必须坚守值班岗位，履行值班员职责，熟悉接、收、警程序和有关规定，熟悉使用值班设施，把握好"接、报、传、跟"四个环节。

部门所有人员必须 24 小时保持通信畅通，下班后接到应急通知要立即赶到现场，以最短的时间组织本部门人员投入工作，使工作正常运行。

1. 对来电来访和接收服务事项的时间、内容、处理落实情况等均如实记录备查。

2.所有咨询、投诉均须回应，责任范围以外而无法明确回应的，应尽可能给予详细指引。

3.医院和有关部门（单位）发放的通知、通报及预告、知会等有关信息，应立即处理。凡需落实的，应即向有关方面负责人报告及做好转送和对落实情况进行跟踪、反馈。

4.接到应受理的事务和服务事项，应按责任立即分办（其中服务责任属外办单位的，即时通知外办单位处理），并向执行单位明确落实事务及跟踪反馈落实情况。

5.接到应急事件、涉及安全和影响医院正常工作事项的重要信息，应即向管理处、医院相关领导、相关部门报告和通知责任单位及有关人员采取应对行动，并跟踪掌握应急情况，随时向有关领导反馈。

6.值班人员交接班，应对当班期间受理的重要事项进行详细交接、记录，尚未落实和尚需跟踪反馈的事项及应注意和明确的其他事项。

（二）电梯系统应急管理

1.当消防系统（误）报火警，消防值班人员应沉着冷静，迅速查清报警点位置和数量，电话通知保安值班人员急赴现场查看，同时用对讲电话提醒乘客保持镇静。现场确认发生火灾时必须立即通知管理处组织人员灭火救灾，同时停止电梯运行。若系误报，尽快排除故障，恢复电梯正常运行。

2.突发性停电或电梯自身故障引起电梯停止运行，消防值班人员应通过对讲电话告诉乘客不要惊慌失措，并说明轿厢随时可能移动，不可将身体任何部位探出轿厢外，身体不能靠在轿厢门上，最好离轿厢门远一些。然后立即通知电梯操作工，根据楼层灯指示或小心开启外门察看，确定轿厢所在位置，在解救工作开展之前，先切断故障电梯电源，视情况依下列步骤释放被困乘客。

（1）轿厢停于接近候梯厅门口的位置；且高于或低于楼面不超过0.5米时，用专用外门钥匙开启外门，同时用力缓慢打开轿厢门，协助乘客安全离开轿厢，然后重新将外门关好。

（2）轿厢停于远离候梯厅门口的位置，如果轿厢门处于半关闭状态，应先将其完全关闭或开启，然后通过手动盘车使轿厢就近平层，用专用外门钥匙打开轿厢门解救出被困人员，然后重新将外门关好。

（3）手动盘车时，至少两人进行，一人双手抓牢盘车轮，另一人撬开抱闸，断续动作，每松开抱闸一次，盘车一次。若轿厢停于最高或最低层候梯厅门口以上（以下）位置时，应在松开报闸的同时把握紧盘车轮，用人力盘车使轿厢向正确方向移动，严禁松闸后让轿厢自行移动。

（4）若电梯因安全钳动作停车，手动盘车无法生效，则只能从安全窗解救出被困乘客。

3.电梯自身发生故障时，解救出被困人员后应组织人员检修，如不能自修，必须尽快通知电梯维修专业人员排除故障，恢复电梯正常运行。

4. 故障排除后，机电部做好工作记录及故障分析报告，总结经验，避免同类事故的发生。

（三）锅炉压力容器事故应急管理

1. 当锅炉系统出现故障时的应急处理原则

（1）人身与设备安全。

（2）即时报告受理部和部长。

（3）组织抢修。

2. 应急措施及救援预案

（1）锅炉发生故障引起火灾紧急事故时立即启动《管理处火灾处理预案》进行抢救。

（2）锅炉系统发生停水、停电事故时，锅炉停止运行，值班员设专人对供油系统、供水系统进行检查，监督。

3. 锅炉运行出现下列情况时应紧急停炉

（1）锅炉水位降至锅炉安全水位线以下时。

（2）不断加大向锅炉进水或采取其他措施，当锅炉水位仍继续下降时。

（3）锅炉水位的升高超过最高安全水位时。

（4）给水设备全部失效时。

（5）燃烧设备损坏、炉墙倒塌、危害锅炉安全运行时。

4. 锅炉设备故障应急处理措施

（1）运行中锅炉给水泵出现故障而不能正常使用时，应立即停炉并立即启动备用锅炉进行供汽，同时报告部长和受理部并组织抢修。

（2）运行锅炉因自控失效时，应采用手动控制并专人操作，在不影响供汽的情况下立即换用备用锅炉运行，同时报告部长和受理部并组织检修。

（3）除氧器不能正常使用时，应转用软水箱供水，同时报告部长和受理部并组织检修。

（4）运行锅炉进水止回阀失效时，应立即关闭前端阀门并打开排汽水阀即进行排汽处理，必要时可用高压水对炉进行冷却。

5. 记录在案：凡发生故障或大小事故，由相关人员填写《故障报告单》或《事故报告单》，并逐级上报，记录在案，必要时向政府主管部门报告，并配合其进行调查核实。

（四）供配电系统故障应急管理

1. 市电停电

（1）当接到市电计划停电通知后，立即将停电信息反馈给总务科，机电部做高压倒闸切换准备工作，拟定停电通知，计划 ×× 时间段将备用高压回路投入使用，避开因为高压停电，影响医院的正常运作。由受理部向各科室发放。同时检查应急发电机，一旦停电时，保证发电机能自动启动给主要动力设备和楼层疏散照明供电。

（2）市电因故障停电，如果高低压各自投控制柜失效，15秒内应急发电机自动启动发电，并正常供应应急电源，值班人员应密切注意发电机的运行状态，值班人员立即操作高压环网柜，投入备用高压回路，将市电送出，发电机延时自动停机。尽量减小停电造成的影响。同时立即向供电部门了解停电原因，及时将信息反馈给总务科，作出合理的解释。

2. 设备故障停电

（1）因供电设备故障而造成停电，首先查明故障原因，根据具体情况启用备用供电设备，并积极组织人员抢修故障，及时恢复供电，尽量缩小停电影响范围，并及时通知科室。

（2）为了避免因市电停电，应急发电机又因故不能及时供电，从而影响人员疏散，大厦内各设备机房、楼梯、通道、地下车库等地方均安装了应急灯，作为人员疏散照明之用。遇此故障，管理人员应组成应急分队，到人员集中场所进行人员疏散工作。

（3）因故停电而启用应急发电机供电时，机电部派人员到现场配电房检查双电源切换箱，看重要科室（手术室、ICU、产科、妇科、儿科、血透中心、血液科、生殖中心、影像中心、住院收费处、门诊收费处、急诊科、放射科、检验科、输血科、生殖遗传室、计算机中心、氧气机房、污水处理站）是否有电。市电恢复正常后，运行值班人员应着重检查双电源切换箱是否切换至市电供电状态。各开关抽屉柜电流、电压是否正常。

（4）停电时造成电梯故障或困人，执行《电梯应急处理方案》。

（五）给水排水系统故障应急管理（略）

（六）暴风骤雨等自然灾害的预防和补救（略）

（七）中央空调系统故障应急管理（略）

（八）消防系统应急管理（略）

（九）安防系统应急方案

1. 聚众闹事，严重妨碍医疗和行政运作

（1）出现上述事件时，及时上报保卫科和报警。报告内容：事件具体位置、事件性质、肇事人数、持有械斗工具等。

（2）紧急集合：成立20人以上的应急分队，由部长或班长带队统一指挥行动。视情况携带防卫武器（钢管、钢盔），取快捷方式跑步到事件现场。

（3）到达现场后制止斗殴、闹事、破坏行为，收缴闹事方械斗工具；将矛盾双方人员进行分离，可分别带往值班室和其他房间进行约束。

（4）对事发现场进行保护，待警方勘查取证。疏导围观群众，争取恢复正常秩序。

（5）警方到达现场后，提供相关线索：口述经过、搜集旁证、录像数据。并移交肇事人及收缴的械斗工具。

（6）应对媒体：未经院办通知禁止任何人采访和拍摄；耐心做好解释工作，切忌言语和行为粗暴；不发表任何意见和看法。

（7）做好调查和分析，向管理处汇报。

2. 医托闹事，引起重大冲突

（1）发现出现医托闹事、引起重大冲突时，及时上报保卫科和报警。报告内容：事件具体位置、事件性质、闹事医托人数、持有械斗工具等。

（2）紧急集合：成立 20 人以上的应急分队，由部长或班长带队统一指挥行动。视情况携带防卫武器（钢管、钢盔），取快捷方式跑步到事件现场。

（3）到达现场后，制止医托闹事行为，将冲突的双方分开。对医托进行监控，防止其伤害医护人员、其他群众、保安员和损坏医疗设施设备，必要时可进行正当防卫。

（4）安抚情绪，问明情况，争取时间等待警察到场处理。对事发现场进行保护，待警方勘查取证。疏导围观群众，争取恢复秩序。警方到达现场后，提供相关线索：口述经过、搜集旁证、录像数据。并移交肇事人及收缴的械斗工具。

（5）应对媒体：未经院办通知禁止任何人采访和拍摄；耐心做好解释工作，切忌言语和行为粗暴；不发表任何意见和看法。

（6）做好调查和分析，向管理处汇报。

3. 殴打医护人员

（1）控制当事人。制止打人行为；对双方进行隔离；将当事人带到治安值班室或房间进行控制；耐心劝解，安抚情绪。

（2）报告。及时通报班长、部长、管理处、医院值班、必要时通知派出所。

（3）增派人员到现场；劝解围观群众；视情况帮助患者完成力所能及的事（挂号、划价、取药）等；向医务人员说明情况，妥善（优先）解决矛盾根源，防止患者情绪进一步激化。

（4）协助派出所进行调查（口述经过、录像数据、搜集旁证），做好记录和汇报。

4. 盗窃事故应急处置（略）

（十）交通系统应急方案（略）

（十一）医疗废物管理应急管理

1. 医疗废物流失、泄漏、扩散和意外事故时，先采取安全处置措施。确定医疗废物的类别、数量、发生的时间、影响范围及严重程度。如严重或范围大的先口头向上级主管部门汇报。

2. 医疗废物在收集运送过程中出现包装袋或容器破损、车翻倒等情况导致医疗废物溢出、撒落时：

（1）运送人员要立即用警示牌封闭污染区域，禁止行人或车辆通过。

（2）固体废物要立即用专用扫把和簸箕收集装入黄色垃圾袋内并封口装进专用车里。

（3）对液体溢出物要采取吸附材料吸收处理（如用纸巾、报损的棉织品等）。

3. 对溢出、散落的医疗废物要迅速进行收集、清理和消毒处理。

4. 对被医疗废物污染的区域进行处理时，应当尽可能减少对病人、医务人员、其他现场人员及环境的影响，以防扩大污染。

5. 对感染性废物污染区进行消毒时，消毒工作从污染最轻区域向污染最严重区域进行，对被污染的现场墙壁和地面用含氯消毒液喷洒或拖地消毒（即 1000mg/L ～ 2000mg/L ），消毒 30 分钟后用专用拖把拖地，待干后解除警示牌。

6. 对所有使用过被污染的工具要用消毒液浸泡消毒后再使用。

7. 在操作中如清理人员的皮肤受到伤害时，要立即到外科先就诊处理破损创面，再到感染科就诊，并在部门填写"职业暴露申请单"要跟踪复查。

8. 工作人员必须做好卫生安全防护后再进行工作，如穿好防护衣、手套、口罩、靴等防护用品。

9. 处理工作结束后，对事件发生时间、地点、数量、受污染的原因、造成的危害，已采取的应急处理措施和处理结果，以书面报告上级主管部门。

（十二）污水排放紧急、异常情况应急管理（略）

（十三）自然灾害应急方案（略）

（十四）紧急事项的报告及处理（略）

［第三节］
医院物业经营管理的运作

# 一、医院物业管理的组织配置

物业管理处主要承担所在医院服务管理的规划、策划、计划，内外重大关系事务的协调处理（与医院监管层、上级公司、下属各部门以及相关的城管、派出所等政府部门）内部资源调配、指挥、监督考核、培训等。一般设主任、副主任、助理、文员、质量控制、财会等岗位并规定相应职责。通常包括八大部门：

1. 客户服务部。主要承担服务过程的受理、分办、协调、督导和信息反馈职能。一般设正副部长、值班长和值班员若干名，并规定相应的职责。

2. 机电部。主要承担该院机电设备设施（如变配电系统、空调系统、给排水系统、锅炉系统、中控消防系统、中央闭路电视监控系统、正负压系统、中央制供氧系统、污水处理系统、电梯系统等）的运行维护和房屋本体及公共设施的维护职能。

3. 环境美化部。主要承担室内外的卫生清洁保洁、消杀和绿化服务管理职能。

4. 保安部。主要承担医院内的安全保卫与车辆交通管理职能。

5. 医疗辅助部。主要承担医院挂号、导医、护工、运送（标水运送、陪检、医用品消毒、被服收送）、陪护护理、太平间、医用垃圾处理等服务职能。

6. 商业部。主要承担医院内各类商业网点和商务的策划与服务。

7. 餐饮部。主要承担医院员工、病员的餐饮、来访接待餐饮等服务职能。

8. 综合事务部。

各部门下属实操执行层（部、队），主要承担各类范围服务项目的实际具体终端服务操作，如机电部主要承担责任范围内的机电设备设施的运行维护保养，餐饮部主要承担提供医院职工的餐饮、病人的营养配餐以及接待餐的服务等，由归口部门负责下属部门与上级部门的管理，协调。各归口部门和服务队相应设置负责人和相关操作岗位，并规定相应的岗位职责。

医院物业管理处在运作方式上应紧贴医院的行业特点和客户需求。相关实操部门（机电队，保安队、保洁队、医辅部门如 ICU 护工、手术室护工、专业陪护、住院部、商业超市等），应实行 365 天 24 小时全天候运行，随时接受来自病患及系统内外的服务求助和咨询，并为整个医院正常运行提供保障。

客户有事可以随时直接向实操部门发出服务求助信息争取帮助，也可以向客服部发出求助信息，由该部门迅速及时地受理、分办、协调、督导解决，并反馈给上级部门和客户。

管理处与所在医院的决策层后勤主管部门和上级公司三者之间宏观、微观上均应保持工作协调上的必要互动，相互监督、相互支持、相互促进，以保证高效低耗优质服务。

## 二、从事医院物业经营管理应注意的问题

相对于住宅区、写字楼、商场等一般性物业而言，医院是较难管理的一种物业形式。在管理中矛盾较多，困难较大，这是由医院物业服务自身的特点所决定的。在工作中，要注意：

### 1. 充分调研，周密策划

医院的物业经营管理在设计推行具体项目时，一定要进行扎实充分的市场调研，掌握足够的数据和第一手资料；并把风险因素考虑充足，把是否有称职的经营人员作为首要因素，把前期投入与后期经营效益的配比关系研究透彻。

### 2. 基础性工作与经济效益的统一

做好物业日常性、基础性服务保障工作始终是物业服务企业的基本职责。不能因为经营项目的设置而忽略甚至妨碍基础工作的稳定。经营利润永远要服从于医院日常工作的需要。物业经营管理服务一定要在做好扎实的基础性工作之上平稳推进，量力而行。

### 3. 效益与责任相统一

医院物业经营管理一定要根据医院的特点，本着拾遗补缺的原则推进，不宜单方面实施，要注意避免与医院产生矛盾和冲突。物业经营管理一定是站在医院整体利益的角度上，在与院方密切协调的前提下有计划的进行。同时，物业经营管理也要注意规避风险，明确界定经营管理的范围、责任，不要一味追求经营利润而使物业服务企业陷入法律纠纷甚至刑事诉讼中。

## 三、取费内容与收费标准

根据医院服务管理的内容和项目，收费由五部分组成：

### （一）物业服务部分

1. 内容

（1）房屋本体维修保养。

（2）机电设备和生活设施运行、维修。

（3）卫生保洁和美化、绿化。

（4）安全保卫。

2. 收费标准

房屋本体维修保养和机电设备和生活设施管理，可以按照管理面积取费，参照写字楼物业管理收费标准及根据实际执行。卫生保洁和美化、绿化及安全保卫，有时也按照项目服务人数收费，具体参照政府规定的同行业劳动力指导价格标准执行。

## （二）延伸服务

1. 内容

（1）导医、导诊、挂号。

（2）护工。

（3）被服收送。

（4）医用垃圾收送。

（5）行政办公室及会议管理服务。

（6）总务、机电和医院设备用品仓库的管理服务。

（7）固定资产管理。

（8）医疗运送。

（9）普通陪护。

2. 收费标准

一般按照项目服务人数收费，具体参照政府规定的同行业劳动力指导价格标准执行。

## （三）员工餐饮和营养配餐

1. 分类管理，满足客户多样化需求

医院餐饮部服务对象有医院职工、住院及门诊病患者、患者亲友及陪同治疗人员、医院后勤机构员工等，就餐人员需求多样，众口难调。餐饮部应认真研究服务对象要求，坚持分类管理、针对性服务原则，力求满足就餐者的不同需求，提高满意度。

（1）针对院内职工，做好日常工作餐供应，对职工的口味进行调查，以满足大部分职工的需求。对不能到现场就餐的特殊科室医护人员进行送餐服务；对手术室进行二次补餐，对参与大型手术和重要抢救的诊疗人员给予特别关注，保证他们一下手术台就能吃到热菜热饭，喝到可口的热汤等。

（2）针对住院病人，尤其是术后病员，提供营养餐服务。营养餐服务要遵循病人治疗的饮食规律，食物出品除注重色、香、味之外，更注重营养搭配、医疗辅助作用。

（3）针对院方来访重要客人，提供经济实惠接待餐饮。

2. 微利经营的同时，保证产品和服务质量

一般来说，医院的职工食堂不允许赢利，患者及来访人员用餐微利经营。此情况下，既保证服务方的正常经营，又能满足供餐和服务质量保证。

制定实施全面质量管理体系，在职工餐管理、营养餐管理、快餐提供、招待餐管理等方面制定了详尽的提供程序和相关管理细则，并就餐饮采购管理、供方管理、仓库管理上提供了细化标准。

3. 收费标准

在甲方提供必要的经营环境、设施和能源的前提下，自负盈亏，保本经营。

## （四）经营类服务

1. 内容

（1）停车场收费管理。

（2）专业陪护。

（3）日用品和副食品自选商店。

（4）水果、花店。

（5）自选书店。

（6）美容美发店。

（7）流动商品车。

（8）职工优惠供应中心。

（9）病床出租。

2. 收费标准

甲乙双方合作经营，经营利润按双方协商后的比例分成。

## （五）其他

包括幼儿园、招待所、文化娱乐场所、图书馆等其他管理服务，其收费标准按实际情况测算。

[第四节]
医院后勤物业管理策划运作案例展示

## 案例 01：湖北省荆门市第一人民医院物业服务整体策划

### 一、项目概况

图3-1 湖北省荆门市第一人民医院

湖北省荆门市第一人民医院创建于 1950 年 3 月，是一所集医疗急救、科研教学、预防保健等功能于一体的综合性国家三级甲等医院、湖北省三级优秀医院、卫生部国际紧急救援中心网络医院、全国院务公开示范医院、荆楚理工学院附属医院、中国人民解放军总医院远程医学中心站点医院，也是武汉大学、华中科技大学等高校的临床教学医院，武汉大学研究生培训基地，荆门市白内障复明中心、临床检验中心、微创手术中心均设在该院。医院承担着荆门市及毗邻地区约三百多万人的医疗预防保健任务，多次被授予省、市级"文明医院"、"文明单位"、"消费者满意单位"等荣誉称号。

医院城南分院占地面积 79737.59 平方米，总建筑面积 193775 平方米，其中一期总建筑面积为 135512 平方米（地上 115056 平方米、地下 20456 平方米），二期总建筑面积为 58266 平方米。设计床位数 1500 张，停车位 1120 辆（地上 20 辆、地下 1100 辆），绿化率 48.6%（见图 3-1）。

### 二、管理内容

1. 医院建筑本体维护与装修管理服务。

2. 医院机电设备管理，包括设备移交管理、设备运行管理和设备设施维护保养。

3. 医院秩序管理，包括院内治安管理、停车管理和消防管理。

4. 医院环境管理，包括清洁作业、消毒杀菌和绿化服务。

5. 医疗辅助服务管理，包括导医导诊、挂号、司梯、被服洗涤与收发、医疗垃圾运送及院内处理、太平间管理等。

6. 医院餐饮服务与管理，包括员工餐、接待餐等。

7. 医院商业服务与管理，包括商业采购、商业仓库等。

8. 其他延伸服务与管理，包括病床出租、商务服务、报刊收发、医院活动室管理机客户服务受理等。

# 三、项目分析

针对荆门市第一人民医院的特点，公司进行了系统的分析，认为针对医院要求，统一规划管理，有利于服务的协调与统一，同时，这种模式也利于院方对后勤服务公司的管理，从而创造和谐的医院环境。

1. 荆门市第一人民医院是一所集医疗急救、科研教学、预防保健等功能于一体的综合性国家三级甲等医院。医院等级高，规模大，床位多，人员流量大，环境卫生和服务形象要求高，后勤服务专业性强，服务深度和质量要求高，管理难度大。

2. 项目分为一、二期工程，持续施工造成医院环境、安全隐患、职业健康等问题也为后续的后勤管理工作增加了难度。项目为新建医院，新物业的承接查验及物业交接阶段的各项事宜是院方工作的重点，也是后勤工作的重中之重。目前，除了交钥匙工程，大部分新建物业是需要后勤开荒的，开荒工程的好坏对院内设施的使用寿命起着至关重要的作用，开荒工作都有时间紧任务重难度大等特点，甚至要求后勤人员加班加点，因此，需要后勤公司良好的控制协调能力和现场支持能力。

3. 项目后勤管理需求范围大，分类项目有保洁、保安、机电工程、导医导诊、餐饮、商业服务管理及其他延伸服务管理。因此，需要多部门、多机构的分工配合，同时遵循医院后勤管理的规律并结合医院实际运作状况，使每步管理程序和每个管理环节形成一个制度化、系统化的有机整体，由管理中心统一协调控制，确保后勤管理正常运行。

4. 实际管理中，医院属于病人聚集区，人流量大，病菌、污染源、传染源相对较为集中，容易发生交叉感染，这是医院的一大特点。这就决定了医院保洁不同于普通物业保洁，杀菌消毒、防止交叉感染是医院保洁工作的重点和难点，因此，针对性的、专业化的清洁卫生管理和消毒灭菌措施非常重要，同时，医院卫生工作也对服务人员素质要求、培训机制均有较高要求。

5. 医院是公共场所，24 小时对外开放，是开放式治安管理模式，人员流动量大，进出人员复杂，并且楼层高、面积大，管理难度大。安全有序的医院环境是院方开展核心工作的前提，医院特殊的工作性质，因此专业的保安队伍和强执行力的应急预防措施是医院正常运作的重要前提。高素质的保安队伍、专业的管理尤为重要。

6. 医院保安工作不只局限于常规的治安、消防、车辆道路管理，还需从事医患纠纷的协调处理、医托地陪的控制打击、救护接应、帮助病人等方面的医疗专业性服务工作，这也增加了管理难度。

在后续的后勤服务中，公司结合医院需求和特点，充分发挥在医疗后勤服务行业的丰富经验，通过动态调节，使各要素在各个环节上保持协调、均衡，为医院提供满意的服务。

## 四、管理处组织架构及岗位设置

公司根据服务医院的管理经验，结合荆门市第一人民医院的项目特点，合理配备组织机构和人员分工，并在实践中不断完善和改进，实现工作精细化和专业化，以保证管理服务质量。

针对医院实际情况和招标文件的具体要求，为本方案设置荆门市第一人民医院后勤管理处，下设环境管理部、机电工程部、安全保卫部、医疗辅助部、综合服务部、餐饮管理部、客户服务中心七个部门。同时将在客户服务中心建立 24 小时服务受理中心，以满足医院服务管理需求（见图 3-2）。

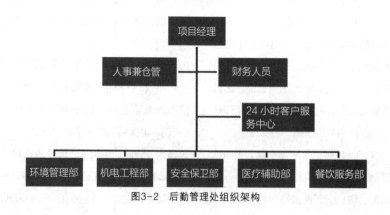

图3-2 后勤管理处组织架构

各部门员工人数（见表 3-1）

<table>
<tr><td colspan="8" align="center">人员配置情况</td><td align="right">表 3-1</td></tr>
<tr><td>部门</td><td>管理处</td><td>客服中心</td><td>环境管理部</td><td>机电工程部</td><td>安全保卫部</td><td>医疗辅助部</td><td>总计</td></tr>
<tr><td>人数（人）</td><td>3</td><td>6</td><td>155</td><td>28</td><td>60</td><td>57</td><td>309</td></tr>
</table>

备注：
1. 环境、机电、安保等人员数量是根据医院类项目一般性需求进行的估测，具体人数根据医院实际需求为准。
2. 医疗辅助部员工为估测，具体人数根据医院实际运行情况及科室需求另行确定。
3. 医院餐饮服务为经营类项目，人员不计入后勤人员总数内。

# 五、项目管理服务理念

公司对医院后勤管理理念是一个系统整体的管理体系，其核心机制是后勤管理目标责任制、后勤管理服务规范化、后勤服务质量查访制。

## 1. 管理目标责任制

公司对内部各级人员均实行管理目标责任制，由上级组织与下级组织商定其后勤管理工作的内容、应达到的目标、岗位的配置、成本开支定额和奖罚的方式及标准。通过科学合理的目标设定，促使各级管理人员不断提高业务技能和管理水平，以达到公司持续超载的服务目标。

## 2. 管理服务规范化

从后勤员工队伍的配置到服务工作的实施，公司坚持专业化、标准化、制度化的管理标准，保证人员、设备、作业均符合所要求的技术水准；对后勤服务工作和管理实行程序规范化和质量标准化，使每个管理单位的后勤管理服务都有明确、系统、全面的质量指标体系和考核标准；公司内部各级组织都必须依章管理，从各个层级、各个方面建立健全制度，使管理活动制度化。

## 3. 后勤服务质量查访制

为了保证服务质量，为医院提供优质的后勤服务，公司实行服务质量三级查访制，即：

后勤工作检查，由现场管理人员定期对后勤服务区域的安全状况、后勤设备设施运行状态、各项后勤工作质量、员工服务态度、员工纪律作风等各方面进行检查，并将检查结果向公司汇报。

公司质量内部审核，由公司定期组织品质管理人员根据管理制度进行现场抽查，以检查后勤制度落实情况，并将检查结果在公司内通报。

顾客满意度调查，公司每年向医院各科室及病人发放《顾客满意度调查表》，对后勤服务进行全面访查，并依据调查结果调整公司服务重点，改进服务质量。

## 六、项目的承接查验及进场管理

（一）物业管理的前期介入及项目进场管理

后勤公司进场至医院员工全面进驻之前的时间，分成施工期、设施设备调试期、施工验收及物业接管验收期三个阶段，为方便后续的项目管理，二、三阶段需要后勤公司的前期介入，前期介入的时间和具体规划则按实际情况作相应部署。

1. 设施设备调试期物业管理

设施设备调试期是指在院内的设施设备安装基本到位开始所进行的设施设备调试、室内二次装修的阶段。

公司在适当时机，委派由项目经理、机电工程部部长带队、各专业工程师组成的专家小组来现场协助工作，除进行专业培训工作外，与管理处的工程技术人员一起，共同开展现场的设施设备安装状况的检查，及时发现可能造成隐患或妨碍今后日常维修维护的问题，提出相应的整改意见，及时上报院方，经认可后通报工程管理方。

管理要点：在协助施工管理方共同管理施工现场的同时，组织工程技术人员将主要精力投入到设施设备调试的配合上。另外，重点抓好室内二次装修现场的消防预防工作。

工作方式：将现有人员分成两个小组，一组主要由工程技术人员组成，机电部部长带队，参与设施设备的现场调试工作，观摩、学习、了解设备特性和调试操作方法，同时参与对室内二次装修现场的管理。其他人员在项目经理的带领下，开展现场其他工作。

2. 施工验收期及物业接管验收的物业管理

施工验收及物业接管验收期是指工程竣工并开始验收，经过物业接管验收阶段至院方全面进驻的整个时期。

在此期间，公司委派由总工程师带队的土建、机电、消防、财务等方面专家组成的小组来现场工作，帮助和指导管理处接管验收物业、清点接管的资产、建立财务制度及账目、并协调准备院方全面进驻工作。

管理要点：在配合院方施工验收的同时，重点做好物业的接管验收和院方全面进驻的准备。

工作方式：在工程施工验收中，管理处的工程技术人员要参与各项验收工作，任何问题记录下来，属于必须解决的及时书面呈交施工管理方协助，并报院方。在物业接管验收中，管理处的全部人员必须参与，对各自分管的项目全面负责，任何问题一定要详细记录、及时报告，以求尽快解决。在完成接管验收后，协助医院做好全面进驻的准备。

（二）其他前期准备工作

1. 人员安排计划

前期准备工作的人员安排计划（见表3-2）。

人员安排计划表　　　　　　　　　　　表3-2

| | 时间 | 人员岗位及数量 | 具体工作 | 备注 |
|---|---|---|---|---|
| 第一阶段 | 15个工作日内 | 指派项目经理、经理助理、机电工程部部长、保安队长各1人；强电、空调、电梯、弱电技工各1人 | 面试、审核、入职<br>培训<br>上岗 | 采用内部调配和外部招聘相结合的方式，在第一次招聘时，可以预招第二批人员 |
| 第二阶段 | 15个工作日内 | 行政1人、财务1人、清洁、医辅、餐饮、综合、客服中心部长各1人、机电工程技工、保安员若干 | 面试、审核、入职<br>培训<br>上岗 | 采用内部调配和外部招聘相结合的方式，在第二次招聘时，可以预招第三批人员 |
| 第三阶段 | 10个工作日内 | 清洁及绿化工、技工、保安员、客服人员、综合服务人员、医辅人员、厨师、服务员等 | 面试、审核、入职<br>培训<br>上岗 | 按计划人员全部到位 |

备注：
1. 在第一期后续人员上岗接手工作后，原公司抽调派驻人员除项目经理、财务外，可逐步陆续撤回。
2. 前期介入人员培训内容见《人员培训》。

2. 正式进驻前各种物资准备工作

1）前期介入阶段的物资准备

在公司进驻后，要与院方商议管理处在前期介入阶段的办公及居住场所。在办公及居住场所确立后，进行初步装修和办公及通信工具的配备。

2）设备工具及用品装备的准备

为保证业主全面进驻后的正常物业管理，按《物资装备计划》，及时为项目选订各类设备，特别是大型保洁设备，以保证项目的顺利运行。

3）备品备件的准备

接受施工单位移交的设备随机备件附件，检验入库，妥善保管。提出尚需采购的重要设备备品备件清单，建立必要的维修储备。

4）易损易耗品的准备

按照日常物业管理的实际需要，在管理处要确立正常运作期间每月易损易耗品的消耗计划，并按一个季度的需求订购。

5）建立储备仓库

与医院商议，确认储备仓库的地点并进行初步装修，并配备人员及相关的管理制度。

3.外部公共关系的建立

为保证后续后勤管理的顺利开展，项目经理必须在院方全面进驻前，对接相应的政府及公用事业各职能机构（工商、税务、物价、供电、供水、供暖、电信、市政、环卫、园林、环保、交管、邮电等），建立稳定的沟通渠道。

# 案例02：众安康集团医院项目"三化、四定、五制"管理方式

众安康公司用新理念新模式为现代医院提供全方位一体化后勤管理服务（见图3-3）。

特色和质量是众安康后勤服务的重要优势。在众安康物业形成的机制体系中，起核心和发挥明显效应的管理方式主要是"三化、四定、五制"。

图3-3　众安康集团医院项目

## 一、"三化"，即实行服务队伍专业化，服务质量标准化，管理制度化

员工队伍的配置和服务工作，均按专业化的要求来考虑，保证人员、设备、作业均符合所要求的技术水准；对服务工作和管理实行程序规范化和质量标准化，使每个管理单位的管理服务都有明确、系统、全面的质量指标体系和考核标准；企业各级组织都必须规范管理，从各个层级、各个方面建立健全规章制度，使管理活动制度化。

## 二、"四定"，即每级机构、每个项目实行定任务、定人员、定成本、定奖罚的目标责任

各级服务机构，凡无特殊的，均应实行"四定"目标管理，由上级组织与下级组织商定其任务和具体目标、配置的岗位和人员数量、成本开支定额和奖罚的方式及标准。

"四定"的内容要求全面、具体、科学合理。"四定"目标管理责任书由公司总经理或各医院的后勤服务管理处主任与部门负责人签定，一经生效，即以此为依据实施管理。

## 三、"五制"，即"1+3"责任制，限时复命制，服务访查制，考核监督制，问责制

众安康管理组织运行必须遵循逐级指挥和报告原则，并严格按"1+3"责任模式界定各岗位人员的责任范围和程度，即："主岗位责任、辅助岗位责任、服务区域责任、整体服务责任"。

实行限时复命制，即下级对上级交办的任务和工作事项，有时间要求，必须按时将完成情况向上级汇报。限时复命制的建立，用以强化管理和监督机制，有利于上级及时掌握情况，有利于使事事落实和保持工作节奏的快捷。

医院后勤服务实行定期访查制度，公司在医院后勤服务管理处除就日常的服务进行检查，征询意见外，一是实行每周一次的服务大巡查，二是实行管理处每两个季度对下属部门的服务满意度，公司对管理处的管理服务满意度书面或面询形式进行一次访查，据此改

# 142

进服务。

实行严格的员工录用制度，并定期实施员工考评，实行每月考核制度，考核成绩逐级上报备案。

众安康各级管理人员必须认识到自身的管理责任，对职责范围内的各项工作最终负责。公司实行问责制，主要管理人员承担主要责任，公司不接受任何将责任推诿给下属的行为或解释。

## 案例03：加强全成本核算，实行目标责任制
## ——武汉同济物业优化医院项目经营管理

武汉同济物业管理有限公司（下称同济物业），1997年由同济医科大学与德国科律集团服务公司（Klueh Service Management Gmbh）合作组建，国家一级物业管理资质企业。同济物业秉承"以客户为中心，以质量为生命，诚信服务，止于至善"的服务理念，发挥中德合作的优势，突出医疗物业的特点；在环境维护、司梯服务、秩序维护、工程运行、辅医服务、被服洗涤方面的率先示范作用；2013年主导编撰的《湖北省医院物业服务规范》作为湖北省地方标准正式实施，在物业服务标准化的道路上，突显了行业领跑业绩。同济物业在管医院项目有武汉同济医院、武汉协和医院、湖北省人民医院、武汉大学中南医院、武汉市第一医院、武汉市第三医院、武汉市第三医院（光谷院区）、湖北省肿瘤医院、湖北省妇幼保健院、武汉大学口腔医院、武汉市儿童医院、武汉普爱医院、武汉市中医院、武汉梨园医院等代表项目。

## 一、加强全成本管理

加强全成本核算，实行目标责任制需要创新管理模式，改进绩效考核，从真正意义上实现抓绩效促管理，抓管理促效益。主要体现了三个特点：

1. 实行分区管理模式。公司将现有的项目部（含外埠市场），根据项目管理难度，物业费的高低，工作量的大小，划分为若干区域，由品质部主管任区域经理（同济医院、协和医院、同济医学院项目部为公司直属），全面负责项目部的基础管理、服务质量、员工培训、绩效考核、员工奖惩、资源优化、物料控制、客户沟通、费用洽谈、合同签订等，实行公司、区域经理领导下的项目经理负责制。

2.优化绩效考核指标。项目部的绩效考核指标分为经营指标 20 分，占总分的 20%；品质指标 80 分，占总分的 80%。

经营指标以公司核定各项目部毛利率为准。毛利率由总收入减去公司核定人员工资、保险费用、物耗费用、办公沟通费用、设备折旧费、扣款及其他费用、税金等七部分得出。考核主要包括回款、赔款、利率三部分的内容。对于经营毛利超额完成指标部分，公司将按 10% ~ 30% 并于管理团队绩效金额。

品质指标 80 分由服务质量、工作计划记录、员工培训、客户满意、执行力度、精神风貌、文档管理、仪容仪表、团队建设、文化建设、协调沟通、奖惩记录、客户投诉、劳动纪律、工作报表、意外事故、劳务纠纷等 17 个项目所组成。

公司提出了优化人员配置、打造新效益增长点、政策性费用增长、其他特别奖励等四项提升经营效益的主要措施，引导项目部降本减费，挖潜增效。

3.分层分步考核兑现。考核分为区域经理、职能部门对项目部考核；副总经理（含职能部门、项目部评价）对区域经理考核分层分步的方式。

区域经理对辖区项目部的考核，每月一次（外埠市场每季度一次），填写服务质量考核表、项目经理（主管）月考核表、项目部经营管理工作情况报表等三类考核表。

职能部门对项目部考核，实行奖分、扣分不评分的方法，每季度一次，职能部门对项目部考核的奖、扣，不能高于规定的核定分值。

# 二、职能部门管理目标考核

2012 年，按照公司岗位目标化，目标责任化、责任绩效化的思路，各职能部门要根据公司经营发展战略，内部管理机制转型，完善部门经营管理职责，确定 2012 年力争实现的管理目标，以部门为单位与公司签订岗位目标责任书。

职能部门管理目标考核内容分为目标完成 40 分、工作态度 20 分、专业技能 20 分、企业文化 20 分；职能部门考核为季考核月兑现，按 2012 年月均额度的 70% 按月发放绩效工资，另 30% 根据副总的季度考核结果进行增减。

品质主管季度考核：副总对项目部考核综合得分，占权重的 70%，职能管理目标绩效评分，占权重的 30%。根据综合考核结果，分为优（90 分以上）、良（85.1 ~ 89.9 分）、中（80.1 ~ 85 分）、差（80 分以下）。除按评分发放年度月均绩效 30% 外，对考核"优"、"良"者加以奖励，"中"不奖不罚，"差"酌情处罚。项目部毛利超额效益计入品质主管考核绩效。

其他职能部门的考核：由职能部门主管根据公司经营发展战略、内部管理机制转型，部门和个人岗位职责，月度完成管理目标情况等综合评级指标，自测评分；再交部门经理核评；交分管副总审核，无特殊情况按 70% 发放月绩效；季度末由内控副总汇总季度考评情况后，征求相关主管、总经理意见，分为优、良、中、差交人力资源部计算季度 30% 的绩效工资（含绩效奖罚）。

另外，职能部门还设突出贡献奖 20 分，包括市场开发、流程设计、提升效益、避免损失、培养人才等，除特殊情况，突出贡献每季度考核汇总一次，各部门按时申报，总经办汇总、核实后，交办公会研究决定，季度绩效兑现。

## 三、推进管理模式创新的要求

有效推进全成本核算，实行目标责任制管理的目的和要求：

一是认真学习领会，转变思想观念。各级管理人员要认真学习公司文件精神，特别是项目经理（主管）要通过学习全面掌握全成本核算的管理思路和精髓，克服"等、靠、要"的被动思想，以积极的心态和状态，努力学习，提升能力，创新思维，敢于实践，改变方法、改变习惯、提高标准、创造亮点。在加强全成本核算，实行目标责任制过程中，既要解放思想、胆子大一点，又要调查研究，集思广益，积极稳妥，逐步推进。

二是积极尝试探索，稳步向前推进。各项目部要把工作重心向"优化经营、独立核算、提升品质、自我发展"转移，大胆尝试，勇于探索，不断提高会算账的经营能力，会用人的管理能力，会沟通的协调能力，会想点子的创新能力，提高团队管理人员的主观能动性和工作积极性，推出新措施减耗增效，打造新效益增长点，在提升服务品质的同时，提高经营效益。

三是加强沟通协调，提高工作效率。项目部要加强与区域经理的联系、请示，接受检查和监督，相互沟通和商议，分级管理、分级负责，尽量减少失误，消除错误，避免风险，提高效率；在成本核算中，除了优化资源，减少支出，还要在区域经理的领导下，放宽管理权限，允许合理开支，提高自主经营、独立管理的能力。

四是落实检查考核，加强动态管理。各职能部门要根据公司要求，量化细化经营指标和管理目标，出台职能部门绩效考核办法（2012 年版）通过对项目部绩效考核实现公司战略和阶段性管理目标；三级管理要分层次、分步骤进行，放手不松手，放权不乱权，重在提高管理人员的独立思考、独立管理、独立解决问题的能力，让所有的人发挥最大的潜能和智慧，解放思想，勇于创新；各级管理人员要深入现场，深入实际，加强检查考核，掌握工作动态，随时发现和解决问题，减少失误，消除错误，避免风险，不断提高管理水平和服务品质。

## 案例04：北京大学深圳医院后勤管理项目服务优化典范

## 一、北大医院项目介绍

北京大学深圳医院原名"深圳市中心医院"，是深圳市政府投资建成的现代化综合性医院（见图3-4）。坐落于在深圳市福田区新洲路与莲花路交界处，是一所由深圳市政府投资4.2亿元人民币兴建，集医疗、预防、保健、科研、教学于一体的大型现代化综合性医院。医院于1999年底建成开业。2001年9月，深圳市政府与北京大学合作，并将"深圳市中心医院"更名为"北京大学深圳医院"和"北京大学深圳临床医学院"，纳入北京大学附属医院管理体系，2011年，经广东省医院评审委员会评审，认定为三级甲等医院。

图3-4 北京大学深圳医院

医院占地面积5.8万平方米，由门诊楼、住院医技楼、综合楼及住院北楼四栋主要主体建筑组成，建筑面积约9.8万平方米，编制病床800张，实际开放病床1005张，日门急诊量约8500人次。总资产13.5亿元。现有员工人数2000多名，其中拥有副主任医师以上职称的高级技术人才600多名，有硕士以上学位人员450多名，有海外留学经历人员100名。医院设备先进，引进德国西门子全套CT、磁共振（MRI）、数字减影机（DSA）

及 ECT 等，医疗设备总值达 5.8 亿元；设有符合国家标准功能设置的现代化全层流手术室及 ICU 等空气净化场所。医院环境舒适宜人，门诊各专科候诊相对独立，自成小区，环境安静有序；住院病房以双人标准间为主，设有独立的卫生间、电视、壁柜及视野开阔的阳台；门诊楼、住院楼、综合楼为中央空调，住院部 24 小时供应热水；室外鲜花绕香绿草茵茵，为患者提供了一个优雅舒适的诊疗环境。

医院设临床医技科室 52 个，国家重点合作学科 1 个，省级临床重点医学专科 5 个，1个省级重点实验室，8 个市级重点学科及实验室。开展了一批医学高新技术和特色服务项目，吸引了深圳、香港、澳门以及周边地区的大批患者前来就诊，成为深圳市最具影响力的重要医疗机构之一。

临床医学院成立内、外、妇儿科等二级教研室 23 个，三级教研室 27 个。年接收北京大学本科、研究生、临床实习生 50 多名，其他实习、进修人员 100 多名。建立博士后科研工作站 1 个，博士培养点 5 个，硕士培养点 37 个，共有博士生、硕士导师 80 余名。现已承担了 10 多个国家、省自然科学基金项目，630 多项国家、部省、市级科研课题，并获得多项国家、省、市科技成果和国家专利。

医院与北京大学、香港科技大学在技术和学术方面展开了广泛的交流与合作，逐步拓展对外交流渠道。与日本东京癌研病院建立了姊妹医院关系，并与世界知名的美国休斯顿医学中心、华盛顿大学医学中心、加利弗尼亚大学旧金山医学中心建立了交流合作关系，多次互访。

医院于 2000 年在国内率先实行医院后勤服务社会化管理，多年来取得了丰硕成果，为全国医院后勤管理积累了经验，成为了全国医院后勤管理改革的先进单位。后勤服务社会化规范管理，历年来为医院获得了"园林式、花园式达标单位"、"消防工作先进单位"、"卫生工作先进单位"、"行业卫生标兵单位"、"维稳综治先进单位"、"物业服务优秀大厦"、"绿色医院"等殊荣。

自 2000 年 3 月，北京大学深圳医院在国内率先实行医院后勤社会化管理，广东众安康集团就为其医疗临床工作提供全方位的支持保障系统，管理服务项目包括：保安、机电工程、绿化、保洁、导医、护工、陪护、病人营养餐饮、职工餐饮、太平间管理、医疗废物收集管理、医用被服管理、医疗运送、文体场馆管理、招待所管理、宿舍管理以及仓库管理、固定资管理等全方位一体化的后勤服务，目前已经持续服务近 14 年。

经过多年的共同发展与合作，目前已成功打造了北京大学深圳医院后勤社会化服务的典范，为全国医院后勤服务社会化改革起到了示范作用。党和国家领导人多次到北京大学深圳医院参观考察，国内外医院 1000 多批次团体到该院参观交流。中国医院协会和广东省医院协会先后三次召开现场会议，向全国医院大力推荐北京大学深圳医院后勤社会化服务的理念与模式，中国医院协会还将北京大学深圳医院作为全国医院后勤管理的培训基地。

# 二、后勤工作七大系统重难点分析及改进建议

医院后勤工作是一项复杂的系统工作，点多、面广，需要注意的事项很多，为实现更好为院方、病患及家属服务的工作目标，众安康在多年的工作中不断总结深化，多年来取得了丰硕成果，也为医院后勤管理积累了经验。目前，结合医院硬件形势，如机电设备、设施已经运行了14年，机电设备的用电负荷长期处于满负荷运行状态；医院门急诊量大、人流量大造成的停车位不足，保安保洁压力大等实际问题，加上现代医疗卫生行业的发展趋势，医院和病人不断发展的需求，众安康在下一阶段的工作中，分别对机电系统、安保系统、保洁系统、医疗辅助系统、餐饮系统、特约服务系统、便民商业系统七个大模块的工作重难点做如下分析，并提出合理性建议以便改进。

## 第一部分：安保系统

（一）医院的供电系统（略）

（二）特种设备管理（略）

（三）给排水管理（略）

（四）空调暖通管理（略）

（五）公共设施设备安全性能（略）

（六）日常维修

医院的日常维修属于琐碎而繁杂的项目，它涉及面广，包括水龙头不好用了，水小了，马桶堵塞了，灯坏了，挂个钩、钉个钉、修把锁等零星项目。每一项目维修的及时性都关联着微妙的医患和谐关系。本来病患者就是弱势群体，情绪容易激动和失控，任何一件小小的事情都可能引起他们情绪波动。这些看似毫不起眼的生活设施在维修不及时的情况下，给病患者的使用带来不方便时就有可能引起病患者情绪失控，借题发挥，与医生、护士发生争吵等行为，干扰科室正常的医疗秩序甚至引发一场不必要的医疗纠纷。另外，如果门诊科室搬迁，标识系统没有及时更换，就将导致病人找不到诊室牢骚满腹，有损医院形象。因此，日常维修同样不能怠慢，维修及时率往往奠定了医患和谐关系的基础。

应对措施：

（1）组建精干的维修力量，主动性维修。

（2）落实统一受理维修机制。

（3）定期实行地毯式巡查，发现问题，及时解决。

合理化建议：

（1）规划实施庭院式医院，营造良好的室内外环境，创造优美的外部环境，营造吸引人的公共空间，美化诊断治疗用户。

（2）医疗服务要有严格的时间安排，紧凑的诊断治疗程序，方便病人。

## 第二部分：安保系统

（一）停车问题（略）

（二）医闹问题

在 2013 年，北大医院累计发生医疗纠纷闹事事件 12 起。其中 7 起事件性质恶劣，影响较大。在医闹分子进院伊始，保安部就立即安排人员到位，将有关情况向上级报告，指挥保安人员加班及时采取劝解、警戒、防范等处置措施，保护医护人员和医院设施安全，有效控制事态发展。在处理医闹过程中，有 6 位人员不同程度受伤。同时比较 2012 年，医闹事件增加 2 起，受多方面因素影响，医患矛盾仍较突出，由此引发的扰乱医疗秩序、危害医务人员人身安全的事件仍时有发生，维护医院治安秩序的任务仍长期而艰巨。

应对措施：

1. 急诊科在原有基础上，增加 2 名素质较高的保安人员，在门诊人员较多的妇科、内科、外科，定人、定岗进行就诊队伍管理，提高就诊秩序，减少因为加塞引起的诊疗矛盾。

2. 加强住院部巡逻工作，对住院患者的情绪以及住院时间进行掌握，及早发现不安定因素。

合理化建议：

因医院保安没有处理医闹人员的权限，因此，对在医院拉横幅、摆灵堂、烧纸钱等扰乱医院正常诊疗秩序的行为及时发现、坚决制止，第一时间通知相关政府部门及早介入，积极协助其开展化解工作，防止矛盾激化和事态升级。如果严重影响医院正常工作，扰乱社会治安秩序，要依法予以治安处罚；对侮辱、殴打医务人员、毁坏医疗设备等违法犯罪行为，依法查处。

（三）医托问题

"医托"的存在，使部分无知的病患（尤其是农村患者）在花言巧语的哄骗中，被带去不会看病、看不好病的黑诊所或无良诊所（医院），钱财被骗不说，重要的是耽误了治疗，甚至因此可能失去生命。这也扰乱了正常的社会医疗秩序，严重违反了医疗卫生事业的健康发展。

应对措施：

（1）在医院每天定时广播，对"医托"的表现行为进行宣传，提醒就诊患者进行识别；

（2）成立保安特勤组对"医托"经常聚集的门诊、医院大门等地进行聚集人员清理、排查。摸清人数、规律、时间、地点和人员，落实岗位责任，加强巡视检查。

合理化建议：

目前针对"医托"的打击，相关部门提出无法律依据，建议执法部门能按照1998年12月，卫生部、公安部联合颁发的《关于清理整顿非法医疗机构、严厉打击医托违法行为活动的通知》，2005年10月，卫生部、公安部、国家工商总局、国家中医药管理局联合下发了《关于开展严厉打击号贩子、医托专项执法行动的通知》打击。

（四）黑地陪问题

医院从2000年起就实行后勤社会化管理，医院"陪护"服务由众安康招聘陪护人员，经培训后为病人服务，由医院有关部门及各病区的护士长、护士协同管理。但"黑陪"几乎全天24小时盘踞在医院，由于其身份复杂、未经专业培训、无具体部门进行管理，普遍存在素质低下、医学知识匮乏、服务质量差的问题，更有甚者为了争夺陪护业务，拉帮结派，无序竞争，严重损害了患者的利益。面对猖狂的"黑陪"，安保人员也束手无策，因为没有执法权，没有权利赶"黑陪"出去。

2013年发生5起黑陪与安保人员冲突事件，最终以派出所调解结束。调解完成，"黑陪"会立刻回到医院继续操持陪护业务，"黑陪"和安保人员这样反复循环，无法得到有效治理。

应对措施：

为了维护病人利益和正常的诊疗秩序，打击黑陪人员，减少由此带来的纠纷，减少病房楼内人员聚集混乱现象，维护病房楼秩序，安保人员对手术患者家属、病房等候家属等进行引导，发现相关人员及时进行清理，并对发现人员进行登记。对其再次来院进行关注，并对其活动科室病人进行提醒。

合理化建议：

（1）建立行业管理政策，弥补医院对护工管理法律或政策上的依据。

（2）政府对护工行业从业资格方面做政策限制，调高零门槛准入。

（3）在医疗服务价格项目中，增加"护工费"这一收费项目，在护理费的项目内涵中，也将生活护理方面的工作内容纳入其中。

（五）乱发小广告、小传单问题（略）

（六）消防问题（略）

**第三部分：环境保洁系统**

（一）无烟医院控烟难点

随着门诊量的增加，各科室楼梯间抽烟的人接连不断，烟头遍地都是，清洁员进行劝阻，抽烟的人根本不理，给现场的卫生环境及清洁工作带来了很大的压力。特别是上午七点至九点，科室清洁员科室内的头一遍卫生都还没有做完根本没有时间出来保洁。

应对措施：

根据现场的状况，众安康精心调整了清洁流程，把两个地面抛光人员抽调出来两个小时。一个负责门诊上午七点至九点，一个负责住院部上午七点至九点专职清扫烟头工作，九点以后科室清洁员每隔 20 分钟清扫一次，通过以上措施控制了遍地是烟头的现象。

（二）门诊洗手间问题（略）

（三）病房洗手间问题（略）

**第四部分：医疗辅助系统**

（一）运送工作

1.标本运送难点分析（略）

2.护送病人做各项检查难点分析（略）

3.手术接送难点分析（略）

（二）普通陪护工作难点分析

普通陪护即 24 小时陪护病人身边，替家属照顾病人的生活起居。陪护员要保护病人的安全，陪护过程中病人易发生摔倒、坠床、烫伤、压疮、自杀、走失等安全问题。

应对措施：

（1）培训员工照顾病人生活起居的基本技能，及存在的多种安全风险防范措施。

（2）只负责照顾病人生活起居，不允许做技术性工作，如鼻饲、雾化吸入等。

（3）不能离开病人时间太长，吃饭时间要把病人事情安排好，重病人要有家属替班。

（4）发现病人有异常情况，要及时反馈给医护人员和管理人员。

（5）与员工签定合同，明确各自责任。

合理化建议：

购买第三方公众责任险。

（三）护工岗位工作难点分析（略）

（四）医疗废物收集运送难点分析（略）

**第五部分：餐饮系统**

（一）食品卫生安全

1. 难点及重点分析

目前市场上有不少假冒、伪劣产品，严重存在着食品安全隐患，这促使食堂对原材料采购加强监管。

2. 应对措施

（1）加强采购控制。慎重选择供应商，收货时查验票证、做好进货台账，认真做好食品原料验收。坚持以用定购，保证食品新鲜和卫生质量。严格食品添加剂的采购与管理。

（2）每天对蔬菜进行农药残留检测，确保原材料的安全。

（3）严格贮存管理。坚持先进先出，保证食物新鲜。食品来料加工后如不马上烹饪，尽快冷冻或冷藏。避免食品储存时出现交叉感染。

（4）注重加工、烹调环节。原料加工主要目的是去除原料加工中的污染物和不可食部分，加工过程必须避免交叉污染。食品烹调环节，高温是杀灭食品中可能存在致病微生物的关键、有效手段，烧熟煮透和生熟分开是烹调过程中预防食品安全问题的两项基本原则。

（5）备餐运输安全控制。特别强调器具、餐具消毒，备餐食品加盖等。

（6）加强环境卫生管理。建立环境卫生监管机制，杜绝脏、乱、差现象；坚持对工作场所清洁。食堂员工岗前体检，保持个人卫生，饮食安全分工明确、责任到人。

3. 合理化建议

（1）尽量去厂家或原产地采购材料，取消中间环节，有效保障食品的卫生安全。

（2）设立独立的生、熟食操作间，可以有效地防止交叉感染。

（二）供餐和服务质量保证（略）

（三）满足客户多样化需求（略）

（四）职工食堂（略）

（五）营养食堂（略）

**第六部分：特约服务系统**

北大管理处特约服务人员按岗位分为仓库管理员、宿舍管理员、设备维修员、会议室管理员、搬运工。

北大医院建院近 14 年，相关设备、设施老化严重，特约服务人员工作中接触到的设施设备主要为会议音响设备、医院医疗设备、医院固定资产，这些设备设施由于使用年限长、维修难度大、报废流程复杂等原因，造成现场工作量剧增。

应对措施：

（1）做好设施设备检查，及时上报维修、更新。

（2）做好固定资产的维修、报废，新购固定资产标识、登记工作。

（3）加强工作技能培训，提高维修水平。

合理化建议：

申请院方及时更新相关设施设备。

## 第七部分：便民商业

（一）便民商业服务现状分析（略）

（二）商品安全管理

医院现在便民商业营业面积 100 平方米，经营种类有日用品、水鲜礼品、书刊、方便食品和饮品等。对于商业服务，公司主要体现便民的理念，对质量、安全、卫生格要求严格。

应对措施：

（1）把控进货渠道。主要措施有保证正品；有供应商提供的食品检验报告及三证等证件；产品适合医院这一特殊场所的顾客要求。

（2）采取质量检查。定期或不定期监督检查有无假冒伪劣商品。

（3）保障食品安全。定期检查有无过期、变质商品，保证食品保质期三个月前退换货；检查是否达到合同及说明书规定的质量要求；要求产品符合质量要求，食品符合卫生要求。

# 第四章
# 政府机构物业的经营管理

[第一节]
# 政府机构物业经营管理概述

# 一、政府物业管理的不同内涵

政府物业管理应该有狭义与广义之分。从狭义上讲，政府类物业管理是指政府机关后勤管理社会化改革后，社会化、专业化、市场化的物业管理公司为政府机关办公楼所提供的各类物业管理服务。政府机构类物业管理的对象最初全部是政府机关物业，主要是国务院各部委与沿海发达地区的市政府机构办公楼。

从广义角度，所谓"政府类物业管理"，是行业内的一种俗称，其实应该是"政府招标类物业管理"的简称，学界至今没有给出明确的定论。有专家认为，应该称之为"财政类物业管理"或"政府采购类物业管理"，也并无不可。一般来说，"政府类物业管理"脱胎于分类物业管理或特种物业管理，有别于传统住宅、写字楼、商场的管理。2002 年以后，机关后勤服务社会化改革进一步深入，各类学校、医院、军队物业、特种物业均启动了后勤管理的市场化进程。从全国范围来看，这类物业管理，服务费用来源不一，管理内容多元，服务质量参差。因此，从广义上讲，把后勤管理费用全部来源于国家与地方财政收入的政府机关、公办学校、公立（军队）医院等机关事业类单位的物业管理均称之为"政府类物业管理"。而部分或全部物业服务费用由单位自筹的物业管理不纳入此类范畴。

公立学校、公立医院等事业单位的办公楼（或教学楼）物业起初并不称之为"政府类物业"，它们的管理费用也全部或部分是单位自筹。只是由于后勤社会化改革，该类物业与政府机关物业的管理费用都同样具有财政拨款的性质，且都需要通过招标来确定管理权的归属，才称之为"政府类物业"。

# 二、政府机构物业服务需求

了解需求，才能更好地提供服务。政府机构物业作为物业管理服务的一种类型，有物业管理的共性，如保洁、保安、工程等几大模块，又因为服务对象的特殊性，与其他公共写字楼有着很大的服务区别和特色。龙城物业作为政府物业管理的先驱，从实际工作中归纳总结了政府机构物业服务的几大需求：

## 1. 安全、保密管理要求高

作为公务人员办公的地方，政府机构因其特殊性和影响力对安全和保密工作的要求特别高。因此，作为政府机构的物业服务管理企业，安全责任重大，政治影响大。

### 2. 环境管理要求高

作为政府的形象代表和社会的标杆，政府类机构要求更为舒适、洁净、文明的环境，因此，物业从业人员要有专业素养，保证环境卫生的高水平。

### 3. 设备设施功能保障要求高

政府机关建筑装饰装修材料品种多，涉及各种智能化系统和现代化技术。所以，政府类物业管理涉及的专业技术面非常广泛。政府机构的性质决定了在任何时候都必须保证大楼的设备都能够正常运行。因此，在设备设施日常维护过程中，要坚持预防为主，日常保养与计划性维修保养并重的原则，使设备时刻处于良好状态。重视设备的使用管理和维修保养，延长设备的大修周期和使用寿命，实现设备保值增值。

### 4. 物业服务对象文化品味高

政府机构工作的人员都是国家公务人员，对物业的管理和对人的服务更注重文化内涵和超前意识，提倡科学、主动、细微，立足于更新、更高的科技、文化信息含量。

# 三、政府机构物业服务的内容与重难点

鉴于政府机构物业服务需求的特殊性，×× 物业以自己管理政府机构物业多年的经验，提出了在实际物业管理工作的内容与重难点。

### 1. 整体形象

政府机构物业不仅仅是一座社会公共建筑物，更是政府机构办公的场所，是政府形象的外化和延伸，是外事活动、公众礼仪接待的场所，所以要明确定位服务形象。

### 2. 保密

政府机构物业的特殊性对保密有着极高的要求。作为政府机构物业管理人员，须具备安全保密的知识，按国家保密方面的有关法规，做好保密工作。物业公司与签订甲方保密协议，并且物业服务中心要与每个员工签订员工保密协议。

### 3. 安全管理

政府机构物业一般都会集政府办公、会议中心、餐饮等功能于一体，进出的车辆、物品和人员很多，成分复杂，重大会议、接待的安全保障工作异常重要。××公司采用五环安全管理模式；发挥"4+2"e站式服务模式提高现场管控效果；推行三层三级安全防控服务；应急事件按四级状态进行控制管理在实际管理工作中取得成功。

### 4. 重要接待、大型会议活动保障

作为政府机关，接待国家领导人和重要外宾来访频繁，会议活动经常举行，大型接待和会议活动的保障已成为物业管理的重要内容。

### 5. 节能与环保

政府机构的建筑大量使用各种高新技术材料和各种大型机电设备，开展节能和环保具有重要意义。

### 6. 机电设备管理

政府机构物业一般都是现代高新技术的集合体，是一座超大型的智能化建筑，机电设备系统不仅装机容量大、复杂，而且技术先进。设备多且杂，涉及多种现代高新技术。作为政府物业，其设备运行安全正常是保证整个物业正常运作的基本条件，所以，机电设备的管理显得尤为重要。

### 7. 突发事件处理

根据政府机构的特点，有针对性地制定切实可行的突发事件应急处置方案，明确安全生产事故报告程序及应急处置流程，保证能够及时应对突发事件。

### 8. 特殊时期的管理

特殊时期指的是非典、禽流感等传染性较强的疾病发生时期。××物业曾在非典、禽流感等传染病的预防工作中，采取了大量的措施，同时也积累了丰富的工作经验。根据以往的经验，在特殊时期的管理工作中，首先在政府机构加大相关知识的宣传力度，增强办公人员对各类传染病的了解，思想上引起高度重视，提高预防意识。

另外，出现大规模的上访事件时，对人员进出的严格控制，既要防止可疑人员混入建筑物内，对设备、设施造成破坏或干扰办公人员的正常工作秩序，同时又要防止将办公人员误挡在外，引起其对政府的不满。

# 四、政府机构物业经营管理的特点

政府物业管理应该有狭义与广义之分。从狭义上讲，政府类物业管理是指政府机关后勤管理社会化改革后，社会化、专业化、市场化的物业管理公司为政府机关办公楼所提供的各类物业管理服务。政府机构类物业管理的对象最初全部是政府机关物业，主要是国务院各部委与沿海发达地区的市政府机构办公楼，其物业管理费用全部来自于有限的后勤管理费用。费用虽少，但实施物业管理后的效果大大胜于传统的后勤行政管理。政府机构类物业管理有以下几个特点：

## 1. 合同期限较短

由于政府类物业管理费用全部由财政负担，采取先申请后使用的方式，招标人（甲方）须每个财政年度向财政部门申报审批本单位的物业管理费用，因此，除深圳已采取合同一签三年的做法外，许多地方仍是实行"一年一招标"。这种方式与物业管理的长期性、稳定性形成矛盾。物业管理公司刚熟悉情况，并投入一笔开荒费用，却又有可能就在下一年度的投标中被淘汰，这不利于物业管理公司的持续稳定经营。虽然有些地方已采取合同一年到期后自动延伸一年的做法，但给物业管理公司心理上仍造成较大影响，不敢持续投入。这种矛盾还将在较长一段时期延续下去。

## 2. 特殊服务要求高

政府类物业不同于一般的住宅、写字楼、商业物业，其性质决定了其政治任务重、社会反响大、公众聚集度高、应急疏散与消防安全级别高、自身形象特别、保密性强等特点。

## 3. 后期管理受严格考核与监督

政府类物业管理招标文件中评分标准越细，物业管理公司的标书响应度要求也就越高，这也意味着中标的物业管理公司后期管理上受监督考核的项目与指标更加细密，因为投标书与合同一样，是具有法律效力的。相对于其他物业而言，政府类物业的客户满意度要求较高。且由于物业管理费用是按月（或季）考核、划拨，这就使得物业管理公司必须严格按照标书与合同的要求来开展物业管理业务。住宅物业管理中经常出现的保安、清洁工等人数方面的减少与服务质量方面的偷工减料被严格限制，否则在下次招标中很可能被甲方淘汰。

### 4. 物业管理内容日益拓展

新时期政府类物业管理内容已经大大拓展。例如，餐饮、会务接待本是物业管理的附加服务，经过多年的发展，物业管理承接的餐饮、会务服务规格越来越高。有的物业管理公司甚至承担着省政府机关领导及 2000 余名工作人员的餐饮服务工作，承担着省"两会"等会议的接待服务工作。另外，现在政府类物业的信息化、智能化水平越来越高，物业管理公司的技术含量也相应地大大提高。甚至有些物业管理公司还要去改造旧的政府类物业，使之适应新形势下信息化、智能化的要求。这使得物业管理公司"能上不能下"，只得不断创造条件去满足这些需求。

### 5. 经营费用特点

政府类物业管理的费用全部来自于财政拨款，必须通过各地政府采购中心竞标获得。在政府类物业管理发展的初期，物业管理公司经营时常常能赚取较高的利润。随着该领域的规范与竞争的激烈，利润率越来越低，甚至也会出现入不敷出的情况。由于各城市最低工资标准不断大幅上扬，加上物价的持续走高，物业管理公司的经营成本越来越高。而与此相反的是，处于房地产调控与经济结构转型时期的各地地方财政，在支出政府类物业管理经费时，其费用的增长也表现得尤为谨慎与节制。最为明显的是，各地好像有一条不成文的规定，某年的物业服务费用一般按近三年的物业服务费的平均数来申报，非但没有增长，可能还略有下降。看来，政府类物业管理也即将步入了微利经营的时代。

## 五、政府机构物业管理的发展和趋势

1. 随着物业管理的飞速发展，政府机构物业管理在中国内地越来越普及，内容也越来越广泛。在深圳，大部分政府物业均推行市场化、专业化的物业管理。由于财政支出的稳定性，越来越多的物业管理公司注册为各地各级政府类物业管理的供应商，来分享这一块"大蛋糕"。政府物业管理的发展极大地拓展了传统物业管理的范畴。最初，政府物业管理的内容还局限于保安、保洁、绿化、维修、基本的会议接待服务等。但专业化物业管理相对于传统后勤管理具有巨大的优势，无论是在降低成本、提高服务质量还是在处理人际关系、保证服务的全面性及时性等方面，无不令甲方相当满意。发展到今天，政府物业管理的内容已得到全方位的拓展，除上述以外还包括：高端会议服务、餐饮服务；安检；消防监控系统、中央空调系统、设备运行维护管理；宿舍管理、收发；更值；医疗保健、健身服务。大大地超出了传统物业管理的范围，拓展了物业管理的外延与内涵。

2. 政府物业管理一般通过竞争机制取得，市场机制反映较为充分。在政府物业管理发展初期，曾采用过邀请招标。但由于财政支付的公开、公正、公平，现在一般全部采用公开招标形式，通过竞争取得政府物业的管理权（军事物业或涉及国家机密的物业除外）。特殊情况下，由于招标标的内容单一，金额过低，可能导致投标公司过少。根据《政府采购货物和服务招标投标管理办法》（财政部第 18 号令）第四十三条的规定，投标截止时间结束后参加投标的供应商不足三家的或在评标期间出现符合专业条件的供应商或者对招标文件做出实质响应的供应商不足三家的情形的，经报政府采购监督管理部门批准，可以采用竞争性谈判采购方式。实际招标中，竞争性谈判往往采取最低价中标方式。价格机制起了作用，但压低了物业管理本就微薄的利润空间，不利于行业的发展。

3. 招标人（甲方）的意志往往通过招标文件来体现。政府物业管理使用的是财政拨款，因而必须通过政府采购中心统一招标评标来竞争取得。评标人是从各地物业管理专家库中随机抽取的若干专家，其评分往往取决于评标专家的主观判断、经验、眼界与个人素质。虽然招标人也可派出一名代表参与评分，但招标人对哪家物管公司最终取得物业管理的资格并无决定权，因而作为评分依据的招标文件与评分标准就显得尤为重要。为防止评标专家的主观失误与人为操控，招标人的意志往往通过招标文件体现出来，这也导致了现行的政府物业管理招标中，评分标准越来越细，因而专家个人化的因素作用甚微，某位专家操控评标的现象基本不容易发生，体现公平。

4. 政府物业管理门槛提高，后来者跨入市场越来越难。政府类物业管理评分标准中，通常包括商务标、技术标、信誉标三个部分，有的项目还包括现场查勘、现场答辩等。各投标公司对技术文件部分的编制是软实力的体现，响应程度很好。随着政府类物业管理的发展与规范，要求越来越高，往往要求一级资质、三个认证（ISO9001 质量管理认证体系、ISO14001 环境管理认证体系、OHSAS、18001 职业安全卫生认证体系）以及类似经验等。即使是一级资质，其资金实力不同，分差也较大；在三个认证上，要求认证范围是在管项目全覆盖性的，而不是部分项目，而旧的认证体系也必须及时更换为新的体系；在类似经验上，往往要求 3～5 年，并获得各级荣誉。该领域门槛越来越高，后来者越来越难以跨入，形成强者愈强、几家独大的趋势。

5. 政府类物业管理仍有拓展空间，机制仍待完善。在深圳等经济发达地区，政府物业管理一般采用总包方式，所有的物业管理业务全部由一家物业管理公司总成竞标，而且不允许转包或分包。各政府机关事业单位的相关后勤管理部门，并不负责各物业管理过程环节的协调与沟通，只负责对物业管理的总体效果进行监督与考核。而从全国来看，许多地区仍然存在机关编制的机关后勤服务中心或物业管理事务部，来对各项物业管理业务进行分项招标，并负责对各项目间的交叉业务进行协调与监督。例如，国家机关管理局的物业管理由国管局机关服务中心事业部负责，下设服务质量监督处负责日常监督检查管理，财务结算中心负责费用结算。保安、保洁、会议、绿化、维修、餐饮均已实行了保障社会化，具体做法是服务项目和服务标准确定后，通过向社会公开招标来选择服务公司，事业部代表机关服务中心选择了 6 家公司分别从事以上项服务，服务国管局机关 1600 余人。这种运作机制在全国仍较为普遍，但这种半社会化、半市场化的物业管理机制仍有大力改善的空间。

［第二节］
政府机构物业经营管理策划运作的案例展示

## 案例 01：广州南沙区政府行政办公楼物业管理

## 一、南沙区政府行政办公楼基本情况

图4-1　广州南沙区政府办公楼

南沙行政中心地处广州市南沙区凤凰大道1号，紧邻地铁4号线焦门站。是南沙区政治、文化中心，是政府五套领导班子和广大干部职工的日常办公重地，同时也是南沙区各种重大会议的举行场所以及南沙区政务服务对外服务办事中心。是一座功能齐全、设备先进、较具规模、面向社会、服务群众的新建政府机关大楼，而且大楼与绿树成荫的焦门水道为邻（见图4-1）。

大楼地上建筑面积：62000平方米。

地下建筑面积：35000平方米。

总建筑面积：97000平方米，楼高39米，共10层。

负一层：停车场、设备层、人防区。

行政中心大楼分成3个区域办公：C栋、D栋、E栋，三栋楼相互连通，共设有5个主要出入口，负一层设有停车场，设有2个出入口，近500个车位。

1. C栋：会议中心、食堂、室内健身活动中心（见图4-2）。

图4-2　C栋楼的会议中心

2. D栋：机关单位办公室。主要部门有：区委、开发区管委会、区政府、区纪委、区人大、区政协等南沙区属各单位（见图4-3）。

图4-3　D栋楼是机关单位办公室

3. E栋：政务服务中心（见图4-4）。

图4-4　政务服务中心

# 166

4.外围广场。外围广场：室外篮球场、网球场以及康体活动中心提供给广大干部职工休闲娱乐（见图4-5）。

图4-5 外围广场

5.地下车库。地下车库：其中含内部单位停车场、设备层、人防区（见图4-6）。

图4-6 地下车库

## 二、项目分析与管理定位

（一）项目分析应考虑以下四个因素

1.服务环境因素

政府办公楼的规模和建筑配套拥有政府工作人员食堂、行政楼、园林设施等等，属于复合型物业，政府办公楼又是一个相对封闭和独立的小社会，各类生活设施一应俱全。

2.服务对象因素

政府办公楼的服务对象包括三个层面的群体。一个是政府管理群体，包括政府领导和职工。二是前来办事的市民。三是前来参观学习的贵宾。

### 3. 服务个性因素

干部职工：良好的工作和生活环境；办事市民：良好的工作氛围；参观人员：良好的沟通环境。

### 4. 管理难点和重点

近年来，因为广大人民群众拆迁、房产证办理、生活补助金及就业等等问题，造成群众集体上访的事件越来越频繁，且上访规模有日渐增大的趋势。因此，建议能够形成与政府信访部门、公安部门和政府对机关大楼物业管理的监督部门互动机制，进一步明确在处理群众集体上访事件中的定位与分工、协调与处理和外联与内控等相关事项，并请求政府信访部门、公安部门和其他城市管理执法部门的领导干部，定期对公司派驻该项目人员进行培训，提高处理群众集体上访的能力和注意事项等等，使处理信访工作的有关运行机制更加优化和完善。

### （二）三个服务定位

#### 1. 专业复合性

南沙区行政中心办公楼的物业功能齐全，属于复合型物业，而且规模大，需要具有丰富的政府项目管理经验的物业服务团队来组织专业服务。就专业服务内容而言，南沙行政中心需要安全秩序服务、清洁消杀服务、办公会务服务、应急管理服务、园林绿化服务、机电设备管理服务、展厅服务等等，是多类专业服务的集合体。这就需要专业复合型管理团队进行服务管理。

#### 2. 先进的技术性

南沙区行政中心办公楼各类设备设施相对比较先进，包括机电设备、会务服务设备等，对管理上的专业性要求较高。

#### 3. 完善的功能性

南沙区行政中心办公楼不仅是一座功能齐全的办公大楼，同时还配备了完善的接待、会务服务等服务体系，体现了当今政府办公楼功能多元化、服务人性化的发展趋势。

# 三、项目管理组织架构

设置驻南沙区行政中心物业服务中心，下设服务部、工程部、秩序维护部、清洁部四部。中心设经理1人，财务专员、人事专员各1人。

# 四、主要服务内容概述

（一）秩序维护服务

1. 安全管理服务。根据本物业特点，公司将实施"基本封闭式"管理模式。封闭式的办公区域管理措施：

（1）大楼实行 24 小时定岗值班，对出入人员严格检查，来访登记，控制无关人员进出办公楼层。

（2）对出入物品进行认真检查，物品出行收取相关部门的放行证明，核对，控制易燃易爆等危险物品进入。

（3）对公共部位实行定点闭路电视监控，发现可疑人物马上到达现场查实处理。

（4）对公共部位实行不定时巡查，发现治安隐患及时整改，将保安固定岗、流动巡逻和闭路电视监控形成治安防范网。

2. 消防管理服务。负责物业辖内的全部消防设施、设备的使用和管理及大楼火灾的报警和救助工作，并制定较为完善的消防应急方案。

3. 交通、停车场管理服务。全天 24 小时对地下停车场、露天车场实施管理和服务，保证车辆停放安全。地下停车场需凭工作证刷卡进出，只供内部工作人员的车辆停放。露天车场只提供外来办事人员的车辆临时停放，广场地面禁止停放车辆（临时性停放和重在活动停车除外）。

（二）配套设施、机电设备管理

全面落实物业本体设施设备运行管理和科学维护保养的管理制度、操作规程及服务规范，力争实现设施设备"运行安全可靠，维护科学高效"的总体目标。

（三）卫生保洁管理服务

1. 负责物业范围内广场、道路；大楼外墙；玻璃幕墙内外侧；铝板幕墙；冲孔铝板（铝质天花）；石膏板天花；花岗石墙地面；木质地板；地毯；室内办公场所（含办事大厅）；大堂；会议室；公共部位（卫生间及厕具、楼梯、电梯、走廊、走火通道等）；水池；停车场；各种设备、设施；饭堂、厨房油池和烟道等的日常卫生清洁以及采购人临时要求的突击清洁任务，如清洁会场、大扫除等等，随时保洁。

2. 关键办公区域、指定办公室的清洁卫生由采购人安排专人跟进和监督质量。

3. 外墙清洗、玻璃幕墙外侧面清洁和维护、冲孔铝板（铝质天花）清洁和维护、水池消毒清洗、厨房油池和烟道去污清洗、花岗石墙地面养护、大堂晶面处理七大专业项目可外包由专业清洁公司负责。

4.负责门前三包，各楼层定期消毒，除"四害"，灭蚊、灭蝇、灭老鼠、灭蟑螂工作。协助采购人与辖内街道爱卫工作的商洽和落实，并按采购人的要求做好爱卫工作有关资料的建档工作。定期杀灭蚊、蝇、鼠、蟑，做到无孳生源（除"四害"费用包在投标总价中，由中标供应商向街道支付）。

5.负责物业范围外围的"三包"工作。

6.负责物业范围的垃圾分类收集和清运，做到日产日清。

（四）楼层前台及会务管理服务

1.负责领导楼层前台服务、领导专用电梯及大礼堂和会议中心等各个会议室的会务服务。配备1名形象好，受过专业训练的女会务管理员，负责会务人员会务礼仪、服务保障工作的培训和日常工作安排。

图4-7 广州市南沙区第二届人民代表大会现场

2.服务范围包括领导楼层的前台，在大礼堂、会务中心各个会议室召开的各类会议、大型集体活动及机关重要接待活动的礼仪服务保障（见图4-7）。

3.服务内容包括领导楼层的前台服务，内容包括楼层饮用水的配送含每周领导办公室内饮用水的更换和饮水机的清洗消毒；领导信件、报纸书刊、领导办公室水果及物品的收发摆放，以及来访客人的服务；会场气氛布置，茶水供应；协助主办单位做好迎宾签到，座席安排，标牌摆放、会标的悬挂等等。

4.负责各类会议室会议前的扩音系统、灯光、音响、投影、视频的检查、调试,会中的保障、会后的管理等等。

## 案例02：××省高级人民法院项目物业管理

# 一、项目基本情况

### 1. 地理位置及建筑物概况

××省高级人民法院地处广州市天河区员村一横路9号。总用地面积约1.4万平方米，总建筑面积约6万平方米，其中主楼面积约4万平方米，附楼面积约1万平方米，地下室约0.6万平方米，其他0.4万平方米。

### 2. 主要设备设施配置情况

（1）供配电系统。高压部分有8台高压柜，1个直流屏，4台变压器；2台1250kVA，2台1000kVA（分别为主楼和附楼中央空调系统专用变压器）。低压部分有17台低压配电柜，2台560kW发电机及其2台配电柜组成。

（2）给排水系统。给水：500立方米水池2个。22kW、45kW生活水泵各2台。2台消防泵，2台喷淋泵。排水：污水处理站1个，地下室、车库8台潜水泵。

（3）电梯系统。共有14部电梯，7部三菱电梯，7部奥的斯电梯。

（4）空调系统。2台"约克"YKP3N4H05CTCS离心式空调压缩机（单台功率677kW，制冷量800冷吨），1台"约克"螺杆式冷水机组（单台功率193kW，制冷量300冷吨）。冷却水泵4台（1台备用，单台功率75kW）。冷冻水泵5台（1台备用，单台功率75kW）。冷却塔风机6台（单台功率11kW）。

（5）消防系统。消防报警系统：采用江森自动控制公司—IFC-2020系统；消防水系统：主要由消防栓泵、喷淋泵、消防栓、水龙皮带、喷淋头、喷淋管路组成。标准层每层设有5个双接头的消防栓箱。$CO_2$气体灭火系统：发电机房、高压房、低压房、总机房、档案室等不宜用水灭火的场所。

（6）弱电系统。BAS系统：采用直接数字控制系统（DDC），分散式直接控制与中央集中监控相结合，其控制功能由分散的直接数字控制机完成，而数据资料由中央处理机集中管理。

（7）其他设备：电话网络、局域网络、门禁系统、监视系统。

# 二、物业管理服务分析定位

（一）服务的共性与特性

1. 物业服务的共性

与一般商业写字楼相同的物业服务事项,即秩序维护、设备养护、环境管理、绿化养护等。

2. 物业服务的特性

（1）国家机关工作的保密性（比如案件的审理、重要活动等）。

（2）特殊事件处置的及时性（比如集体群众上访、闹访的处置等）。

（3）特殊工作事项的时效性（比如领导视察工作时的接访,重要活动的开展等）。

（4）重要场所安防的严密性（比档案室、机要室、枪械库等）。

（二）客户需求分析

省法院是广东省的最高审判机关之一,依法行使审判权,并依法指导、监督下级人民法院的审判工作,对广东省人民代表大会和广东省人民代表大会常务委员会负责并报告工作。因此,省法院有着较高的社会地位和威严性,对物业公司的资质管理水平、管理经验、服务意识有严格的要求,对物业的安全性、保密性、规范性方面要求严格,特别是重大审判、公务接待、重要会议、个体或群体上访、突发事件的处理方面需重点重视。

因此,该项目的客户需求除了要求物业公司提供高级办公大楼、商务写字楼等物业的"共性服务"外,更多的是关注本物业的个性要求,提供贴切的"个性服务",将工作的重点放在安全防范、上访人员的接待处理、重要会务接待方面。

（三）项目物业管理服务定位

对应项目的档次和客户需求,对提供的服务与管理进行定位。该项目是高标准、高要求、高档次的优质项目,公司根据项目的基本情况确定了管理服务的基本方向,即站在行业的前沿,领先于同类物业,严格按照《全国物业管理示范大厦考评标准》的要求提供安全防范、上访接待、会务接待、清洁绿化、设施设备管理等服务及进行日常考核,最大限度地满足省法院各级领导和广大工作人员的需求,突出管理服务的特色。公司"十八星物业"将以专业、优质的服务,继续保持"全国物业管理示范大厦"的物业达标荣誉称号。

# 三、物业管理重点与应对措施

（一）管理服务重点分析

重点之一:确保安全防范万无一失。省法院的合理布点和安全防范任务十分艰巨,由于该项目为集审判机构办公、人大驻点、群众上访接待、贵宾来访等功能集于一身,因此,安全保卫任务负担较大,智能设施的高效正常运作需要一个过程。从公司长期管理的经验来看,治安的好坏是衡量管理绩效的关键。所以,公司在现场勘查,实地考察的基础上,反复磋商研讨，根据智能化防范的条件，结合公司在其他管理项目取得的经验，坚持"技防为主、人防为辅、全面防范"的整体安全防范思路。同时，教育员工严格遵守保密制度，人人树立安全意识，做到全员防范，有效防止国家重要机密文件、信息的泄密等。

有理由相信，经过公司的管理，可以确保省法院因物业管理责任而造成的治安事件发生率为零。

重点之二：贵宾接待、会议筹备的接待准确无误。案件审判与会务接待较多，接待任务繁重的同时，为前来省法院的领导和群众及大厦内办公人员营造一个"舒适、便捷、温馨"的环境，是客服部的重要工作之一。公司将总结多年管理经验，部分采用专业化的管理与服务，确保每一次的贵宾接待、会议筹备的接待都准确无误。

（二）应对措施

措施一：治安管理上，引进公司管理其他政府物业的安全防范经验，运用现代科技手段，"三防"结合，确保安全。

省法院智能化程度较高，功能涉及面广，"三防"结合是公司的基本治安思路。"三防"结合即是人防、物防、技防相结合。"人防"上公司实施阶梯式快速推进体系，由管理中心统一指挥调度，强调多重结合，即流动岗与固定岗相结合，全面防范与重点防范相结合，小围合与大围合相结合。物防上用围栏，障碍栏等手段提高防范能力。在充分强调人为因素的前提下，以技防为主，运用省法院已有的先进保安设施如闭路电视、监控系统、固定岗和巡逻岗等，结合服务中心的统一管理，快速调度，确保安全防范万无一失。通过"三防"的全面实施，为省法院提供安全、舒适、优雅的环境。

措施二：人文关怀与智能管理有机结合。公司成立智能化技术专家小组，全面培训辅导并派驻场专业人才，在充分掌握该项目智能化系统的基础上制定一套管理服务方案。在具体操作上公司强调"三个到位"。

一是培训到位（包括省法院工作人员及使用人与物业管理人员），公司将定期举办智能化系统使用的专题讲座和开展智能化系统使用的宣传活动，通过省法院工作人员对智能化系统使用的熟悉，让省法院工作人员和使用人切实感受到智能化系统给工作带来的快捷高效。

二是服务到位，建立服务满意体系："一个目标"——服务的终极目标，让所有置身省法院的人员满意；"二个理念"——全程跟踪，亲情服务；"三个干净"——办公环境干净、设备干净、机房干净，执行 ISO14001 国际环境管理体系进行环保管理；"四个不漏"——不漏水，不漏电，不漏气，不漏油；"五个良好"——房屋及设备维护良好，安全管理良好，保洁绿化管理良好，服务质量管理良好，省法院工作人员及使用人反映良好。真正体现"人文关怀"的管理服务理念。公司要在现有设备的基础上，最大限度地发挥管理设备技术的综合功能，体现人性化服务。

　　三是人员到位，公司将选派一批懂管理、通技术、善经营的物业管理专业人才，组成本项目高水平的管理团队，为了确保本团队总体的管理服务质量，公司将全面将实施ISO9001 服务质量体系，使公司的管理服务能够得以不断地完善与提高。

## 四、服务中心组织架构与人员编制

　　项目经理1人，客户服务中心4人，清洁绿化部18人（主管1人，清洁15人，绿化2人），秩序维护队28人（主管1人，班长3人，队员24人，实行三班制）；工程设备部18人（主管1人，班长3人，员工14人，实行三班制）。共配置69人。组织架构（见图4-8）：

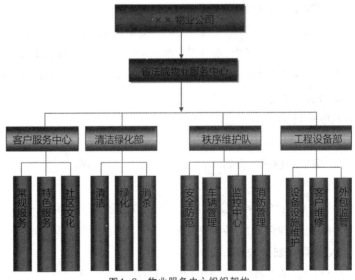

图4-8　物业服务中心组织架构

## 五、物业服务主要内容描述

　　广东省高院物业服务内容主要包括以下五个方面：

　　1. 秩序维护：出入人员、物品管理，公共区域巡查管理、施工管理、突发事件处置等。

　　2. 设备养护：设备设施维修保养，设备设施运行巡查、记录管理等。

3. 环境管理：公共部位蚊蝇消杀，垃圾清运，水池清洗等。

4. 绿化养护：公共区域、广场绿化植物的养护等。

5. 档案管理：省法院委托资料（含图纸）的管理。

现就其具体内容简要描述如下：

（一）安全防范服务

1. 办公区域安全防范

公务办公区是省法院安全管理的中心点。省法院除日常办公，同时是政府的窗口办公、信访接待点，这方便了市民，提高了办事效率，增强了政府与市民之间的交流与沟通，但同时也为安全管理增加了难度。该区域特点是：不仅工作繁忙，活动多，会议多，而且前来办事的人员成份复杂，流动性大。因此，安全管理的重点是安全防范，防火、防意外事件发生，防泄密，重点区域是领导办公专区，按一级安保区域防卫，建立健全来访制度；监控中心密切注意所有重要区域的动态，随时保持与巡逻值班的联系。当有贵宾接待任务时，加强外部的警戒和内部的巡查，贵宾通道派专人守卫，监控中心密切注意各方面动态，应急分队随时待命。在窗口办公区域，合理安排接访秩序，当有大批群众上访时，配合外部警力保护领导。制止一切滋事行为，防止暴力事件发生，同时，充分利用功能区域，妥善疏散上访群众，及时做好沟通化解工作，做到有礼、有节，杜绝与上访群众产生冲突，同时，不影响其他区域的正常办公。

2. 公共区域安全管理

省法院的公共用途区域面积大、功能多、人员流动量大并且人员相对复杂，针对各功能区域的特点，要求管理必须十分到位，杜绝管理盲点区域和无序。

3. 会议安全管理

一般性会议侧重以安全服务为管理重点，维护公众秩序，有效控制人流方向，防止不法分子破坏，杜绝意外事件发生，保障会议正常进行，会议结束后，及时清理现场，对遗失的文件，会议记录等及时上交有关部门。

召开重要会议时，会前做好相关准备工作，会议期间配合外部警力确保领导和贵宾的安全，会堂周围、通道要求畅通，对一切可能发生安全事故的设备设施及时处理，会议期间密切关注会堂内外一切情况，严格监控全场情况，对来历不明的人和物及时进行盘查和处理，同时，做好一切应急准备，应急分队处于待命状态。

4. 贵宾接待安全防范

一般贵宾接待时主要是以安全服务为主。维护接待室周边秩序，保持贵宾通道时刻畅通；管理人员主要巡视检查设备设施的使用功能。维持正常的公众秩序，引导不熟悉环境的办事人员。

当有重要贵宾接待任务时，提前做好接待的准备工作，检查接待区域的所有设备设施，在贵宾通道增设固定岗，加强接待区域附近的巡查，配合外部警力确保领导和贵宾的安全，利用先进监控设备监视实时动态，巡逻保安与监控中心时刻保持联系。阻止不明身份人员靠近接待室。

省法院有上级领导乃至中央首长前来检查指导工作，为此，公司将建立一套适合省法院日常接待的系列防卫方案，一级加强防卫，一级防卫。一般防卫等三种方案，确保各项活动的顺利进行。

5. 安全防范应急预案

1）群众集体上访处理办法。2）当事人滞留不走处理办法。3）发现可疑人员的处理办法。4）对不配合查验，强行闯入人员、车辆的处理办法。5）接到恐吓电话或发现可疑包裹的处理办法。6）当事人辱骂、殴打法院工作人员的应急处理办法等。

（二）车辆管理

1. 本院工作人员停放的车辆，全部由二号门岗进入，停放在指定的北面露天停车场和地下停车库并应向物业服务中心申请，办理进出停放卡，并按号停放，其他车辆不得占用，特殊情况外。

2. 政法系统车辆经核实后可允许其进入院内停放，政府部门及参观车辆需经检查、登记后方可进入，其他外来的车辆须经法院相关部门同意后方可由一号门岗统一进入，停放一号门岗旁西面露天停车场内；一号岗值勤保安负责发临时停车卡并登记和负责检查车上车辆所带的物品，携带的物品需要开箱检查的由对面三号岗扫描检查。

3. 外来办事车辆与单车的管理

（1）外来办事车辆按要求停放指定地点（南门广场）车头一致，不得乱停乱放。

（2）送货车辆登记后指引其到规定地点下货。

（3）送水车辆电话确定后放行。

（4）送报与快递单车停放到狮子下或旗杆下。

（5）内部人员单车停放至单车房两边，排列整齐。

（6）严格控制外来车辆未经许可，不得进入大楼辖区，不得向车辆收取或变相收取停车费等费用。

（三）消防管理

广东省高级人民法院物业服务中心实行"消防结合、预防为主"谁主管、谁负责和三级防火安全包干责任制管理程序；消防监控中心全天候24小时对广东省高级人民法院进行各方位的监控，防火工作要落实到各部门各责任人，增强所有员工责任感，尽职尽责做好防火安全工作。

（四）环境管理

1. 清洁卫生。通过日常保洁工作，使大厦公共环境和公共部位整洁，公共设施洁净、无异味、无破损。

2. 除四害管理。除四害服务外包给了街道，中心主要负责监督管理，定时进行检查除四害情况。

3. 绿化服务。大厦栽植竹子100株，栽植灌木6株，铺草2860平方米，移栽乔木50株；铺设护树花板55套；护链30根；新花坛3个。主要工作是：对广场、中间走廊广场、职工楼等路段的绿化带、花坛进行整形修剪，并做好绿地日常保洁，对大厦公共绿地内的烟蒂、纸屑、瓜果皮及枯死植物进行全面清理，对一些死角采取了重点处理，如绿篱及树池中的保洁卫生，并落实固定养护人员，形成长效管理措施。

（五）设备设施管理

工程部是保证大厦设备实施正常运行的职能部门。工程部的主要任务是对大厦的设施设备进行综合管理，正确使用，精心维护管理，保持大厦机电设备的完好，充分发挥设备效能。工程部为省法院正常运作提供良好的工作、办公环境，为保障省法院作为国家机构履行其国家职能和良好形象起着重要作用。

（六）客户关系管理

××省高级人民法院物业服务中心客服部，主要工作为日常客户投诉处理、报修处理、配合接待及其他机动工作。

# 六、物业多种经营设想

省法院是广东省最高审判机关，依法行使审判权，并依法指导、监督下级人民法院的审判工作，对广东省人民代表大会和广东省人民代表大会常务委员会负责并报告工作。根据省法院的特点，公司制定了"开拓、创新、整合资源、提高收入"的经营思路；只有大胆创新，努力开拓，将现有资源盘活，经营才能取得突破。根据对省法院的调研发现，发现在取得业主方同意的前提下，有些物业资源可经营创收：

1. 设立商务中心：根据省法院客户人群的特点，可设立商务中心提供各类商务项目，包括打印、复印、传真、上网、代编辑等，亦可以出租电脑设备、会议室、设立两到三个法律问题咨询点（可出租给律师事务所）。

2. 车场的经营：目前，停车场经营基本上局限在车辆的停放管理收费上。实际上，停车场经营有极其丰富的资源可以开发，根据省法院的情况，可以引进无水洗车和汽车美容项目。

3. 设立法律顾问咨询点：此项业务可与专业律师所合作。

## 案例 03：明喆物业天津塘沽工委行政许可中心物业服务策划与运作

2004 年，正当明喆物业北上天津，积极寻找商机、开拓北方市场的时候，与塘沽区行政许可服务中心引入后勤服务社会化的渴望和思路一拍即合，由此演绎了塘沽区大力推进机关事务改革与发展的一段佳话。明喆物业在塘沽区行政许可服务中心付出的十一载艰辛，不仅成功打造了明喆物业政府机关类物管项目的核心模块，还因此使塘沽区行政许可服务中心高品质的一体化后勤服务产生出巨大的辐射作用，由此带动明喆物业在政府机关类物管项目的市场开拓中呈现出欣欣向荣的蓬勃景象。

在此，以明喆物业十一年来为滨海新区塘沽工委行政许可中心（原天津市塘沽区委区政府）提供一体化后勤服务所走过的历程为实例，通过"谋划篇"、"执行篇"、"实效篇"三个部分来概括性地展示明喆物业为政府机关类客户提供的优质物业服务。

## 一、谋划篇——一流服务设机缘，精心策划树核心

2004 年夏，天津市塘沽区行政许可服务中心大楼即将竣工，塘沽区机关事务管理局承担了大楼遴选管家的重任。机关事务管理局考察组在李锦生局长的带领下来到了刚投入营运一年的泰达国际心血管病医院，从刘晓程院长对医院后勤服务的高度评价和赞誉声中，考察组成员第一次听到深圳市明喆物业管理有限公司的名字。明喆物业在泰达国际心血管病医院树立的高端一体化后勤服务形象感动了考察组成员，在考察心血管病医院的当天，就一致决定塘沽区行政许可服务中心后勤服务的管家非明喆物业莫属。

为了打好这一场硬仗，使后续各部门、各岗位在为塘沽区行政许可服务中心提供后勤服务的过程中尽显与众不同的耀眼风范，高海清董事长在策划项目总体服务方案时，下决心将塘沽区行政许可服务中心打造成为政府机关类的核心模块，以此为明喆下一阶段大面积地开发政府写字楼类的物管项目开辟道路、夯实基础。

随后，在高海清董事长的组织指挥下，来自深圳总部及各项目的各路精英齐聚天津，拉开了打造明喆市场开拓第三极的序幕……在短短的五天时间里，各路人马食不甘味、夜

以继日地制订出了前期开荒工作计划、人员招聘工作计划、厨房设施改建计划、后勤物资采购计划、设施设备维护工作计划、餐饮服务工作计划、保安工作计划、保洁作业计划等一系列符合国际标准化管理要求的工作计划书、工作程序书及作业指导书，由此为构建一个高标准的政府机关一体化后勤服务系统、创建明喆政府机关类物管项目的核心模块搭建了一个良好的平台。

## 二、执行篇——卧薪尝胆磨利剑，精致服务显一流

能否将策划周全的各项工作计划、作业标准及服务要求在实际服务过程中充分体现出来，使良好的前期策划通过有效的组织管理，将团队蕴藏的工作潜能有效地转化为沟通组织有力、协同配合细致、遇困难能吃苦、遇阻碍能创新的强大执行力，是衡量一个团队能否取得进步、能否实现既定目标、能否快速地做强做大的决定性因素。纵观明喆物业在为塘沽区行政许可服务中心提供近5年的一体化后勤服务过程中所表现出的诸多业绩，可以说良好的执行力在明喆各阶层无处不在、无处不生。摘取明喆物业在为塘沽区行政许可服务中心提供优质服务过程中呈现出的几个片段，以此说明明喆团队无往不胜的强大执行力：

1. 执行力片段一——开荒作业。2004年9月下旬：明喆物业与塘沽区行政许可服务中心刚刚结为正式合作关系，按塘沽区机关事务管理局的计划要求，必须在9月23日～9月27日五天时间内完成对大楼土建工作现场的全部清理工作，在9月28日～9月30日三天时间内要完成52个局委办日常办公设施的搬迁布置和清洁工作，使各局委办的办公场地达到正常办公环境要求。

虽然明喆物业在开荒作业前就组织人员对尚未完工的施工现场进行了全面细致的观测，并据此制订了详尽的开荒作业计划，但要在短短的五天时间内，把近8万平方米刚完成土建工程任务、尘土飞扬、杂物遍地的土建施工现场变成光鲜明亮、窗明几净的办公场地，确实是明喆自创建以来遭遇的一场最艰巨的攻坚战。为了有效地打好开荒作业这一仗，明喆物业在高海清董事长的带领下，及时拟定了"功夫在诗外"的开荒应急策略，即在正式进入现场实施开荒作业之前，切实做好各楼层开荒工作任务的测算工作及开荒人员的教育培训工作，以此确保临时组建的200余人的开荒队伍接受必要的前期培训后，能严格按照开荒作业计划的要求，有条不紊、按部就班地在规定的时间内完成规定的作业任务。

为了做好对开荒队伍的前期培训工作，高海清董事长亲自登上讲台给新加入明喆团队

的员工讲述明喆物业的发展历史，理智科学的择业观，明喆物业的经管理念、服务理念及合作理念，明喆不拘一格降人才的用人原则，为开荒队伍坚定打赢一场硬仗奠定了扎实的思想基础。同时，公司培训中心负责人、开荒作业总指挥、开荒片区负责人和管理人员，也抓紧时机对开荒队伍讲授标准化作业的基本要求、开荒作业的基本流程、清洁工具、清洁用品的基本使用方法及重要注意事项，并将各开荒片区的作业任务分解到人，使新组成的开荒队伍在开展开荒作业之前对每天的工作任务及要求做到了胸有成竹，为快速有效地展开开荒作业提供了坚实的保障。

2004 年 9 月 23 日早 5 点 30 分，200 余人的开荒队伍汇集到塘沽区行政许可服务中心大楼，由此拉开进驻行政许可服务中心后的第一场攻坚战。随后，上自董事长、总经理，下至各作业片区的作业人员，均有条不紊地按每日工作计划的要求奔波在开荒作业现场。在每天的开荒作业过程中，当有的作业片区不能按时完成当天的开荒工作任务时，就会有其他作业片区的人员主动加入到加班完成工作的行列中，以此确保了每日的开荒工作任务均能有效完成。

2004 年 9 月 30 日下午，当机关事务管理局的相关领导巡视开荒作业现场时，见几天前还是砂砾满地、尘土满天的大楼，一下变成了干净整洁的办公区域时，在惊讶之余无不感慨地说：其实，在我们心里预定的完成时间是 10 月 5 日，对你们提出 30 日完成，主要是为保险起见加了一个提前量。没想到你们在 8 天不到的时间里，不仅把 8 万平方米的区域清扫得干干净净，而且还把数万件大大小小的办公室家具一一搬运布置到位，这实在出乎我们的意料。看来，临危之际我们选择明喆的决定是正确的。

2. 执行力片段二——标准化管理作业。为客户提供一流服务的基础，就是在各个岗位实施有效的标准化、规范化作业，使每个岗位的工作人员及作业人员均能按既定的作业流程、作业要求及作业标准为客户提供服务，以此实现不同的人均能提供相同质量的标准服务的目的。

为了在尽可能短的时间内使各岗位的作业人员达到规定的岗位能力要求，公司培训中心组织项目各部门管理人员拟定了详细的新员工入职培训计划、上岗能力培训计划及在职培训计划，将对新员工思想意识观念的教育及岗位业务知识和业务技能的培训工作贯穿于全年的日常管理日程之中，由此形成了分别由公司培训中心、项目经理、各部门主管、各区域领班组成的新员工教育培训体系，使塘沽区行政许可服务中心这个项目的员工素质培训工作步入规范化和标准化的管理轨道。

由于新项目的多数管理人员及作业人员的基础素质存在较大的差异，因此，在新项目进驻前期，各管理层在开展相关岗位技能培训工作的过程中均遇上了不同程度的困难。这首先表现在相关管理人员，由于其多数人员都是从低层管理岗位甚至是一线作业岗位走上更高层管理岗位的，其知识结构、文化层次及实际管理经验等方面存在较大的差异，这些差异直接导致管理人员的培训能力参差不齐，使相关人员的培训效果差异较大。除此之外，新入职的员工来自四面八方，其地域风俗、工作理念及文化层次均存在较大的差异，此现状导致即使参加同样的岗位培训，但新员工最终获得的培训效果却存有天壤之别。

为了有效解决上述问题，培训中心特地拟定了管理人员标准化知识培训计划，各管理人员针对不同层次的新员工拟定了特殊员工岗位培训计划，并通过课堂教学、现场检查、案例分析及操作比赛和演练等多种方式，不间断、周期性地开展各层次的标准化岗位技能培训活动，由此使各岗位人员的综合业务素质得到了较大幅度的提高，为明喆物业给客户承诺提供周到、温馨、规范、细腻的与众不同的高品质服务奠定了不可替代的坚实基础。

## 三、实效篇——用心服务谋双赢，管理奇效众望归

精益求精是明喆物业开展各项服务活动的指针，不断创新是明喆物业为客户提供别具一格的优质服务所遵循的基本原则，真诚服务是明喆物业争做客户永远朋友的重要保证。十余年来，明喆物业在"苛刻要求、规范服务、绩效导向、尊重人性、操守完美"经营理念的指引下，在"今日事今日毕"、"要做就做最好"强大执行力的保证下，在为塘沽区行政许可服务中心提供保安、保洁、绿化、餐饮、会议、洗衣、康体中心、车辆管理、设施设备管理等一体化后勤服务的过程中，用热忱的服务态度、一流的服务质量、快捷的工作效率，赢得了广大公务人员、来访办事人员及参观考察人员的广泛赞誉，使明喆物业的品牌在众多良好口碑的传扬下更显光耀、更具魅力。以下，是明喆物业十余年来所取得优良管理业绩的局部掠影，从中可以感受到明喆物业与众不同的管理实效：

1. 管理实效一：获得政府部门高度的评价和认可。2005年4月，天津市机关事务局后勤服务社会化现场观摩会在塘沽区行政许可服务中心成功举办。其间，塘沽区委区府主要领导、天津市及所属各区县的机关事务局与会人员，对塘沽区行政许可服务中心的后勤服务社会化进程及所取得的成果给予了高度的评价，并对明喆物业在建筑基础设施、机电设施设备、保安、保洁、餐饮、会议等项服务中呈现出的高品质给予了充分的肯定。会议还充分肯定了明喆物业为塘沽区行政许可服务中心提供一体化后勤服务所取得的管理实效，较好地体现了国家对机关事务管理提出的"管理科学化、保障法制化、服务社会化"的目

标要求。同时，与会人员对明喆物业在提供一体化后勤服务过程中所采用的国际标准化管理模式及取得的优质服务结果给予了高度赞扬，大家一致认为，明喆物业为塘沽区行政许可服务中心提供的高品质一体化后勤服务，代表了天津市机关事务管理社会化的发展方向，为天津市所属各级政府有效选择机关后勤服务社会化的合作伙伴提供了令人信服的样板。明喆物业在提供一体化的后勤服务过程中，大量吸收了当地的下岗和待岗人员就业，较好地为当地政府缓解了就业压力。

2. **管理实效二**：节能降耗工作取得了令人侧目的成绩。打造节能型机关，是近年来国家机关事务的重要工作内容。明喆物业在积极配合塘沽区机关事务局开展的节能型机关创建活动中，通过科学有效的组织管理和采取一系列的节能降耗措施，使塘沽区行政许可服务中心的节能降耗工作取得了令人侧目的成绩。据不完全统计，通过有效的技改技革措施，和对能耗终端的有力控制，十一年来，塘沽区行政许可服务中心在入驻单位和人员不断增加的情况下，其电能消耗却呈现出逐年下降的势头，其年耗电量由最初的 560 万～570 万度，控制到如今的年耗电量仅达 520 万度左右，仅耗电一项，每年就可在原有基础上节约电费 32 万～40 万元，为打造节能型机关、创建节能型社会做出了实实在在的贡献。目前，明喆物业与塘沽区机关事务管理局为进一步贯彻《公共机构节能条例》，正在拟定新的节能减排措施，力争进一步提高节能型机关的水平。

3. **管理实效三**：项目成功创建国家级优秀物业示范大厦。建立全方位的符合国际标准化管理要求的后勤服务模式，创建国家级优秀物业示范大厦，是明喆物业在与塘沽区行政许可服务中心达成合作关系时所做出的重大承诺。为了兑现这一庄严承诺，明喆物业通过运用系统的科学管理方法，在塘沽区行政许可服务中心的各项后勤服务活动中，均按国际惯例建立了质量管理、环境管理及职业健康安全管理的一系列工作程序及作业标准，使 ISO9001、ISO14001、OHSAS18001、ISO22000 "四合一" 国际标准管理体系在塘沽区行政许可服务中心的一体化后勤服务中得到了建立、贯彻和实施，并按当初承诺的要求分别于 2005 年、2006 年、2007 年分别通过了国际知名认证机构如英国 BSI、德国 TUV 及挪威 DNV 的国标体系认证，为塘沽区行政许可服务中心持续、稳定地获得高品质的后勤服务质量铺陈了不可替代的管理轨道。除此之外，明喆物业还按国家级优秀物业示范大厦管理标准的要求，在后勤服务的各个方面通过采取多种行之有效的措施，大力开展国优示范大厦的创建活动，尤其是在明喆物业的服务主体——塘沽区行政许可服务中心的国有资产增值保值方面狠下功夫，并达到了预期效果，从而使塘沽区行政许可服务中心分别于 2005 年、2006 年顺利通过天津市优秀物业示范大厦及国家优秀物业示范大厦的现场评审，也使得塘沽区行政许可服务中心的机关事务管理工作迈上了一个崭新的台阶。

## 案例 04: 深圳市公安局大院物业管理

## 一、物业的基本状况

1. 项目全称: 深圳市公安局（见图4-9）。

2. 管理情况: 通过政府采购中心市场招标。

3. 客户: 单一业主为深圳市公安局。不设两金, 所有的维修（大、中）均为业主提供费用。

图4-9　深圳市公安局

4. 地址: 深圳市罗湖区解放路4018号（见表4-1）。

项目周边环境分析　　　　　　　　表 4-1

| 序号 | 类别 | 名称或内容 | 所处位置 |
|---|---|---|---|
| 1 | 市政 | 大剧院地铁站 | 深南东路 |
| 2 | 商业 | 地王、万象城 | 深南东路 |
| 3 | 餐馆 | 星期五西餐厅 | 解放路 |
| | | 蔡屋围大酒店 | 解放路 |
| | | 环宇大酒店 | 红岭路 |
| | | 元绿寿司 | 深南东路地王大厦负一楼 |

续表

| 序号 | 类别 | 名称或内容 | 所处位置 |
|------|------|-----------|----------|
| 4 | 医院 | 深圳市中医院 | 人民桥 |
| | | 阳光医院 | 深南东路 |
| | | 曙光医院 | 红岭路 |
| 5 | 银行 | 工商银行深圳市分行 | 深南东路 5055 号金融大厦北座 |
| | | 工商银行深巷支行 | 深南东路地王大厦一楼 |
| | | 农业银行 | 解放路 |
| | | 发展银行 | 深南东路 |
| | | 交通银行 | 深南东路 |
| | | 建设银行 | 深南东路 |
| | | 招商银行 | 深南东路 |
| 6 | 学校 | 广播电视大学 | 解放路 |
| | | 成教学院 | 解放路 |
| | | 桂园小学 | 宝安南路 |
| | 幼儿园 | 机关幼儿园 | 深南东路人民桥 |
| 7 | 办公辅助 | 工商银行（深巷支行） | 公安大院指挥楼七楼 |
| | | 照相馆 | 公安局窗口楼办证厅 |
| 8 | 印刷 | | 解放路名仕阁一楼 |
| 9 | 摄影 | 婚纱影楼 | 宝安南路 |
| 10 | 公园 | 荔枝公园 | 红岭路 |
| 11 | 其他 | 书城 | 深南东路 |
| | | 气象局 | 解放路 |
| | | 大剧院 | 深南东路 |
| | | 东门步行街 | 解放路 |

　　5. 物业状况:写字楼、住宅、招待所。单体多栋（包括:指挥中心大楼、窗口楼、信访楼、荔香楼、工勤楼、食堂、行动技术楼、办公楼、松园接待站、红宝路单身宿舍）(见表 4-2 )。建筑面积共计 129760.97 平方米。

项目物业状况 表4-2

| 楼宇名称 | 层数 | | 面积（平方米） | 备注 |
|---|---|---|---|---|
| | 总层数 | 分层数与功能 | | |
| 指挥大楼 | 地下层，地面层 | 首层大厅，办公层 | 129760.97 | 无分栋与分层面积数据 |
| 窗口楼 | | 1～2层大厅 | | |
| 信访楼 | | 1层大厅，2～3层办公 | | |
| 荔香楼 | 6层 | | | |
| 工勤楼 | 两个部分 | 办公区及部分警卫班宿舍 | | |
| 食堂 | 5层 | | | |
| 行动技术楼办公楼 | 7层 | 办公区 | | |
| 松园接待站 | 两栋 | 住宅区和招待所 | 4950.00 | |
| 红宝路宿舍 | 两栋，各七层 | 住宅 | 6320.00 | |

6. 配套设施设备

（1）公众场所及设施（见表4-3）。

公共场所及设施 表4-3

| 名称 | 数量 | 备注 |
|---|---|---|
| 地面停车场（停放私家车和公务车） | 1个 | 187个车位免费 |
| 指挥大楼地下停车场 | 1个 | 379个车位免费 |
| 窗口楼地下停车场 | 1个 | 49个车位免费 |
| 对外收费停车场 | 1个 | 59个车位 |
| 松园接待站地面停车场 | 1个 | 18个车位免费 |
| 健身中心 | 1个 | |
| 图书阅览室 | 1间 | |

（2）物业运行主要设备设施（系统）（见表4-4）。

物业运行主要设备设施 表 4-4

| 序号 | 设备设施名称 | | 数量 | 规格型号 | 生产厂家名称 |
|------|------|------|------|------|------|
| 1 | 供配电系统 | 变压器 | 8 台 | 1250kVA | |
| | | 变压器 | 2 台 | 630kVA | |
| | | 低压配电柜 | 94 个 | GCL | |
| | | 高压开关柜 | 19 个 | ABB | |
| | | 发动机 | 2 台 | 康明斯 1000kVA | |
| 2 | 给排水系统 | 生活水泵（高区） | 2 台 | 22kW | |
| | | 生活水泵（二区） | 3 台 | 15kW | |
| | | 地下水池 | 1 个 | 650 立方米 | |
| | | 高区水池 | 1 个 | 28 立方米 | |
| | | 污水泵 | 64 台 | 4kW | |
| 3 | 电梯 | 客梯 | 9 台 | 三凌 | |
| | | 消防梯 | 3 台 | 三凌 | |
| 4 | 消防系统 | 消防栓泵 | 4 台 | 高区 110kW，低区 55kW | |
| | | 喷淋泵 | 2 台 | 75kW | |
| | | 增压泵 | 4 台 | 15kW | |
| | | 水幕 | 2 台 | 45kW | |
| | | 消防自动报警系统 | 一套 | 美国爱德华 EST-3 | |
| | | 消防栓 | 358 个 | | |
| | | 灭火器 | 1124 个 | | |
| | | 消防正压送风机 | 23 台 | 11kW | |
| | | 地下室排烟风机 | 25 台 | 7.5kW | |
| 5 | | 门禁系统 | 一套 | | |
| 6 | | 摄像头 | 240 个 | | |
| 7 | | 硬盘录像机 | 16 台 | BSR/J3004 | |

## 二、组织架构与人员配置

### 1. 管理处组织架构

管理处组织架构（见图 4-10）

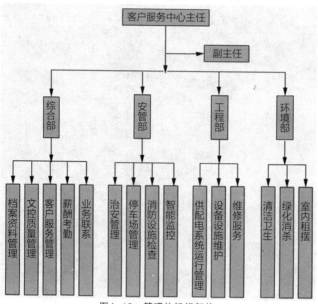

图4-10　管理处组织架构

### 2. 人员配置

客户服务中心共有员工 93 名。其人员配置情况如下：主任 1 名，主任助理 1 名，管理员 5 名，客服主管 1 人，客服员 5 名，维修主管 1 人，维修 19 名，安全主管 1 人，安管主管 1 人，安管班长 5 人，安管员 53 人。

## 三、房屋本体及公共设施设备管理

（一）高低压供配电

1. 公安大院供电负荷分为三类：消防负荷：电梯、水泵、防排烟、事故疏散照明等；保证负荷：为电梯、生活水泵等；其余为一般负荷。大厦内配置干式变压器 10 台，目前投入使用 2 台，分别安装在负一层配电室，该建筑 20kV 电源由红岭变电站（10kV）和通心岭变电站（10kV）两条母线电力电缆引两路电源至该建筑高压配电室。

2. 公安大院根据高层建筑配电的设计标准，分为 2 个独立的低压配电房，担负指挥大楼、窗口楼、行政技术大楼、工勤楼及接待站设备的动力用电，高压配电柜采用 ABB，低压配电柜断路器采用 GCL 控制开关，可靠的产品保证了公安大院供配电安全稳定的运行。

（二）电梯维保

公安大院电梯采用上海三菱公司生产的"三菱"电梯，独立的消防电梯、货梯、客用电梯。所有电梯采用群控方式，从而达到了节能的效果。

公安大院电梯保养实行外包制，与有专业资质的保养单位签订保养合同，维保人员实行 24 小时值班，管理处对电梯制定了详细的保养计划、电梯困人紧急救援方案，每日工程人员对机房电梯进行巡视检查，对故障电梯立即停止运行检修，并告知业主，确保电梯安全平稳的运行。

（三）公安大院智能化系统

大院行政楼及整个区域共安装了 240 个摄像头，16 台硬盘录像机；有效地监控区域的动态，没有死角。

（四）火灾报警及消防控制系统

依据《火灾自动报警系统设计规范》公安大院建筑属一类高层建筑，为特级保护采用控制中心报警系统，在大厦一层设中控室，消防主机设备选用美国"爱德华 EST-3 型"消防报警主机，采用总线制的综合布线方式，并且在行政大楼、指挥大楼、工勤楼组成网络控制系统。按照消防系统设计要求规范，火灾自动报警系统中布置了光电感烟探测器、感温探测器、红外光束探测器、声光报警器、警铃及手报按钮、消防电话、水流指示器、喷淋、广播及各类控制模块，酒店部分采用具有声光报警的警铃。

（五）联动控制柜

1. 公安大院消防联动控制柜选用美国爱德华消防设备公司研发的智能化控制联动系统，在发生火灾时，联动控制柜在接收到火灾报警主机发出的信号时，自动将火灾楼层的电梯迫降、联动防火区域的防火卷帘、开启正压送风、强排烟风机、切断着火楼层的非消强切电源、启动消火栓喷淋水泵。

2. 公安大院除了在建筑的公共区域按照消防的设计规范安装配置必要的消防设施设备外，而且接待站室内也安装配置了烟感、温感、喷淋、应急广播设施，为业主及客人的安全提供了可靠保障。

（六）七氟丙烷气体灭火系统

该设备安装在负一层的发电机房，当发电机房发生火灾时本系统联动相关设备停止发电机运转，释放气体起到灭火及保护作用。

根据建筑设计要求，在大厦设置 2 台 1000kW 应急柴油发电机，品牌为英国康明斯，主要用于在遇到大厦停电时，发电机在 15 秒内自动启动，供大楼的消防设施设备用电确保大厦的安全。

（七）火灾应急广播系统

1.公安大院严格遵循对公共 / 消防广播工程项目各个场地的具体技术要求，同时参照国家有关声学标准，按照场地的实际情况和使用功能要求，进行公共 / 消防广播系统的设计和设备配置，使系统的设计技术标准规范、设备标准规范、工程标准规范完全符合国家有关条例及规范。设计是根据甲方的要求，综合吸取当前国内消防系统的先进技术，设计成一套设备先进、格调高雅、音质优美、功能齐全的现代化背景 / 紧急广播系统。所配置的主要设备均选用名牌产品以确保高超的性能指标，而辅助设备则选用进口或国产可靠品牌以适当降低造价。运用从事公共广播的设计和施工多年的理论和实践经验，精心搭配组合，确保性能优异。

2.广播系统采用有线定压传输方式，传输电压 70V 或 100V。在环境噪声大于 60dB的场所设置的扬声器，在其播放范围内最远点的播放声压级应高于背景噪声 15dB。客房设置专用扬声器时，其功率为 1w 的扬声器。

3.在发生火灾时消防控制室将火灾疏散层的扬声器和公共广播扩音机强制转入火灾应急广播状态。

（八）消防系统维护保养

公安大院时刻将业主的生命安全放在首位，公司制定了详细的设备保养计划，安排周检、月检、年检计划，责任到人。每季度进行一次大规模的消防实战演习，聘请有资质专业的消防维保公司对主机设备和末端报警设备进行检查维保，确保设备的正常运行。

（九）网络通信系统

在大楼的负一层设有中国电信基站、中国联通基站、中国移动基站。

为了住户能正常接收收看到非富多彩的数字电视节目，深圳天威视讯有限公司采用铺设光缆，将电视信号输送到松园接待站和红宝路宿舍各楼层的主放大器；节目共计 52 套业主观看。

（十）门禁、监控系统

根据安防需要、建筑的布局和消防的要求，分别在指挥大楼、窗口楼、信访楼、行政技术楼、工勤楼设有 IC 卡门禁，设备系统电脑实现 24 小时的监控，对各通道门禁的刷卡记录自动保存，方便随时的查阅读取进出资料；为了业主的方便，公安大院 IC 卡实行门禁、车卡一卡通用的方式，方便业主的使用。

（十一）先进的停车场管理系统

公安大院停车场采用先进的停车场系统管理软件和控制闸机，实行进场和出场车辆的视频图片抓拍对比功能、一卡一车、场中场出口收费模式控制大厦的车辆进出。

指挥大楼地下停车场有 379 个车位供业主免费使用，地面有 187 个免费车位，窗口地下有 49 个车位供业主免费使用；对外有 59 个车位供市民有偿使用。

完善的监控系统，监控中心监控设备 24 小时全天候的对大楼的外围和楼层 320 多个监控点位进行全方位的监控，中心的硬盘录像保存时间最长的达 3 个月以上，对大楼实行人防与机房的结合管理，确保大楼的安全。对外围安装了多个智能化中速球机，对广场实行全方位的监控，做到无死角和盲区，保障了大院的安全。

（十二）中央空调系统

1. 公安大院根据不同的使用功能，采用不同的空调方式，其中指挥大楼、行政技术大楼、窗口楼、工勤楼、信访楼采用中央空调方式，红宝路宿舍则采用分体式空调方式。

2. 公安大院空调主机房设于大楼 X 层；配有离心机组 5 台、螺杆式 2 台、活塞机 2 台及冷冻、冷却泵、冷却塔等空调辅助设施，供窗口楼、工勤楼、信访楼使用。中央空调主机采用先进的电脑触摸显示屏，操作主机的运行，通过电脑记录的数据对主机的运行状态参数进行分析，从而达到高效节能的运行。

（十三）公安大院给排水系统

公安大院水泵房设于地下负三层，选用进口水泵设备，水泵的扬程为 1.2MP，大厦以城市自来水作为水源，全天日用量 50 立方，生活给水与消防给水为一个水池，并且在大楼地下负三层设有 630 立方的蓄水池（生活用水 50 立方、消防用水 580 立方），大楼供水分为高区（16 层以上）和低区个区域（15 层以下），其中 1 层至 4 层由市政水压直接供给，高区水箱采用变频加压后供水方式。

公安大院排水系统为雨污分流制，污水排放量每日约 50 立方，而且食堂的厨房废水经室内隔油器和室外的隔油池处理后与其他废水一起排入市政排水管网。

公安大院在生活供水管理上，制定了严格的管理制度，对各区域的水箱做到每日巡查，对水箱盖加锁管制防止意外的事故发生，大厦严格按照深圳市生活用水的管理规定，与专业的清洁公司签订水箱清洗合同每年 2 次清洗各区域的蓄水池，每月对水箱的水质进行检测化验，确保用户用水的安全。

## 四、安防管理

（一）各岗位工作流程

1. 大门岗工作流程。

2. 荔香楼停车场工作流程。

3. 办证楼地库入口岗的工作流程。

4. 指挥大厦地库入口岗工作流程。

5. 指挥大厦地库出口岗工作流程。

6. 指挥楼左侧岗工作流程。

7. 大院后门岗工作流程。

8. 指挥大厦后门岗位工作流程。

9. 监控室岗位工作流程。

10. 窗口楼停车场进出岗位工作流程。

（二）安管员巡视检查规程

制定安管员的巡逻路线和时间，明确安管员在巡逻过程中的工作方法和需要注意的事项，确保辖区的安全。

1. 巡逻的要点。

2. 巡逻的内容。

3. 巡逻时间和巡逻路线。

（三）突发危急事件的应急处理预案

1. 危急事件分类

可划分为安全事件、公共事故、自然灾害 3 大类。安全事故事件主要为火灾、重大刑事案件、人员伤残及死亡、群体闹事事件、恐怖袭击等；公共事故事件主要为供电、供水、供冷暖及电梯等重大设备故障和安全生产事故，水管爆裂、水浸，煤气泄露，建筑灾害等；自然灾害事件主要为台风暴雨、水灾、地震、山体滑坡等。

2. 应急预案

（1）当发生严重暴力犯罪和劫持人质事件时的应急预案。

（2）发现人为爆炸物或疑似爆炸物的应急预案。该预案可分为三种情形：收到外来恐吓信息（电话、邮件或其他信息渠道；发现大院内或某办公大楼被放置爆炸物或疑似爆炸物；办公大楼某区域发生爆炸）。

（3）发生火灾时的应急处理预案。

（4）对上访人员及群体闹事的处理预案。

（5）楼层巡逻人员发现异常情况的处理预案。

（6）停车场车辆碰撞处理。

（7）强行搬运物品出门的处理。

（8）发现匪徒、盗贼时应急处理。

（9）发生有争吵、斗殴情况的处理。

（10）遇急症病人的处理。

（11）发现有客户酗酒闹事或精神病人处理。

（12）传染疫情的处理。

（13）公共事故（设备设施突发事件的应急处理预案）。

（14）自然灾害（台风、暴雨应急处理预案）。

# 五、环境管理

1.清洁卫生。负责市公安机关大院的清洁工作，为业主、客户提供舒适、整洁的办公环境。根据公安各职能部门的作息时间，合理地安排各区域的清洁工作，将清洁卫生工作安排在无人时间段；用户上班期间，将保洁工作寓于"隐形服务"之中，实施"零干扰"工作方式。制定合理的保洁路线，在各出入口、楼梯、通道加强保洁，保持通道畅通和干净，为用户提供一个清洁、优美、舒适、宁静、环保的工作环境。

2. 绿化管理。负责市公安机关大院的绿化管理工作，让业主、客户在怡然惬意中感受绿色和温馨。管理员负责依据绿化合同约定和《绿化检查标准和扣分标准》对分包方提供服务的实施情况和有效性进行检查、监督和考核，并将评分结果上报主任审核。主任负责对管理员的工作进行抽查及当月考评的审核。

3. 消杀管理。负责市公安机关大院的消杀工作，控制苍蝇、蚊子、老鼠、蟑螂的密度，营造舒适、整洁的办公环境。

# 六、会务与接待服务

## 1. 接待级别

一级接待：对国家、省级领导、外宾和甲方主管领导陪同来访，总指挥为事业部经理，参加陪同与服务人员由事业部经理确定。

二级接待：对市级领导、外宾和甲方主管领导陪同来访，总指挥为事业部经理，参加陪同与服务人员由事业部经理确定。

三级接待：公司主要领导、甲方主管领导来访，总指挥为管理处主任或主任助理，并确定陪同与服务人员。

图4-11　会议室

**2. 接待要求**

（1）客服人员接到会务、接待通知后，将信息快速传递到相关部门，并在《客户服务需求记录表》上记录，同时填写《＿级接待通知单》，根据接来访人员确定接待级别，及时通知总指挥。

（2）总指挥通知各部门主管，做好各项接待准备，安排工作人员做好服务准备工作。

（3）根据接待级别，陪同人员应陪同客户参观，随时准备解决突发情况与解答，当电梯人同超载时，应先让客人先乘，随后跟上或根据情况就地等待。

（4）迎接时间规定：一级和二级接待提前60分钟到场；三级接待提前20分钟到场。

（5）送离时间规定：各级别接待必须在确定客人离开后，方可离开。

**3. 会务服务与接待会前流程**

（1）环境管理部接到会务服务需求后，安排清洁桌椅、花卉摆放。

（2）安管部接到会务服务需求后安排好维持秩序、车辆指引等协调工作。

（3）工程部负责对来访楼宇的公用设备（如：电梯、空调设施等）进行检查；打开指挥楼大屏幕；通知电梯公司派人为来访客人准备专用电梯服务。

（4）综合部对会务与接待准备进行跟踪检查。

### 4. 会务服务与接待会后流程

（1）环境管理部负责组织清洁人员进行会场清洁、花卉搬运、桌椅摆放等。

（2）安管部协调会议人员疏导，会场关闭前进行安检。

（3）工程部关闭楼宇的公用设备，如：空调设施、指挥楼大屏幕等。

### 5. 专梯、接待花篮摆设

一、二级接待：安管人员戴白手套提前15分钟在专梯前等候，迎宾小姐在电梯口准备迎接和带宾客入座。休息室主、宾贵宾沙发间的茶几上需摆放会议台面花篮，花的高度不超过25公分；会议台上需摆放会议台面花篮，花的高度不超过25公分；接待餐桌上需摆放会议台面花篮，花的高度不超过25公分。

三级接待：为普通接待，接待要求需征询主宾意见后按主宾意见办理。

# 七、装修管理

负责公安大院管理服务中心所辖区域的后勤处通知范围的装修管理。根据后勤处通知的装修范围实施装修消防、安全监督管理，确保装修过程的消防、安全监管达到后勤处的要求并得到有效控制。

Chapter 5

# 第五章
# 文化场馆物业经营管理

［第一节］
文化场馆类物业经营管理概述

# 198

## 一、文化场馆物业简述

　　文化场馆类物业，通常包括图书馆、科技馆、档案馆、博物馆、美术馆、纪念馆、青少年宫、工人文化宫、传媒设施、音像影视制作基地等。文化场馆是我国公共文化服务设施的基本内容，是发展文化事业和文化产业的重要支撑，是广大群众共享基本公共文化服务的主要场所。合理建设和利用文化场馆设施，是我国建设文化强国、促进文化大发展和大繁荣的当务之急。近年来，党和国家提出要加强公共文化服务设施建设，随着政府财政投入的增加，全国各地博物馆、艺术表演场馆、科技馆和体育馆等文化场馆数量大幅增加。为帮助读者对文化场馆有概略了解，现将代表性场馆类型简要陈述如下：

　　1.传媒设施。新闻传媒设施包括广播电台、电视台、报（刊）社等。在一些地方还把多种传媒机构置于同一幢大型建筑中。如广东省佛山市新闻中心就是一栋超大的现代建筑，它将佛山电视台、佛山电台、佛山日报和传媒集团集中于一体，标新立异的建筑风格使它成为佛山市的城市标志性建筑物，为佛山市新闻传媒的发展提供良好的环境和一流的设施。它是佛山市委、市政府的新闻发布中心，是佛山市对外交流的一个重要窗口。

　　2.图书馆。图书馆是搜集、整理、收藏图书资料以供人阅览、参考的机构。是为读者在馆内使用文献而提供的专门场所。国际图书馆统计标准中"图书馆的分类"一章将图书馆划分为：国家图书馆、高等院校图书馆、其他主要的非专门图书馆、学校图书馆、专门图书馆和公共图书馆六大类。中国知名的大型图书馆有中国国家图书馆、上海图书馆、南京图书馆、中国科学院国家科学图书馆、北京大学图书馆、重庆图书馆、山东省图书馆、四川省图书馆、天津市人民图书馆、广东省中山图书馆等。图书馆的社会教育功能有：思想教育的职能、两个文明建设的教育职能、文化素质的教育职能、丰富群众文化生活教育的职能等。

　　3.科技馆。科学技术馆（简称科技馆）是以展览教育为主要功能的公益性科普教育机构。主要通过常设和短期展览，以参与、体验、互动性的展品及辅助性展示手段，以激发科学兴趣、启迪科学观念为目的，对公众进行科普教育；也可举办其他科普教育、科技传播和科学文化交流活动。在开展展览教育的同时，科学技术馆还组织各种科普实践和培训实验活动，让观众通过亲身参与，加深对科学的理解和感悟，在潜移默化中提高自身科学素质。中国科技馆数目不断增加，各省市为适应地区科技教育发展纷纷兴建科学技术馆，其中比较著名的科技馆有中国科技馆、武汉科技馆、黑龙江科技馆、湖南省科技馆、上海科技馆。

图5-1

4. 档案馆。是收集、保管档案的机构。负责接收、征集、管理档案和开展档案利用等。根据《档案法》和有关文件的规定,档案馆属于党和国家的科学文化事业机构,是永久保管档案的基地,是科学研究和各方面工作利用档案史料的中心。档案馆所保存的档案,有些是有机密性的。档案馆又具有机要性。档案馆的具体任务,主要有三个方面:接收和征集本级各机关、团体及其所属单位具有长期和永久保存价值的档案以及有关资料,科学地管理;通过多种方式,积极开展档案资料的利用工作;参与编修史志工作。根据《档案法》的规定,对馆藏形成年满 30 年的档案要分期分批向社会开放。为此各级档案馆积极进行开放工作,截至目前共开放档案 3200 余万卷。

图5-2

5.博物馆。是指收藏、保护、研究、展示人类活动和自然环境的见证物，经过文物行政部门审核、相关行政部门批准许可取得法人资格，向公众开放的非营利性社会服务机构。利用或主要利用国有文物、标本、资料等资产设立的博物馆为国有博物馆。利用或主要利用非国有文物、标本、资料等资产设立的博物馆为非国有博物馆。博物馆应当发挥社会教育功能，传播有益于社会进步的思想道德、科学技术和文化知识。

图5-3

6.文化馆。文化馆为政府设立的公益性文化事业机构，是面向群众开放、为群众提供文化服务的公共文化场所，是承担政府公共文化事业、繁荣群众文化的主导性业务单位，一般属政府文化部门主管。文化馆主要职能是:（1）举办各类展览、讲座、培训等，普及科学文化知识，开展社会教育，提高群众文化素质，促进当地精神文明建设。（2）组织开展丰富多彩的、群众喜闻乐见的文化活动和流动文化服务。内容涉及音乐、舞蹈、戏剧、曲艺、美术、摄影、书法等方面，形式包括常设阵地活动和社区、乡镇、广场文化等。（3）指导群众业余文艺团队建设，辅导和培训群众文艺骨干，组织并指导群众文艺创作。（4）收集、整理、研究非物质文化遗产，开展非物质文化遗产的普查、展示、宣传活动，指导传承人开展传习活动。

# 二、文化场馆物业管理的内容和特色

## 1.高品位的物业常规管理

文化场馆类物业的常规物业管理，主要包括：基础管理，房屋及共用部位、共用设施的管理与维修养护，共用设备及其运行的维护和管理，清洁卫生管理，绿化养护管理，保安及停车管理，消防管理，装饰装修管理，档案管理等。在这一方面，物业服务机构要注重各类常规管理的高品位，并注重各类文化场馆的个性。如秩序管理方面，物业管理机构工作人员要配合馆方维护基本秩序：如严禁在图书馆内吸烟；保持室内整洁，禁止将食物及饮料带入馆内；勿随意搬拽阅览桌椅；保持馆内安静，以免影响他人阅读；尊重管理人员，做文明读者；爱护书刊资料及一切公共财物，请勿涂抹、撕毁、私藏书刊等。

### 2. 以专业化的安全管理提升场馆安全系数

文化场馆对象主要为综合楼宇，其特点为面积大，功能复杂，人员稠密而流动频繁，是否能管好文化场馆的安全，确保各部分正常运作，是衡量物业管理价值的重要因素。文化场馆属开放性环境，安全管理概念正变得越来越复杂化、严格化，已不仅仅局限于物业方面的安全保卫，还包括犯罪、意外事故、自然灾害及危险物等紧急事故造成的安全保护问题。安全人员所承担的责任随着社会的发展和需求的变化而不断增加。对于密集性的文化场馆而言，若发生紧急事故后处理不当或不及时，将会造成无法估量的生命财产损失。因此，专业化的物业管理会设计一套有效的紧急事故处理程序，该套程序为诸如火灾、电源失控、水管爆裂、犯罪活动、爆炸威胁、电梯事故、严重伤病等紧急事项做出基本准备，能有效降低紧急事故的伤害。

### 3. 细致化的客户服务

文化场馆物业管理服务对象较多，由于物业的公益特征，物业管理人员在日常工作中，随时都可能会接到客户的各种服务要求，因此，物业公司的日常工作可以纳入客户服务内容，为顾客提供各种细致服务，尽可能地保护顾客的利益。文化场馆物业管理实施细致化、人性化的服务方针可促进文化场馆及物业公司提高服务质量，加强成本控制。实施细致人性化的服务战略，打破以往物业管理呆板、教条的模式，搭建集办公、参观、科研于一体的和谐服务平台，让物业服务的消费主体享受服务、尊重服务，有助于建立适应于文化事业的物业工作新模式，促进物业管理方式方法的细化与创新，实现物业资源要素的优化配置。

### 4. 配合场馆管理方开展专业文化服务

如在科学技术馆，物业机构要配合馆方开展常设和短期展览及其他科普教育、科技传播和科学文化交流活动。在文化馆，物业机构要配合馆方组织开展丰富多彩的、群众喜闻乐见的文化活动和流动文化服务等。在博物馆，物业机构要配合或直接参与馆方的展场管理与讲解服务，亦可开展一些特色服务。如广东省博物馆（新馆）致力于为博物院和专业爱好者搭起桥梁，引进志愿者服务。向学校，居委会等沟通，尝试成立博物院支援志愿者。博物院前台的咨询，展厅讲解，书店、礼品屋的服务工作主要由志愿者承担，他们还可协助博物馆专业人员从事研究、教育、组织展览等工作。作为回报，志愿者不仅可以得到政府的相关优惠政策，还可以得到博物院提供的各种基本福利，包括在博物馆商店、餐厅、食堂消费打折；免费寄送博物馆出版物，如展讯、画册等；参加特别为志愿者举办的活动，如预展、招待会、讲座等等。

**5. 全方位一体化后勤服务保障**

随着管理的专业化，文化场馆管理方日渐习惯于专攻各自主业，而会议、接待、餐饮、医疗等一般后勤服务事项则逐步采用分包形式委托物业服务机构或其他社会机构有偿提供。在此背景下，物业服务机构要积极响应甲方要求提供全方位一体化后勤服务，如此既能增加物业经营的盈利点，也能丰富物业服务内容，提高客户粘性和满意度。如在广东省博物馆新馆，物业管理服务方不仅负责省博物馆新馆和鲁迅纪念馆及红楼所有展览区域内的管理及承办的所有展览的讲解工作，包括基本陈列及不断更新的临时展览。而且负责博物馆的会务接待、职工饭堂服务、医务室服务，及职工之家和后勤收发服务。

# 三、文化场馆物业经营管理应注意的几个问题

**1. 积极争取政府在政策和资金上给予扶持**

文化场馆作为非营利的永久性机构，它的公益性质注定没有太多的社会资金来源。面对当前规模大、文物多、管理环境复杂这种新形势下的物业管理工作，运行资金困难越显突出。而真正要充分体现文化场馆资源的社会作用，良好的物业服务也是不可或缺的。文化场馆物业管理部门应当根据设备设施的使用寿命及日常运行情况，制定翔实的维护保养计划，再按照分解后的年度维保目标及时进行经费审批。在申请政府加大财政拨款一次分配力度的同时，文化场馆在进行部门间的二次分配时不应忽视物业管理经费的审批，压缩或挪作其他业务部门使用。高品质的展览配以完善的物业管理可谓是相得益彰，没有强有力的后勤服务保障，再完美的展陈艺术也得不到最彻底的绽放。

**2. 配合馆方拓展服务范围获取经济利益**

文化场馆由于具有意识形态属性和公益性质，其运营不同于一般的企业，也不同于一般的文化企业、文化场馆的公益属性，决定了其运行效果评价标准为社会效益最大化。作

为运营主体的企业，又在客观上是追求经济利益的，如果没有经济利益作为保障，社会利益也无法实现。企业要在做好公共服务的前提下，拓展服务范围，通过举办有偿讲座、培训、文化展演、提供咨询等多种方式获取经济利益。打造文化企业品牌形象，探索公共文化场馆连锁经营，将文化场馆运营机制作为"产品"在区域内营销，甚至拓展至全国各地。

### 3. 以节能降耗为核心，促进低碳物业管理的智能化发展

目前，大部分文化场馆的运营经费全部依靠国家财政支持。在全国大力践行低碳发展的形势下，文化场馆管理者也要以低碳为核心，以节能环保为目标，把握自身的能耗定位，按照定位提出具体的实施方案，督促、检查各业务部门及物业公司的节能降耗工作，在满足馆舍日常基本需求的前提下减少碳排量。在馆舍新建扩建的过程中，注重新材料、新技术、新能源的利用；在运营中，采取节能降耗、低碳环保的措施并充分利用可再生资源，构建低碳绿色的物业运营模式，能够有效降低能源消耗，节省财政开支。倡导低碳物业管理，引导物业公司的经营管理模式向低碳物业管理模式转变，提高物业管理对可再生能源、资源的循环利用率，有益于推进新型"绿色场馆"的建设进程。物业公司则应当在日常工作的方方面面切身实践节能降耗，将"低碳"的工作方针融入到每一层工作细节当中，为业主及参观者提供低碳的生活氛围和理念，促进低碳物业向智能化管理方向发展，使每一位文博事业的参与者都自觉做到"文博事业也需要低碳，低碳是为了更科学的发展"。

### 4. 建立健全物业管理监管机制

当前，国内文化场馆的物业管理主要有两种模式：一种是通过招标引进社会物业服务公司进驻管理（即委托管理）；另一种是文化场馆原有物业部门自行招聘劳务人员进行物业管理（即自行管理）。文化场馆管理者可以充分利用市场经济的竞争机制，选择服务好、收费合理的物业公司；并且定期进行市场调研，紧跟市场步伐，及时淘汰管理理念落后、服务质量差、管理水平不高的物业管理企业。一方面，文化场馆应当配备自己的物业管理人才，加强专业技能培训；另一方面，通过社会招标引进口碑好、管理规范的物业公司。凭借文化场馆管理部门的优质技术力量，再依托物业公司雄厚的人力资源，共同构建物业管理"1+1"团队运营模式。物业管理公司的运作以经济效益最大化为主要目标，服务团队需要在满足公司效益和馆舍服务质量的双重要求中间寻找平衡点，一旦失衡就会导致物业管理不到位，维修不及时，服务质量不高，服务效果不佳。文化场馆培养自己的物业管理骨干，形成自己的专业精干队伍，再借助社会上规范的专业技术操作人员进行场馆规模化的物业服务工作，既可保障及时做好机电设备的运行保养和设施维护工作，避免对物业公司产生过分的技术依赖，又可对物业公司的服务进行有形监督，避免物业公司管理失衡导致服务下降。

［第二节］
# 文化场馆物业经营管理的策划与运作案例展示

## 案例01: 佛山市新闻中心物业管理服务整体策划

## 一、项目背景

佛山市新闻中心是一栋超大的现代建筑，它将佛山电视台、佛山电台、佛山日报和传媒集团集中于一体，标新立异的建筑风格使它成为佛山市的城市标志性建筑物，为佛山市新闻传媒的发展提供良好的环境和一流的设施（见图5-4）。它是佛山市委、市政府的新闻发布中心，是佛山市对外交流的一个重要窗口。

图5-4  佛山市新闻中心

作为业主之一的佛山电视台成立于1987年，拥有高起点的制作、播控及发射设备，电视信号覆盖整个珠三角，收视人口超过一千万。2004年，佛山电视台跻身经营收入超亿元行列。2005年，佛山电视台成为佛山传媒集团一员，整合南海、顺德、三水、高明四区电视及部分文化资源，踏上了全新的发展平台。近年，制作的节目先后获得"飞天奖"、"金鹰奖"等全国大奖，而且成功报道了亚洲文化部长论坛暨第七届亚洲艺术节盛况，经营收入继续稳步增长，正向着打造珠三角强势粤语媒体不断迈进。

佛山人民广播电台广东省有影响的电台之一，全台职工150多人。主持人阵容强大，名流荟萃，并拥有一批广播专业人才。他们始终以做好"党和人民的喉舌"为己任，以服务听众、服务经济建设为宗旨，成功地推出面向粤语地区平民百姓，以新闻资讯为先，娱乐休闲并重的广播节目。

2003 年 12 月 28 日，在佛山市政府的推动下，佛山整合全市报纸资源，组建了属于国有事业体制的佛山日报传媒集团，成立后的集团承担起党报的宣传职责和固有资产的保值增值的责任。整合后，《佛山日报》成为佛山市唯一的一张党报，是集团的主报，也是目前佛山市发行量最大的综合性日报，是当地社会影响最大的主流媒体。2005 年 1 月 26 日，佛山日报传媒集团改名为佛山传媒集团，并将佛山电视台、佛山电台纳入其中，成为地市级跨媒体集团的代表。

上述举措是佛山市积极深化文化广电新闻体制改革，整合文化、广电、新闻出版和网络资源，敞开胸怀，发展传媒事业迈出的重要一步，电台、电视台纳入传媒集团，令平面媒体与广播电视媒体一体化，是佛山传媒业整合的一大亮点，在全国都少见，而另外一个亮点就是文化单位与媒体的结合，这将有利于增强佛山传媒业的综合竞争力。由此应运而生的佛山市新闻中心的建设落成，更加成为佛山传媒事业发展史上的一件大事，整个工程充分体现了三家媒体既相互独立又整合的思想，既可实现信息资源的共享，同时又可使各家媒体的优势充分发挥。将进一步促进佛山新闻传媒随着佛山经济社会的发展逐步成长成熟，兴旺发达。

## 二、佛山新闻中心项目整体分析

### （一）物业特点

1. 建筑新颖、造型独特

佛山市新闻中心总建筑面积 94881.8 平方米，由 7 栋六至十二层框架建筑结构的建筑群体和一个装饰框架组成，包含演播室、录音室、新闻语录室、直播室、导演室、导控室、中心机房等使用功能，配套绿化用地、活动广场和停车场，整个建筑群体坐落在面向体育中心逐渐升起的山丘之上，高低错落的几何体建筑群围绕多变的信息"盒子"，形成统一在天幕之下的大小高低的院落，意喻着"山丘上的信息圣殿"，向人们传递着"共同感受同传媒信息做伴的现代生活"的气息，建筑物内有约 2.5 万平方米的中庭花园，体现了生态性和可持续发展的要求。大楼建筑宏伟，楼层面积大，大堂和走道宽敞，建筑风格别具一格。

2. 开放式建筑布局

共有十个出入口（含地下停车场出入口），整个建筑主体四周均不设围墙保护，建筑物分散且出入口较多，外围环境较为空旷。由于新闻中心设有露天演播广场，在进行直播节目活动时，大量聚集的群众，公众秩序维护能力和突发事件应急能力要求高，且经常组织大量国际性会议，安全保密级别高。

3. 设施设备齐备、智能技术先进

佛山市新闻中心建筑物理状况和品质均属一流，建筑质量达到或超过有关建筑条例或规范的要求；工程设计等级、消防等级、人防等级、防水等级均达到一级；项目各类设备设施齐全，且设计及功能一流。名牌中央空调，系统高效，能满足全天候使用需要；配置专有高低压配电设施和专用发电机组，供电总容量为7804kW，柴油发电机（备用）容量1000kW，大楼采用基于宽带平台的智能化（数字化）系统，包括计算机网络系统（CNS）、有线电视及卫星接收系统（CATV）、办公自动化管理系统、建设设备自动监控系统（BAS）等，智能化达到5A。物业属于高智能化建筑，通信设备多，防盗和防火安全也是整个安全保卫的重点工作。

4. 传媒部门所在地

佛山市新闻中心集合佛山日报社、佛山电视台、电台等多家新闻媒体的大型标志性建筑群，大楼定位为佛山市现代化传媒新闻文化中心，包括佛山市广播电视节目的制作、播出、传输；另有报刊采编、新闻发布、文化艺术表演及城市服务等多种功能，是佛山市传媒集团办理公务及对外交流的重要窗口。作为政府传媒部门所在地，资金集中、协同性工作多，人员出入频繁，安全防卫范围大且至关重要。

（二）物业管理需求分析

佛山市新闻中心是佛山市新城市规划中建筑规模较大和建筑结构非常独特、新颖的甲级写字楼，为了体现业主单位的高品质形象及物业的高档品位，相关的物业管理要求标准高。本案旨在策划向佛山市新闻中心提供一种创新、超前的"以人为本"的"五星酒店式"物业服务管理，为佛山市新闻中心业主创造"尊贵、高效、安全、舒适、清洁、方便"的办公环境。

1. 服务管理要注重佛山传媒集团形象

任何物业瑕疵与次质服务必然会降低物业的档次，损坏佛山市新闻中心的形象。适宜的管理模式，需要关注新闻中心社会形象，与传媒集团的文化风格及整体氛围相契合，匹配高层次的物业管理人员，采取先进的管理模式，确保物业服务的质量与效果，创造一流的办公与对外交流的环境，塑造具有佛山市新闻中心特色的文化氛围。

2. 把握物业功能特点，整合技术资源

新闻中心大楼功能多样且设施设备技术层次高，需要复合型人才的管理。最理想的技术组织方式是以主干专业管理人员为核心组建服务中心，以外围技术组织为补充，配齐各个专业口（电梯、中央空调、给排水、消防、供配电、客户服务、楼宇自动化、楼宇清洁、绿化、楼宇智能控制等）的专业人员，强化专业管理水平，而且要保证外围技术力量全面性、及时性、经常性的技术支持，这样才能合理安排管理资源，提高资源利用率，使物业管理的脉搏与物业功能脉搏频率协调，确保各类服务流程控制无缝连接，实现零缺陷服务目标，确保大楼安全无忧。

3.注重环境安全和职业安全管理，保持物业可持续发展的需求

佛山新闻中心大楼的安全管理涉及到楼宇消防安全、治安安全、设施设备安全、环境安全、职业安全等方面的内容，特别是需要注意新闻中心大楼的环境安全和职业安全。由于大楼配备的先进设备设施较多，噪声、废水、废气、废旧材料等污染源较多的特点，物业管理过程中对大楼的通风安全管理、排水安全管理、垃圾处理安全、建筑配套设备安全等方面有着很高的专业要求，需要加以强化控制。没有相关的专业技术支持，就无法保障新闻中心大楼的环境安全，本案拟建立 ISO14000 环境管理保障体系和 OHSAS18000 职业健康安全体系，确保物业可持续发展。

（三）物业管理难点和重点分析

1.以现代设备设施管理为重点

佛山新闻中心办公大楼智能化程度、技术含量较高，变配电、给排水、采暖通风、空气调节、消防安保、信息发布、音视通信等均实现了计算机全自动监控管理。管理这些高科技含量的设施设备，要求物业公司所提供的专业服务必须具备相应的技术支持能力，因此，对新闻中心办公大楼的智能设备管理成为公司提供优质服务的重点。

2.创建节能减排绿色物管新模式

佛山新闻中心办公大楼作为佛山市传媒集团的办公机构，在建立节约型社会过程中充当着以身作则的典范形象。由于大楼智能设备多，技术含量高，如何有效地做好技术节能管理管理工作是该项目管理的难点所在。这就要求公司在物业管理的日常运作中，不仅要摸索一套技术节能方式，而且还要采取有效的管理手段，达到管理节能的目的，真正做到业主与物业管理公司的双赢。

# 三、项目总体服务策划

借鉴国内外先进的物业管理思想、经验，结合公司对佛山传媒集团物业需求的密切关注，并从客户长远利益出发，公司确立了"星级酒店式"、"机关后勤综合一体化"服务模式。

（一）服务管理总体目标及服务定位

根据项目服务要求，针对佛山新闻中心高品质、尊贵超甲级写字楼定位，公司给出佛山新闻中心的服务总体目标（见图5-5）：

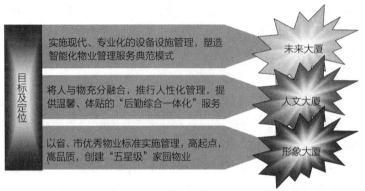

图5-5　佛山新闻中心的服务总体目标

（二）物业管理服务模式

1."五星级酒店式"服务，塑造新闻中心形象大厦典范形象

依据五星级酒店服务标准，建立鲜明独特的 VI 标识系统和统一标准的服务形象，制定严格的规范和标准，构建系统化作业流程，将"服务第一、顾客至上"的要求和"以人为本"的服务理念落实到日常管理服务工作之中，以准时、高效的贴心服务，对外展示其"形象大厦"的典范形象。

2. 后勤服务与支撑"综合一体化"服务，体现新闻中心人文大厦理念

"后勤综合一体化"服务模式，特别注重服务内容的一揽子综合性解决方案（传统物业服务、针对性的专项服务、委托性的特约服务），在技术、安全、保密方面突出知识、文化管理的要求，以"一站式"提供高效、优质的后勤支撑与服务（见图 5-6）。

图5-6　"后勤综合一体化"服务模式

3. 专业的设备设施管理，实现佛山新闻中心未来大厦愿景

在保障新闻中心设备设施正常运作的基础上，优化设备设施的运行与管理，为实现新

闻中心"未来大厦"的愿景提供强有力的设备设施管理技术支撑。根据大厦的定位和业主的需求，公司将充分运用智慧型管理方法，针对性地制定各类应急预案，配合标准化的规范和严格的服务管控机制，形成完善的设备设施维护方案，同时在全面、深入地掌握新闻中心建筑能耗情况下不断挖掘建筑节能潜力，通过采取一系列的节能管理措施和采用智能化技术提高科学管理水平，使新闻中心建筑物能耗设备系统在不同工况下高能效运行，实现进一步优化节能的目标，为业主大幅度地节省运营期的能耗费用。

（三）创新型、高标准、高水平物业服务设想

1. 服务超前性——主动管理、贴近服务

强调了解业主需求，做好"提前询问、提前解决、提前预防"的前置性服务工作。采取满意度调查、征询意见的方式，首先制定出前置性服务表格，由服务中心人员进行实地调查，通过当面沟通了解业主的需求，对业主所提出问题积极进行解决和协调，避免因信息不畅或问题解决不及时所造成的不良后果。

2. 服务"一站式"——站在业主的角度思考问题

服务中心由物业管理部主管客户服务，在新闻中心设客户服务中心，提供24小时电话服务方便业主快速解决问题。使客服中心成为服务中心的中枢，成为与业主之间的沟通平台，业主只需接触一个部门，就可以使问题快速解决或得到满意的答复。

3. 服务个性化——服务中创精品、细微处见真情

个性化服务是针对客人个人的日常生活习惯方式及服务需要，所制定的针对性服务，在佛山市新闻中心的一体化管理服务，公司拟建立个性化服务方式，为委托方提供星级酒店服务。包括建立个性化服务档案、强调人性关怀、亲情问候。

4. 服务的规范性——统一的形象、统一的标准、统一的质量

充分结合大楼新颖、前卫的设计形象，运用公司已经策划建立起来的CI系统、VI系统（标识）全面实施到新接管物业中，使新闻中心在标志系统、办公系统、制服系统、公共设施系统方面和谐统一，体现规范化。建立设备标示系统，完善机电设备档案。严格界定服务规范和物业事务处理规范，并制定出更为细化的标准和操作规程，如语言、衣着、巡逻情况、应急预案等，不断教育和完善员工的言行举止规范，使员工不断增强服务意识，端正服务态度，注重服务细节，提高整个服务质量。

5. 服务专业性——专业技术和品质，确保专业设备保值增值；充分运用计算机技术，实现集中控制管理，提高经济效益。

6. 服务保障性——应对大型活动需要，提供突发保障服务

公司将在佛山市新闻中心举办大型活动期间成立机动保安队服务，并提供餐饮配送服务、医疗保障服务、汽车运输服务、通信保障顾问服务特殊服务。

# 四、组织机构设置及运作

　　根据佛山新闻中心物业管理的要求及质量标准要求，公司将科学、合理地设置机构和人员。合计：共 201 人。另利用公司资源成立 30 人的应急小分队，专门用作消防、大型活动支持等应急服务。

（一）服务服务中心组织架构

　　佛山市新闻中心物业服务中心组织结构情况（见图5-7）。

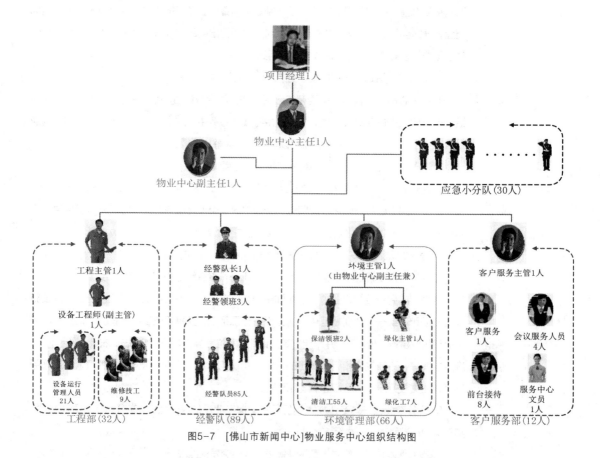

图5-7　[佛山市新闻中心]物业服务中心组织结构图

（二）服务中心运作模型

　　物业服务中心运作情况（见图5-8）。

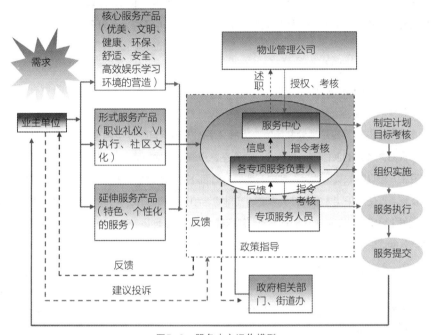

图5-8　服务中心运作模型

# 五、各服务模块的实施亮点

（一）秩序维护

1. 安全防范管理。电视台大楼、广播电台大楼、报业集团大楼是公司安全保卫的重点。新闻中心的保卫特点是人员流动量大，各类影响治安和交通秩序的情况都不同程度地存在。服务需求包括安全监控、巡视，东、南、西、北、东门梯道五个门岗24小时值勤，实行24小时封闭式管理，所有地点实行24小时不间断巡逻，消防监控，招标范围内的巡逻保安服务和室内公共巡逻保安服务，维护招标区域内的公共秩序，巡逻覆盖率达到100%，协助采购人做好消防宣传和教育工作，定期组织消防演练和培训。电台、电视台播控区门口须有固定值班保安岗。

2. 道路交通、停车秩序管理。包括地下停车场和地面车辆管理（含临时停车场），维持招标区域内车辆安全、无障碍的交通秩序。无因物业管理公司责任事故引发的车辆损坏、丢失事故。机动车辆管理纠纷率（因物业管理公司的管理疏忽）小于1%。

3. 大型活动安全保障服务。对于大型的记者接待、传媒新闻发布会以及上级单位检查等活动，公司将无条件根据贵单位的要求，增派安保人员，维持活动现场的公共秩序，并可同时担任咨询、指引、检票（按实际情况需要）等多项工作，保证各类大型活动的安全和顺利。

4. 消防管理（略）。

（二）环境保洁管理

1. 保洁管理

负责物业范围内包括公共场所、房屋共用部位和所有办公室内（特装物业区域除外，如电视台大楼内的演播室、直播室、录音室、声闸、摄像机室、灯检室、控制室等）的清洁卫生，垃圾的收集、清运，室内石地面、晶面处理、木地板打蜡维护，雨篷的定期清洁，以及重点部位按采购人的工作要求随时安排清洁和开荒清洁，每年一次清洗大楼外墙、天幕。提供员工食堂（伙房除外）清洁服务，包括餐厅的地面、墙体、天花、灭蚊灯等。按时巡视、清洁各楼层洗手间，保持洗手间清洁、干燥、无异味。

2. 公共绿化养护管理

按业主单位要求认真完成室内外时花、阴生植物和盆景的日常摆设、更替、保养，适时对植物进行施肥、淋水、杀虫、修枝、除尘和除草，保持植物的美观、鲜活、整洁。

另外，适逢节假日以及业主单位举办大型会议活动和迎宾活动之时，业主单位必将需要增加大量的鲜花及植物的布置摆放，公司将按照要求设计合适的方案，协助购买并摆设花卉，以满足业主单位的需求。

（三）设备设施运行、维护管理

公共用设施、设备维修、保养。包括：供电设备与线路（电视台供配电系统低压部分除外）、共用照明、暖通系统设备、独立空调系统、给排水系统设备、消防设施设备、安保技防系统、在线式电子、巡更系统及门禁系统、背景音乐及消防广播系统、火灾自动报警及消防联动控制系统、车库出入管理系统、计算机网络系统（CNS）、有线电视及卫星接收系统（CATV）、办公自动化管理系统、建筑设备自动监控系统（BAS）、多媒体查询系统、建筑管理（BMS）、水体系统等系统的维修、保养工作。

（四）大堂接待服务

公司将为佛山新闻中心提供热情主动、细心周到的大堂接待服务。服务区域：包括物业传媒集团大楼、广播电台大楼、报社大楼、电视台大楼写字楼，接待前台有4人，传媒集团、日报社、电台、电视台各一人。每一个接待员将做到时刻保持良好的仪表仪容、行为举止大方、谈吐文雅、自然得体，主动热情地为来访的客人服务，同时公司将配备一名高素质客户助理（大专以上，会懂粤语、普通话及英语），负责为前来新闻中心参观的人员提供向导及详细解释新闻中心情况的服务，让业主单位的接待任务更完善、更圆满成功。

（五）会议服务

传媒集团属下有很多新闻媒体单位。集团不但有大量的办公会议，而且对会议服务有较高的要求。公司将为佛山新闻中心物业的大、小型会议提供尊贵、贴心的星级服务。公司的宗旨是：让所有的会议开得"圆满，严谨，高效，轻松"。必须做到对会议中讨论的所有内容不打听、不泄漏，确保会议的机密性。

（六）大型活动管理

物业作为佛山市新闻传播展示的窗口之一，举办节日庆典、文艺会演、艺术交流等大型活动，以及上级单位进行检查时，都需要物业公司为活动提供安全保卫、绿化租摆、卫生清洁等服务。

1. 活动现场安全保卫工作

无条件按照活动规模需要，增派形象好、素质高、经过专业训练的保安人员，在维护活动现场公共秩序、保护公共财物的同时，还可以承担咨询、指引等多项工作，保证各类大型活动的现场秩序和安全。活动现场安全保卫工作的重点方面如下：

1）活动现场公共秩序的维持工作。

2）现场客户的资料咨询工作。

3）来宾的辨认、指引，会场检票工作。

4）现场公共财物的安全保卫工作。

5）来宾（尤其是少年儿童）的人身安全保卫工作。

6）活动现场的车辆行进、停放等指引工作等。

2. 绿化租摆服务

根据需要适当增加绿化人员，保证绿化植株的清洁、完好、长势良好等。公司还可以根据活动的规模、主题等，以及活动现场的实际情况，提出绿化租摆建议方案，在尊重物业要求的基础上，提出合理化建议，力求为活动创造美观的环境，最大程度地渲染活动气氛。

3. 活动现场的清洁、保洁工作

当举办大型活动时，公司将根据实际需要，增派清洁人员，无条件为活动提供清洁、保洁服务。活动中，保洁人员将保证现场设备设施、活动现场地面等的清洁，活动后收集所有垃圾、废品，集中做无污染处理，全面清扫、保洁有力，为活动提供干净、整洁的活动场所。

4. 特殊延伸服务

应新闻中心物业方面的要求，还可为大型活动提供其他多种人性化服务，例如带位员、检票员、礼仪服务、餐饮配送服务、医疗保障服务、汽车运输服务、通信保障顾问服务等特殊服务（服务合同外的服务项目按实际需要收取相关费用）。

## 六、综合节能管理建议

经过对新闻中心实际情况初步了解，该楼群主要的耗电设备集中在中央空调系统及照明系统，公司建议可以从大楼的照明系统、空调系统以及综合节能管理等多方面进行能源节约控制，通过相应的管理措施＋技术改造达到节能的目的。

通过对建筑物设备的功能使用、运行状态以及办公环境的布置等进行分析，结合气候（如不同季节，温湿度，日光的变化）情况、人员的流动等动态外部环境，对现有的流程、制度实施优化改进，通过制度化管理及人为干预对建筑物进行节能优化管理，并在企业全体员工中树立"节约一度电、一滴水、一张纸"的精细节约管理思想，达到制度管理节能的效果。

制度方面：公司将为贵单位制定《综合节能管理（系列）规范》并在贵单位内部发布，让管理制度深入人心；同时制定《设备节能管理规范》，并安排设备维护人员进行统一巡查、维护和管理。

人员方面：除组织"节能青年志愿者"进行能耗管理外，在贵单位每部门设立一个兼职节能监督员，监督本部门员工在开展工作时的能源使用状况，及时向主管领导和部门反馈，发现问题及时纠正。

数据分析：根据实施前后节能示范点的能耗对比，分析试点的能源使用状况，挖掘节能空间与潜力，定期向各部门通报能源使用状况以及相关节能意见。

## 案例 02：广州艺术博物院物业管理服务策划与运作

## 一、项目概况

广州艺术博物院位于广州市麓湖路 13 号，占地 2 万平方米，建筑面积 4 万平方米，前广场面积 2 万平方米，于 2000 年 9 月建成开放，是集古今瑰宝和岭南艺术大成的高雅的文化殿堂，华南地区大型的综合性艺术类博物馆（见图 5-9）。每年接待参观者约 70 万人。广州艺术博物院主要以收藏中国历代书画作品为基础，特别是以岭南地区的书画作品为重点，兼顾其他门类的历代艺术品，其中许多为国家一、二级文物，其品类及文化价值在全国艺术博物馆院中位于前列。岭南画派创始人高剑父、陈树人，第二代代表人物赵少昂、黎雄才、关山月、杨善深、杨之光，书画艺术大家赖少其、廖冰兄，收藏大家欧初、赵泰来，音乐家马思聪，在广州艺术博物院都有以他们名字命名的名人馆，还有中国历代绘画馆等专题展览馆。除展示丰富的藏品外，广州艺术博物院还举办各种中外文化交流活动，具有展览、收藏、学术研究、教育培训等多种专业功能。

广州艺术博物院现为爱国主义教育基地，对外免费开放（逢星期一闭馆）。

图5-9　广州艺术博物院

## 二、广州艺博院管理机构设置

目前，广州艺博院现有员工 83 人，全院设有十大部门，分别为业务类的保管部、陈列部、研究部、宣传教育部、教育培训部、拓展部，经营管理类的办公室、保卫科以及两个二级纪念馆的管理部门。

1. 办公室：主要负责全院的行政事务的协调管理工作。（1）负责文秘工作，收发文件、办理呈批和发文。（2）负责人事劳动工资管理和离退休人员联系管理。（3）负责会计核算、会计基础工作、会计档案建立及工会会计工作。（4）负责全院的绿化清洁卫生、防"四害"工作。负责车辆调度、驾驶和维修保养及全院电器设备日常运行维护保养工作。（5）负责组织基建项目的设计方案：申报请款；按规定组织施工队招投标，整理材料报送上级主管部门和对施工项目的监督、检查工作。负责对全院馆舍、设施的检查保养，提出维修报告报请院领导审定。

2. 文物保护管理部：主要负责接收、征集文物，采集标本以及馆际交换藏品等。办理重大临展的文物及展品接收，移交工作。对藏品负有科学管理、科学保护、整理研究、提供展出和使用的责任。负责展出文物的清洁、防虫、防腐、防潮工作，不定期进行文物保护工作。办理征集文物、标本的入馆手续，填写入馆凭证或清册，组织鉴定和做好鉴定记录。管理藏品总登记账，建立藏品编目卡片和档案。负责院收藏委员会的日常工作。兼管裱画室。协助基本陈列文物展品的布展和撤展工作。

3. 陈列研究部：主要负责基本陈列和临时专题展览的陈列提纲编写和陈列设计，布展、撤展及资料拍摄、网页、版面设计。策划与承接国内外大型展览的编辑、设计和制作，编印配套画册、场刊、请柬、宣传单、海报、广告等。举办陈列专题讲座，开展院际、省际及国际文化、展览交流活动。以藏品为基础结合文献进行专业学科和博物馆学的研究，配合有关部门的专业学科的研究。负责院刊、藏品集、研究文集的编辑、出版工作。组织举办重要学术报告会、讲座、论坛和艺术沙龙等文化交流活动。负责院学术研究委员会的日常工作，组织收集撰写本院业务和学术活动情况稿件。

4. 教育推广部：主要负责向社会各界宣传推介陈列展览，组织观众参观。提供接待讲解导览服务。配合学校教育，建立爱国主义教育基地。组织流动展览举办讲座，主办展览开幕式，组织礼仪服务。加强科普工作。编写展览信息，新闻通稿及讲解词；协助陈列展览的布展及撤展工作。联系部队、学校及团体等共建社会主义精神文明单位。建立志愿者及"艺博院之友"群众性组织。开展博物馆展览进社区、学校等活动，加强对青少年和未成人的教育工作；负责艺博网站的资料收集、落实更新工作；开展对教育推广及相关学科的科研工作。

5. 图书资料信息部：主要负责本馆计算机网络的建设、维护和管理；负责全馆图书报刊、资料书籍的征订、收集、采编、借阅和管理；负责图书库房、综合档案室的防火、防盗、防潮、防尘、防光、防霉、防空气污染等工作；建立健全档案工作的各项规章制度；负责各部门、各门类档案的收集、整理、鉴定、保管、统计、利用和编研检索工具、编写全宗卷、大事记、组织沿革等工作；开展档案的科学研究工作。

6. 公众服务部：主要负责开展文化经营活动，拓宽以文补文渠道，增加社会效益和经济效益。负责引进一般性临时展览的洽谈、草拟协议书、收付费和布撤展的组织和管理；负责场馆、店铺的租赁和管理；负责大型文化活动的洽谈、报批、组织和实施等事项。

7. 名人馆部：主要负责本院 12 个名人馆家属、捐赠者的联络工作。协助展览活动，尤其是名人馆的陈列展览布展、撤展；观众宣传组织，讲解接待服务。根据陈列展览内容举办讲座，报告会。开展与各名人馆相关艺术流派及其家属和书画研究会的联系沟通，征集文物资料和书画作品。

8.保卫科：主要负责全院安全保卫具体工作的实施，监督检查本院执行国家、地方政府以及上级主管机关颁布的有关安全保卫工作的政策法令情况；做好内外宾客的安全保卫工作。负责案件、事故做好现场保护及协助有关部门追查原因、组织侦破、对失职人员提出处理建议等工作。参与新建、扩建、改建施工项目设计方案中安全防范部分的审查、监督实施和竣工验收。负责全院消防安全工作的实施，制订防火制度和防盗、灭火方案，配备灭火器具和报警设施，组织防火演习。开展防火教育和消防宣传教育。建立防火档案。负责消防监控中心和技防、消防系统的值勤和检查保养。负责展场值班和安全保卫工作。负责与局保卫处的联系，负责各分馆安全保卫工作的监督检查和业务指导。

# 三、物业项目整体分析

## （一）项目服务特点分析

1.建筑物是一座具有岭南文化特色的建筑精品，要精细维护，注意对整体外立面和重要部位的清洁。广州艺术博物院是著名建筑设计师、中国工程院院士莫伯治主持设计的。整个建筑将岭南建筑与园林融为一体，又发扬时代精神，形成一个轮廓丰富、塔楼矗立、庭院山水、雕饰精致的建筑群体。在艺博院正面中间设文塔，塔身的建筑细部有"羊"和"丰"字的隐喻，点明羊城、穗城的地方名题。文塔南红砂岩墙上是构图丰满的史前岩画浮雕，以表现岭南文化悠久的历史；文塔北边是展馆的入口大门，三对实木雕花大门，名贵高雅，气派非凡。建筑空间上采用传统庭院空间，应地势高低、地形的广狭，四栋建筑分别四边围合成院落。交接部分采用不同体形的塔楼过渡，建筑群体高低错落，细部上采用饶有岭南地方特色的风火山墙、汉唐檐口、猪头龙石雕装饰等，以表现岭南地区的风格和文化。

2.有着丰厚的馆藏，藏品积累，至今已有近4万件，名家作品多，字画精品多，对安全性和保密性要求高。艺博院的藏品是以广州美术馆收藏国画为主的藏品基础上再扩大征集，有不少是价值连城的艺术瑰宝。"镇院之宝"是北宋文同的《墨竹图》、明代林良的《秋树聚禽图》和清代弘仁的《黄山始信峰》等。其中，《墨竹图》弥足珍贵。流传至今并被认定为文同的画作只有三幅，一幅在北京中国历史博物院，一幅在台湾故宫，一幅就在艺博院。此外，明戴进《山高水长》，卷全长20多米，为全国之最。著名艺术家范曾到艺博院参观，见到这些精品连连鞠躬，以示敬意。在征集文物和艺术品上，艺博院得到老艺术家关山月、黎雄才、赖少其、廖冰兄等人和他们家属的支持。特别值得一提的是，旅英收藏家赵泰来先后三次向艺博院捐赠文物，数量之巨、品种之全为新中国成立以来罕见。他捐赠的西藏唐卡，论质量、品级仅次于拉萨布达拉宫的收藏。这些唐卡是当年从西藏流散到国外在伦

# 220

敦进行拍卖时，赵泰来用重金买下来的。

3. 项目功能多样。广州艺术博物院集收藏、研究、陈列、展览、教育、交流和休闲为一体。现有展馆（厅）19个，并设有多功能报告厅、文物库房、文物修复室、艺术鉴赏室等，专业功能齐全，设备配套完整，艺术氛围浓厚。每年围绕丰富的藏品举办各类型专题展览，配合出版学术丛书以及举办各种学术研讨活动。配套功能，包括书廊、音像制品廊、工艺品廊、咖啡厅、车库等。艺术院集中了岭南画派和其他流派的众多名人及重量级大师的个人艺术馆，日常展览活动大，人流量大，需要区分不同的接待和秩序维护方案。

4. 艺术博物对外免费开放，是普通人的教育场所，更应成为民众的大学，作为政府机构来说，促进城市文化建设和提高市民素质，是其宗旨。因而，"教育"与"为公众服务"是博物馆的核心要素，从这点来说，物业管理方代表政府机构服务群众的意义更重要，物业管理方要站在院方的角度，以主人翁的心态做好群众服务工作。艺术博物院是人们鉴赏艺术品，激励心理，放松心情的艺术殿堂，需要一个清净、典雅、和谐、舒适、安全的工作环境。

5. 业主单位对艺术院的定位比较高，立志于打造广州领先、国内一流的精品馆，逐步树立广州艺术博物院的品牌形象。因此，物业管理要求标准高，希望能体现优雅文明环境的文化特色展馆物业管理典范模式。物业的整体形象随时反映博物院形象，物业管理的好坏可以折射出博物院的管理水平。要与时俱进，体现"人文、绿色、科技"的物业管理新内涵。

（二）目标客户及物业服务需求分析

1. 客户群体分析

根据广州市艺术博物院的功能和定位分析，公司把艺术博物院的客户群体归纳为三大类。

第一类是博物院的主管机构和工作人员，主要包括广州市文广局领导、宣传部领导、院领导，他们是业主方，他们的总体需求是希望引进专业化、社会化管理的方式，提供与博物院定位相适应的物业管理服务，为他们的馆藏、展览、研究、学术交流等活动提供安全、优美、舒适的环境，让他们能够放心、专心工作。

第二类是国内外的贵宾，包括字画艺术家、艺术名人、国内外同行等等，他们是博物院的重要服务对象和交流对象，是公司对外展示艺术博物院物业管理的主要窗口对象，对于他们来说，公司要为他们提供有条不紊，热烈喜庆和高雅细致的服务，配合业主把接待工作做得有格调，使他们有宾至如归的感觉，乘兴而来，满意而归。

第三类是普通民众，包括艺术爱好者、学艺学生、旅游观者、社区居民等。这类人群，公司则需要维持一个安全、安静、和谐、舒适的参观环境，提供便利和人性化的服务。

不同层次的群体有不同的服务需求，因此，在对人的服务上，公司将根据三类不同顾客群体的特性及服务需求差异，分别提供恰当的服务，即采用"差异化管理服务"。

2. 物业管理需求

（1）物业管理内容包括：该项目所属区域范围室内外的安保、安防、消防、展场管理、监控值班、机电设备运行和维护、供排水设备、前台咨询服务、灯光调试、展览配合、办公设施维修、车辆运营、保洁、绿化保养、鱼池维护、除"四害"、专业辅助工作等。

（2）物业管理总体要求包括：中标供应商要严格按招标文件和投标文件要求，认真履行合同，明确职责，严格遵守采购人的各项规章制度；中标供应商要根据采购人的特点，制定相关的管理规章制度和应急预案，并定期举行双边例会进行沟通；中标供应商提供的服务质量要达到国家、省、市规定标准，以及采购人的要求；中标供应商要做好采购人财产保护工作，避免出现因违规或疏忽造成的损失等；中标供应商要按要求配置人数，保证持证上岗，做好岗前培训，到当地派出所进行人员审查并报采购人备案。

# 四、物业管理服务总体设想

针对广州市艺术博物院以上各种物业管理要素和物业管理需求，公司通过对广州市艺术博物院建筑本体、主要功能、目标定位、客户群体的分析，在充分研究和把握客户潜在需求的基础上，紧紧抓住物业管理工作的重点和难点，把物业服务理念定位为"以人为本，以艺术文物保护为本"，确定出公司整体构思和管理策划思路。可概括为：一个标准，二个难点，三个重点。

（一）服务理念定位

公司的服务理念是以人为本，以艺术文物保护为本，提供细致和人性化的服务。

以人为本：就是公司在保障人的安全，保障良好参观秩序的同时，实施细致人性化的服务，比如给老人、小孩、残疾人提供便利的服务，另外，以人为本公司还将着重营造比较深厚的人文环境，在设施的设置和使用上更多考虑民众的需求，通过有创意的指引标识，绿化盘景和科技手段。体现人文、绿色、科技的物业管理新内涵。

以文物保护为本，就是公司建立一套完整的安全保障体系，贯彻预防为主的思想，把安全工作想在前头，严格执行，确实落实好五防工作。

（二）工作重点

三个重点是安全保障重点，环境管理重点，会议活动接待重点。

重点一、安全保障。安全保障是行政办事中心及会议大厦物业管理服务的重中之重。

这里的安全保障不仅仅是指狭义的"保安管理",而是广义的服务安全保障,具体包括三个方面:

第一,保护艺术品和文物的安全。广州艺术博物院馆藏和保持有大量的名贵字画和其他艺术品,虽然这些物品的保护,采购人设有专门的文物保护管理部来负责展出文物的清洁、防虫、防腐、防潮工作,但公司需要配合甲方做好防盗、防破坏、防潮、防虫、防火五防工作,实行 24 小时值班巡查。防盗即在外围和公共区域做好周界入侵防范。防潮即给艺术品创造适宜的,一般是恒温恒湿的保存环境,特别是南方的梅雨季节,要特别注意空调机组的运行,环境的监测和防潮措施的落实。防火即要做好火灾的预防工作,字画都是易燃物品,一定是严禁烟火。防虫则是要做好除"四害"的工作。

第二,设备安全。安全管理离不开设备设施的安全可靠的运行和值班人员的正确操作,没有设备的可靠运行,安全便得不到有效保障。供电系统,智能防范设备,营造恒温恒湿的空调设备,消防设备,以及供公众使用的设施都是设备设施管理的重点。目前,这些专业的设备保养都是业主外包给专业维保公司,但公司负责值班操作和日常巡查,及时发现异常情况,及时处理,对突发事件能够熟练操作显得尤为重要。

第三,人的安全。艺术博物院庭院设计,通风采光地方多,护栏多,庭院内有水带围绕,平时有比较多的老人带着小孩在院内休闲玩撒,日常管理时需要时刻注意老人和小孩的安全。

重点二、环境管理重点。广州艺术博物院是一座具有艺术品质且有特色的建筑物,是广州市标志性建筑之一,在清洁和保洁方面要注意到这点,保持好建筑物的特色和外立面的整体形象。一是展览参观高峰期的环境卫生管理。展览参观期间,人头涌动,络绎不绝,提供方便快捷的指引服务,保持卫生间的干净,控制好异味,是物业管理的重点环节。另外,做好中央空调风口,管道的清洁卫生,使空气质量达到健康标准,为前来参观交流的服务对象提供清新无污染的空气,也是需要公司去关注,以充分体验公司以人为本的服务理念。

重点三、展览活动和贵宾接待服务。广州艺术博物院成立以来每年举办大约 40 个以上展览,2014 年达到 82 个,公司将总结经验,配合业主做好各项展览和贵宾的接待服务,包括场景的布置,音响,投影,灯管的安装调试,贵宾接待的礼仪服务等。

（三）管理难点

难点一、安全防范。既是工作重点也是工作难点之一,广州市艺术博物院是免费开放的文化休闲场所,进出人员基本没有什么限制,只要是有正常行为的人都可以基本自由进出,这不可避免给不良分子提供了方便,秩序维护员要从大量的进出人员中识别可疑人员,防范可能发生的不安全行为和不安全事件,存在一定的困难。

难点二、广场和道路的环境管理。广州市艺术博物院的建筑主体前面有约 2 万平方米的广场，平时有大量的市民和游客在此休闲娱乐。博物院对面刚好有个娱乐场所，据调研了解，晚上很多在娱乐场所喝醉酒的人都会来到广场逗留休息，每天都会留下大量的垃圾和污迹，市民的不良行为和不文明行为给清洁环境带来很大的压力。与路湖公园连接地点的道路边也经常有附近的市民摆摊卖菜，影响市容环境。

（四）管理措施

管理措施是物业管理服务的骨架，涵盖物业管理服务的全过程，公司将在技术标的各个章节仔细说明各专业服务的具体管理服务措施。

措施一、建立"人机联防"安全防范系统。人机联防是粤华物业集团公司的核心产品之一，通过对广州市艺术博物院周边及重点防范部位布置探测网点，实时将艺术博物院周边的情况传到控制中心平台，如果有异常情况，控制中心马上会发出报警，控制中心值班员马上调度和指挥巡逻人员跟进处理。从而实现人防、物防相结合的安全防控体系。

措施二、加强参观人员的消防、安全管理。由于广州市艺术博物院对市民是免费开放的，基本属于开放式管理，参观休闲群众多，对进入博物院的人员，包括自己内部的员工，在消防安全方面的管理和引导就尤显重要。其中最容易出现消防安全事故的就属于烟头火种的隐患，最主要的解决办法就是加强有形的宣传（标识、指引等）和日常的检查巡视。同时，在消防应急方面，结合博物院的实际情况制定出切实可行的消防疏散预案，每年做好消防疏散的应急演练。

措施三、弹性管理。弹性的管理服务表现在：适应工作计划的变化、适应业主需求的变化。本着精简高效的原则，公司设置了固定岗位，但往往有很多工作是动态变化的，比如大型的展览活动，重要的接待，突发的异常天气变化等，会打乱我们的日常工作计划，弹性管理的目的就是公司在运作上具有高度的机动性，在各岗位责任明确、各司其职、职责清晰的基础上，能够有机协作、快速反应、迅速集结、集中作战，以保障各类计划外、临时性、突发性的事件同样时时处于受控状态。

措施四、物业环境质量监控。广州艺术博物院物业封闭性较强，馆内空气循环主要靠空调系统维持，为保证广大参观休闲群众的健康安全，体现以人为本的理念，对内部的空气质量需要加以特别的关注。制定出空调通风系统的清洗方案，每年定期清洗风管，每季度定期清洗空调滤网，每月定期清洗空调风口，在传染病多发季节，定期对主要区域进行消毒，减少传染性疾病传播，同时，公司也建议业主定期请环保专业机构，对博物院内部主要区域的空气质量、CO 和 $CO_2$ 及其他有害气体的浓度、房间内空调风管内细菌菌落、积垢等进行检测，向群众公布检测结果，让群众安心。

措施五、用细致人性化的服务理念引导员工的服务行为，并渗透到每个工作环节，最终激发员工追求"以人为本、以文物保护为本"的服务意识。物业服务中心根据博物院日常运行的特点制定工作目标，细化服务标准和设备设施操作的规范规程，以业主满意度为核心进行定期考核，借助关键性指标将目标任务层层分解到每一位员工，形成长期岗位责任制，提高管理和服务效能。

措施六、照明设计体现人文特色。为体现人文特色，照明系统坚持无光害设计与节能设计，大厅自然日照按照光强度和入射光线进行自动调节，保持大厅照明度和柔和性，对艺术博物院建筑的泛光照明和庭院照明采用自动艺术型程序调节。

措施七、导入以人为本，具有艺术性的形象识别系统。为博物院导入管理服务形象识别系统，体现博物院亲民，服务公众的形象，公司将积极配合博物院设计出各类管理服务标识，安全警示标识，使博物院的导向，环境和标识形成一体化，在设计各类标识，公司充分利用博物院众多的艺术人才，考虑以人为本的理念，把标识也做成一件艺术品，处处体现艺术造型和色彩，力求与博物院的定位和环境氛围向协调，不失为一种亮点。

措施八、结合特色会务服务的经验，配合业主搞好接待工作。针对博物院三个目标群体的特点以及各项大型展览活动或重要来访接待工作的需要，配合业主单位做好接待、服务及礼仪形象工作，建立合理、完善的活动秩序和来访安全保障预案，使安全管理人员和客服服务人员能根据不同规格、规模的活动/来访采用相应的管理办法，提供相应的服务，体现标准化和流程化服务的特点。

措施九、节能降耗。节能降耗，艺术博物院的运营经费基本依靠国家财政支持。物业公司必须要充分保护业主利益，深入研究物业环保节能的运行措施，最大程度地降低能耗，并保持设施的健康状态，延长设备的使用寿命，因此，在运营中，采取节能降耗、低碳环保的措施并充分利用可再生资源，构建低碳绿色的物业运营模式，能够有效降低能源消耗，节省财政开支。例如，利用屋顶等大型平台建设太阳能光伏发电系统或进行屋顶绿化；熟练掌握低碳节能设备的使用和维护技能；强化员工节电、节水意识等。倡导低碳物业管理，引导物业公司的经营管理模式向低碳物业管理模式转变，提高物业管理对可再生能源、资源的循环利用率，有益于推进新型"绿色博物院"的建设进程。

空调系统将是博物院耗能最大的设备系统，因此空调系统的节能运行是设备经济中较为重要的环节。公司将根据日常时段的空调使用需求、不同时间各区域开放使用的时段、不同区域对使用空调的强度和频度特点、冬季和夏季的季节因素等，制定有效的空调经济运行作业指导书，确保不发生能源浪费。

照明系统也是博物院能耗较大的一类设施，不仅建筑物内部有较多的照明设施，建筑外围亦配置较多，而且有功率较大的夜景照明和强光照明，因此，对照明系统也将制定严格的经济运行指导书。

# 五、"四位一体"式的共管机制

为了确保物业服务理念能够得到贯彻和各项目标能够按时有效地落实，保证管理成效，对该项目物业管理服务拟实行执行机构、责任机构、监督机构、辅助机构的有机结合的"四位一体"式的共管机制（见图5-10）。

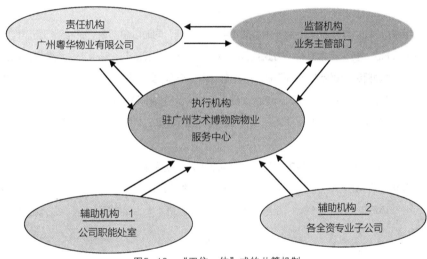

图5-10 "四位一体"式的共管机制

（一）监督机构——博物院管理办公室

对物业公司驻该项目的管理服务行为进行监督和指导。

1. 组织对日常管理工作的抽验、检查，审查管理效果。

2. 可通过会议或其他形式，评审该项目物业管理状况，交流意见。

3. 可即时就管理中出现的问题向现场经理或物业管理公司投诉。

4. 对管理中的重大事项进行审议。

（二）责任机构——广州粤华物业有限公司

作为该项目物业管理服务目标的最终责任人，负责对该项目物业管理服务状况的整体监督和指导。

（三）执行机构——广州市艺术博物院物业服务中心

博物院物业服务中心是该项目物业管理服务的具体实施机构，对博物院和物业公司负责，通过实施"精细化"管理服务，确保各项工作达到既定目标，并根据项目特点进行管理模式的创新。

（四）辅助机构——广州粤华物业有限公司职能部门及专业子公司

总公司各职能部门及专业子公司是该项目的后勤保障单位，提供人力、物力等方面的支持，定期或不定期对现场物业服务中心的工作情况进行跟踪检查，对不合格服务及时提出整顿。

# 六、项目管理机构设置

组建广州艺术博物院物业服务中心对项目进行管理，同时以总部专业职能部门管理作为后盾全力配合，提供技术支持。物业服务中心设立工程部、安防部、环保部、综合服务部四个部门，由项目经理直接对各部门的工作实施指导，各部门具体人员分配如下（见图5-11）：

1. 物业服务中心：经理1人、综合文员1人、前台咨询服务员2人，共4人。

2. 机电工程部：主管1人、高压值班技工4人、空调值班技工4人、综合维修技工3人，共12人。

3. 秩序维护部：秩序维护主管1人、领班1人、秩序维护员12人（12小时制）、展厅秩序维护员14人、监控值班5人（12小时制），共37人。

4. 环境管理部：主管1人、清洁领班1人、绿化领班1人、保洁员15人、绿化员2人，共20人。

5. 综合服务部：3人。

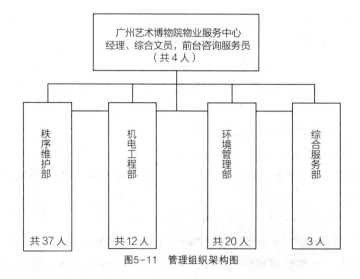

图5-11 管理组织架构图

# 七、项目管理特色亮点

（一）安全消防管理的措施及对策

1.建立"广州市艺术博物院"安全防卫体系，采取三级防范（根据大厦安防员值班岗的设置划分职责），四级报警处置（根据治安事件轻重划分的等级）、层层设防、分工负责、集中管理、密切配合等方式，使大厦24小时内都处于严密的保护中。

2.坚持该项目内的治安管理工作与周边社会治安工作相结合原则。由于艺博院侧面与天桥一墙之隔；又靠近治安甚为复杂的开放式公园，该环境决定公司必须积极与当地公安机关保持密切联系，加强沟通与联络，及时了解社会治安情况，掌握犯罪分子动向，积极配合公安机关搞好该项目周围的治安工作，加强沟通与合作，实现群防群治，确保该项目的安全。

3.注重应急工作，有效处理各类突发事件

博物院各类突发事件主要有：可疑盗窃、台风、水浸、火警等类型。其中以盗窃为主，本场馆物品为珍贵物品，在社会人性自私方面肯定会出现不法分子。在今后的工作中，公司始终以保障场馆的人身、财产安全及正常的办公环境为己任，完善盗窃、自然灾害、抢劫等应急规程，认真做好演练工作，确保关键时刻有效处理各类突发事件的发生。

4.加强人员与物品的出入管理，尤其加强大型重要展会、活动人员出入管理

大楼展厅常有大型的接待以及展会等活动，公司在接到此类活动时，首先应了解甲方对安全保卫工作的要求及做法，出入严格把关的工作将由公司负责。然后，组织优秀管理人员进入展厅管理。

5.加强消防安全管理

"星星之火，可以燎原"，稍有不慎，出现火灾意外，就可能对工作人员的生命财产造成重大损失，甚至于将整座物业化为灰烬。根据该项目的消防实际情况，公司一直以来将防火安全工作做为物业管理的重点和难点来抓。对于机房区、停车场、展厅、机关食堂等防火安全重点部位，尤为注意。

（二）接待与会议服务

1.前台服务

前台是博物院服务民众的"窗口"，又是物业服务的"神经中枢"，从整个服务工作来看，前台工作人员接触面广，影响大。因此，在接触宾客的服务工作中，要特别讲究礼节礼貌，给宾客留下良好的印象。

2. 日常服务

（1）按有关规定做好来访者登记工作，对待来访者特别要注意自己的说话态度、语气，应本着助人为乐的服务精神为他人提供方便。

（2）接听宾客打来的电话，要随时作出正确的解答和帮助其办理有关事务，必要时随手做好书面记录，交接班时尚未落实的事项要再三叮嘱交代，不能遗忘。答应宾客的事要严守信用，切勿疏忽大意，接待人员应做好记录，并立即准确无误地把信息及其他具体要求转告有关人员。

（3）对个别宾客过分挑剔，有意为难，接待时应坚持以诚恳、耐心、热情、周到的态度服务，婉转地晓之以理，动之以情让宾客满意。

3. 接听电话

（三）客户服务

根据大厦的特点，针对从业人员工作生活中热点和难点，为广大工作人员和来访客户提供全面的服务项目。

1. 设立前台客户服务中心

在大厦首层大堂内设立前台客户服务中心，为博物院业主及参观者提供一站式服务。客户服务中心接待人员的招聘将严格参照公司职员录用条件要求，选聘形象好、有经验、沟通力强的人员担任。其主要职责包括（但不限于）：接受咨询或问询、物品临时寄存、发放宣传资料、来访客户登记、代保管钥匙、收发传真、代订机票服务等。

2. 建立客户服务快速反应系统

公司将设立客户服务中心为主导的客户服务快速反应系统，根据客户需求信息协调、调度各个智能部门和作业层面的日常服务工作，设立客户信息档案，高效反馈、处理投诉、报修，征询客户意见及需求。

（四）特色服务

1. 为博物院和专业爱好者搭起桥梁，引进志愿者服务。向学校、居委等沟通，尝试成立博物院支援志愿者。博物院前台的咨询，展厅讲解，书店、礼品屋的服务工作主要由志愿者承担，他们还可协助博物馆专业人员从事研究、教育、组织展览等工作。作为回报，志愿者不仅可以得到政府的相关优惠政策，还可以得到博物院提供的各种基本福利，包括在博物馆商店、餐厅、食堂消费打折；免费寄送博物馆出版物，如展讯、画册等；参加特别为志愿者举办的活动，如预展、招待会、讲座等等。

2. 创新解说系统。博物院简介、展品说明、导览系统等等基本上是静态的文字和图像，需要参观者去研读，对于普通民众来说，是一件困难的事情，如果能通俗化点，把语音讲解、3D模拟动画、情景展示、卡通形象系统等多元手段结合起来，让参观者在轻松、愉悦、动感的环境中读懂博物院，读懂展品，读懂历史，则既能体现科技手段带来的不一样的感受，又能更好的与公众对话，体现以人为本的理念。

# 八、延伸服务

## 1. 无偿服务项目

（1）免费讲解：免费讲解服务时间段为上午10：30、11：00，下午14：30、15：30。集体讲解需提前到大堂讲解处预约。

（2）短信服务：该院设最新展览短信发送服务。

（3）免费存包：该院提供免费的存包服务，凭存包卡取包，如遗失存包卡导致被人冒领，责任自负，贵重物品请自行保管。存包时间段为当天9：00～16：45（周六、日于16：15之前）取回保管物，若逾时领取而发生保管物遗失、损坏，责任自负。遗失、损坏存包卡，由本人支付制作费。

（4）免费借用：该院备有轮椅和婴儿车，如有需要请到咨询台登记使用。

（5）设立便民箱：包括急救药品、常用工具等。

（6）及时收集掌握天气、环境、温湿度预报指数，在大堂醒目位置公布，方便大楼内办公人员出行。

（7）根据天气情况，在人流量大的地方准备好雨伞、伞套等便民物品。

（8）为方便大楼办公人员乘坐公交、地铁，提供零钞兑换服务。

（9）其他服务：饮用水、餐巾、电池等物品可到茶艺室购买。

## 2. 有偿便民服务

游客到博物院参观旅游或市民到博物院休闲，希望得到尽可能多的服务与感受，依托博物院收藏的丰富多彩的历史文化资源开放旅游产品和提供附加值产品，可以增强游客对博物院的认识，得到更细致的服务，实现社会效益和经济效益双丰收。

经过现场的勘查，广州艺术博物院为了保持自身严肃形象需要，在提供附加产品上基本上不存在，忽视了游客的实际需求。在这方面，公司建议可以提供以下的有偿便民服务：

（1）开发与艺术博物院藏品有联系的产品出售，如复仿制品，卡片，儿童读物，各类艺术书籍，画册等。

（2）提供游览服务。游览纪念服务可以为游客留下珍贵、美好的旅游纪念资料，如摄像，拍照，画像等服务。

（3）提供生活服务。设立一些与博物院自身主题及形象相符的餐饮、休息设施，不仅可以强化自身的人性化管理，并可以提高经营收入。

## 案例03：广东省博物馆（新馆）物业管理特色服务策划

## 一、广东省博物馆（新馆）简介

广东省博物馆新馆建设工程是广东省"十项工程"的重点建设项目和建设文化大省三大标志性文化设施之一。新馆位于广州新的城市中轴线——珠江新城中心区南部的文化艺术广场，总投资 8.842 亿元，总用地面积 4.1 万平方米，总建筑面积 6.7 万平方米，新馆地下一层，地上五层，是全国较大规模的省级综合性博物馆之一。

新馆按照"国际先进、国内一流"的标准建设，主要配置有展馆、藏品保藏系统、教育服务设施，业务科研设施以及安防、公共服务、综合管理系统、地下停车场等。展馆分为历史馆、自然馆、艺术馆和临展馆四大部分。

新馆设计新颖，建筑结构独特，像一个"盛满珍宝的容器"，建筑外轮廓则采用凹凸不平的立面，具有丰富的文化内涵。运用"宝盒"的设计理念，采用巨型钢桁架悬吊结构体系，新馆的巨型屋面钢桁架整体滑移总重量达 8700 吨，是目前世界重量最大的钢结构高空滑移工程（见图5-12）。

图5-12　广东省博物馆新馆

新馆建筑设备先进，设施一流，实行全方位的智能化管理，包括安全防范、设备管理、信息通信、网络应用和音视频等智能化系统。文物库房和部分展馆实现恒温恒湿和气体消防。

鲁迅纪念馆位于广州市文明路 215 号大院内，该馆成立于 1957 年，1959 年 10 月开放，馆址俗称钟楼。整座建筑坐北向南，是一座建于二十世纪初的砖木结构、中西合璧建筑物，占地面积 4375 平方米，建筑面积 3000 平方米。

红楼位于广州市文明路 215 号大院，原是清朝广东贡院的所在地，是举行乡试，考选举人的考官驻所，始建于康熙二十三年（1684 年）。广东贡院楼高两层、坐北朝南的明远楼（也称红楼），占地面积 658 平方米，建筑面积 720 平方米。

# 二、物业项目及管理特点分析

## （一）周边环境分析

广东省博物馆新馆建设用地位于珠江新城中心区南部，濒临珠江。

广州珠江新城位于广州东部新中轴线上，北起黄埔大道，南至珠江，西以广州大道为界，东抵华南快速干线；用地面积约 660 万平方米，其中包括猎德、冼村等的城中村，周边的珠江新城七大标志建筑也将相继落成，包括广州图书馆新馆、广东省博物馆新馆、广州市第二少年宫、广州歌剧院、电视观光塔、双子塔（西塔和东塔）。珠江新城是广州市 21 世纪中央金融商务区，是集中体现广州国际都市形象的窗口。

广州歌剧院、广东省博物馆新馆将并列于新城市中心轴线两侧，与中央林荫大道、滨江绿化带共同形成广州文化艺术广场，构成珠江北岸一道亮丽的风景。它将与海心沙旅游公园相望，与广州歌剧院左右呼应。专家预测，广东省博物馆新馆建成后，年参观人数可达 100 万人次。

## （二）物业特点分析

### 1. 总体分析

广东省博物馆新馆是广州市七大标志性建筑之一、广东省重点文化项目、广州市在 2010 年亚运会的重点工程。新馆设计新颖，风格独特，像一个"盛满珍宝的容器"，建筑外轮廓则采用凹凸不平的立面，具有丰富的文化内涵。该工程总投资 9 亿元人民币，占地面积 4 万多平方米，建筑面积 6.6 万平方米，地下 1 层地上 5 层，建筑总高度 44.5 米。精工钢构承担该工程全部钢结构的深化设计、加工制作、施工安装任务。

### 2. 功能特点分析

广东省博物馆新馆将是国内有一定影响的大型综合性博物馆，展览内容分为历史、自然和艺术三大部分。它是展现地方历史、文化、艺术、自然资源，推动国际文化交流的重要场所，应满足博物馆藏品保管、科学研究和陈列展览等功能的需要，并要考虑面向公众的服务功能。

据馆藏文物的优势和特点，博物馆将设固定和临时两类展馆，其中固定展览将主要有历史、民族民俗、自然、绘画、书法、陶瓷、工艺、端砚和潮州金木雕 9 大陈列，力求从历史、文化、艺术、民族民俗、自然资源等多方位、多角度全面反映广东的人文风貌。另外新馆还设有 2 个专题展厅和 3 个临时展厅，规模十分庞大。预计新馆建成后，年参观人数将达到 100 万人次，并成为国内规模最大、功能最完备、设施最先进的省级博物馆之一，整体达到国际一流水准。

（三）客户分析

广东省博物馆的物业服务对象，包括三个层面的群体。

一是广东省博物馆管理群体，包括广东省博物馆领导和职工。该群体的服务要求是建立完善的物业管理服务体系，确保服务模式与广东省博物馆的行政管理、后勤管理系统进行有机对接，实施切合广东省博物馆实际的管理模式创新，创造优良的工作环境，共建广东省博物馆一流旅游品牌。

二是游客。该群体需要的是完善的服务，需要维持安静、安全、舒适、和谐的参观环境。古建筑园林本着注重文物保护为前提的原则，物业工作人员要做好引导和讲解，监督和纠正游客的违规行为，耐心做好解释工作，既保证陈列文物、展品完好无损，又使游客能够心无旁骛地观看，身心得到彻底的放松。

三是国内外贵宾。广东省博物馆是著名的景区之一，经常接待外国友人、港台人士、国内贵宾的参观，各项接待工作要有条不紊、紧张有序，场景布置既要热烈喜庆，又高雅大方；礼仪服务既要周到细致，又要有格调和特色，给参观的领导嘉宾营造一个和谐的氛围，创造一个良好的观赏环境。

（四）管理特点分析

广东省博物馆地处城区，占地面积较大，文物、展品的安全，物业管理工作人员的配置十分重要。公司认为广东省博物馆物业管理既具有单位物业的特殊性，又具有社会物业的普遍性，物业管理服务要体现高标准、高质量，其显著特点有：

1. 完善的功能性

广东省博物馆新馆不仅是一座重要的文化设施，同时，也是广东地区文物保护、文物研究，面向公众和广大青少年传播爱国主义精神、历史及科学知识的基地，还是广东举办礼仪和庆典活动的重要场所，也是人民群众旅游和休闲的理想去处。中央大厅面积 2000 余平方米，高达 34 米，是举办重大礼仪活动和大型文化活动的理想场所。几千余平方米的临时展厅将为国内、国际文化艺术交流提供一流的展示平台。新馆还配备了完善的接待、多媒体导览、观众互动项目、文化活动、餐饮、纪念品商店等服务体系，体现了当今博物馆功能多元化、服务人性化的发展趋势。多功能会议厅具有多语种同声传译、数字电影播放、会议表决系统、会议厅专用网站等国内最先进的设施；数字放映厅可播放高清晰数字影片。

### 2. 先进的技术性

收藏、展示、研究是博物馆三大主要任务，广东省博物馆新馆充分吸纳和采用了当今世界博物馆建设的先进技术，在这三方面达到了国内一流的水准。在藏品保护方面，新馆采用恒温恒湿的智能化空调系统。在展陈方面，广泛使用信息化多媒体技术等新的展陈理念和手段，打破了以往展陈教科书式的乏味与单调。例如：由三维多媒体技术建立的虚拟陈列系统，使展览现场在时间上得到拓展，观众可以在电脑上用虚拟方式自由地查询、浏览博物馆以前举办过的各类陈列展览。在研究方面，引进成套先进的文物保护和修复设备，利用高科技手段全面提高文物保护与修复的水平，使广东省博物馆成为中国文物保护与修复中心之一。

### 3. 专业复合性

广东省博物馆的物业功能齐全，属于复合型物业，而且规模大，时间紧迫，需要具有丰富的古建筑和文化场馆管理经验的物业服务团队来组织专业服务。就专业服务内容而言，广东省博物馆需要安全秩序服务、清洁消杀服务、办公会务服务、管理辅助服务、应急管理服务、园林绿化服务、机电设备管理服务、设施器材维修服务、展厅服务、接管验改服务等等，是多类专业服务的集合体。这就需要专业复合型管理团队进行服务管理。

### 4. 服务高质性

广东省博物馆要形成创新的"一流管理"，优质的物业管理服务品质是不可或缺的重要环节。服务的载体是人，人的素质是物业服务质量的根本保障。作为物业服务质量载体的"人"，由两大团队组成。一是核心管理团队，一是基层服务团队。员工的素质和核心团队的领导与管理，是服务质量的可靠保障。为了保证广东省博物馆物业服务质量，核心管理团队必须具备懂得广东省博物馆物业管理的综合性专业知识结构，必须具备先进的管理理念和丰富的管理经验，必须聘用素质较高的各类员工，加以培训和管理。

## 三、物业服务整体策划

物业管理的好坏直接影响市文化建设的品牌质量。经过对广东省博物馆现场考察和了解，对广东省博物馆物业管理做出整体策划。

### （一）物业管理模式及定位

针对所辖物业的特点，公司拟提供一站式酒店化管理模式，全程提供一站式接待、酒店化管理服务。在管理工作中公司将根据该物业的实际特点，从细节做起，并创造"管理由您评定，分分秒秒印证，点点滴滴做起，永远让您满意"的模式效应，力求更好地满足业户的需求。

公司采用的管理体制是：企业化、专业化、一体化。

公司的管理思想是：安全服务第一、人性规范管理、提前服务业户、打造管理精品。

管理的标准是：准四星级酒店客服标准。

追求目标是：社会效益、环境效益、经济效益。

（二）项目物业管理七大重点

物业管理过程中的重点具体表现在：

重点之一：根据广东省博物馆新馆的地理环境和其性质，安全保卫工作将是物业管理的重点。由于该项目集文物收藏、大型集会、群众参观、贵宾来访等功能于一身，因此，安全保卫任务负担较大，如何保障安全智能设施的高效正常运作是一个关键。从公司长期管理的经验来看，治安的好坏是衡量管理绩效的重要指标之一。所以，通过现场勘测考察，并与专业人士反复磋商研讨，根据该智能化防范系统的特性，结合公司在其他管理项目取得的经验，从实际情况出发，确定了不同时期的安全保卫管理模式：入驻期治安管理以"人防为主，技防为辅"为目标，常规期治安管理则以"技防为主，人防为辅，全面防范"为整体治安防范思路。同时，加强员工保密制度的教育，树立安全意识，做到全员防范。公司相信，通过提供的专业管理，可以确保博物馆因物业管理责任而造成的治安事件发生率为零。

重点之二：鉴于广东省博物馆新馆对外开放以后，贵宾接待任务和大中型会议较多，在承担繁重接待任务的同时，为参观博物馆的领导和群众及馆内办公人员营造一个"舒适、便捷、温馨"的环境，也是事务部的重要工作之一。公司将总结多年管理经验，采用四星级酒店或其以上服务标准的接待模式，确保每一次的贵宾接待任务和每一次的会议筹备接待工作都达到预期的效果。

重点之三：智能化设施的运作、维护与开发。博物馆的智能化设施改善了博物馆工作人员的办公条件，提高办公效率，改变了传统的办公方式。与此同时，也必将给物业管理带来了革命性的变化，它将实现管理理念、管理机构、管理方式的现代化。智能化设施要求高、操作严、范围广，涉及到管理、安防、通信、消防、停车等方方面面。这就决定了公司在相关的技术理论学习、现场参观、实际运作的基础上，制订了科学合理、切实可行的智能化设施运作计划、设备养护、维修计划以及智能化开发的规划，来确保智能化设施的有效运作。

重点之四：为博物馆导入大楼管理服务形象"简单易别"的识别系统，体现政府亲民、爱民、便民的服务理念。公司将积极配合博物馆设计各类包括但不限于管理服务标识、安全警示标识等标识，使博物馆的导向、环境和标识系统形成一体化，为博物馆塑造出良好的社会形象。

重点之五:白蚁防治是重中之得。鲁迅纪念馆和红楼地处亚热带气候,同是为砖木结构,园林花卉树木较多,极易白蚁的生长和繁殖,且白蚁对房屋建筑的破坏,特别是对木结构建筑的破坏尤为严重,故对白蚁的防治和消灭很重要。

重点之六:节假日期间的物业服务。节假日期间参观游客众多,对有效保护鲁迅纪念馆和红楼等古建筑是一个很大的考验,要做好秩序维护服务、文物展品的看管,环境净化美化等各项物业管理服务。

重点之七:博物馆区设施设备验收移交。博物馆区属新建设施,许多设备设施不完善,有些存在质量问题,未验收移交,需协助甲方做好对设施设备的详细检查,全面验收,记录存在问题,跟进处理情况,便于保障机电设备设施的正常运行,保证后续物业管理各项工作的顺利开展。

(三)工作难点及对策

在上述提到的物业管理重点当中,意识到其中的难点如下:

难点之一:作为广东省建设文化大省三大标志性文化设施之一的广东省博物馆新馆,承担着南中国对外文化宣传窗口的作用,同时,也将具有一些重要文物藏品的保藏功能,如何保证文物的安全,这对安全保卫工作来说是一个难点。作为中国南大门的广州市,每年流动人口高达 600 多万人次,特别是在广州举办的亚洲盛会——第十六届亚运会,更是吸引全世界的关注。这就决定了在安全保卫工作方面要下足功夫,力求服务工作确保招标方的文物的安全。

难点之二:如上所述,当广东省博物馆新馆受到民众的关注时,加上定期和不定期的会务工作,巨大的人流量也会给物业管理工作带来很大的挑战,提供优质及个性化的服务,让所有参观人员得到最大化的满意度,是管理工作的目标。

难点之三:如何通过物业管理工作帮助广东省博物馆新馆树立良好的社会形象也是一个难题。即建立一个既有丰厚文化底蕴内涵又充满信心活力的形象并不是件容易的事情,基于广东省博物馆新馆建设标准较高,决定了管理水平必须向国际先进水平接轨,以期把该物业管理成为样板工程,经得起时光的验证。

# 四、特殊岗位人员配置

根据项目管理实际需要,公司拟为省博物馆(新馆)配备各类人员 365 人,其中管理服务中心经理 1 人、管理服务中心助理 2 人、文员 1 人;会务接待礼仪 16 人(见表 5-1);维修主管 2 人、维修领班 2 人、维修工 20 人、资料管理员 1 人;秩序维护主管 1 人、秩序维护队长 3 人,班长 1 人,秩序维护队员 120 人;展馆及场地部主管 1 人、讲解员 28 人、场地管理员 30 人（见表 5-2）;清洁主管 1 人、清洁领班 2 人、清洁机动技工 10 人、清洁员 84 人;绿化主管 1 人、绿化员 11 人;厨房主管 1 人、厨师 9 人、服务 6 人、仓管采购 1 人（见表 5-3）;医务室 2 人（见表 5-4）。其中，一般常规物业管理外，该项目特殊岗位人员配置如下:

会务礼仪接待岗设置　　　　　　　　　　　　　表 5-1

| 序号 | 岗位名称 | 每班人数（人） | 当值时间（小时） | 岗位安排人数（人） | 备注 |
|---|---|---|---|---|---|
| 1 | 会务接待主管 | 1 | 8 小时 | 1 | 正常班 |
| 2 | 来访接待 | 3 | 8 小时 | 3 | 正常班 |
| 3 | 票务咨询 | 3 | 8 小时 | 3 | 正常班 |
| 4 | 会务接待 | 4 | 8 小时 | 4 | 正常班 |
| 5 | 服务热线 | 3 | 8 小时 | 3 | 正常班 |
| 6 | 文件收发 | 2 | 8 小时 | 2 | 含新馆、鲁迅馆 |
| 合计 | | | | 16 人 | |

展馆及场地管理岗设置　　　　　　　　　　　　表 5-2

| 序号 | 岗位名称 | 每班人数（人） | 当值时间（小时） | 岗位安排人数（人） | 备注 |
|---|---|---|---|---|---|
| 1 | 主管 | 1 | 8 小时 | 1 | 正常班 |
| 2 | 讲解员 | 28 | 8 小时 | 28 | 正常班 |
| 3 | 新馆场地管理员 | 30 | 8 小时 | 30 | 正常班 |
| 4 | 鲁迅馆、红楼 | 3 | 8 小时 | 3 | 正常班 |
| 5 | 轮休 | | | 5 | 正常班 |
| 合计 | | | | 67 人 | |

职工食堂岗设置　　　　　　　　　　　　　　　表 5-3

| 序号 | 岗位名称 | 每班人数（人） | 当值时间（小时） | 岗位安排人数（人） | 备注 |
|---|---|---|---|---|---|
| 1 | 主管 | 1 | 8 小时 | 1 | 正常班 |
| 2 | 厨师、点心师 | 9 | 8 小时 | 9 | 正常班 |

续表

| 序号 | 岗位名称 | 每班人数（人） | 当值时间（小时） | 岗位安排人数（人） | 备注 |
|------|----------|----------------|------------------|--------------------|------|
| 3 | 服务生 | 4 | 8小时 | 4 | 正常班 |
| 4 | 收银 | 2 | 8小时 | 2 | 正常班 |
| 5 | 仓管采购 | 1 | 8小时 | 1 | 正常班 |
| 合计 | | | | 17人 | |

医务室人员配置　　　　　　　　表5-4

| 序号 | 岗位名称 | 每班人数（人） | 当值时间（小时） | 岗位安排人数（人） | 备注 |
|------|----------|----------------|------------------|--------------------|------|
| 1 | 保健医生 | 1 | 8小时 | 1 | 正常班 |
| 2 | 保健护士 | 1 | 8小时 | 1 | 正常班 |
| 合计 | | | | 2人 | |

# 五、特色管理服务展示

（一）展场管理

1. 展场管理组织架构

展馆及场地部共配置67人，具体如下（见图5-13）：

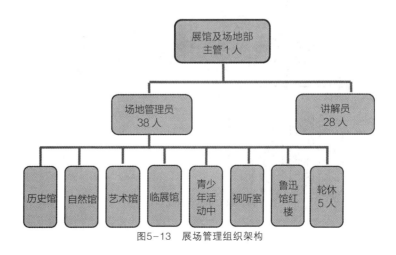

图5-13　展场管理组织架构

2.展场管理服务要求（略）

负责广东省博物馆新馆和鲁迅纪念馆及红楼所有展览区域内的管理及承办的所有展览的讲解工作，包括基本陈列及不断更新的临时展览。

3.展馆服务内容及要求

4.讲解服务（讲解员工作管理；讲解员服务质量巡查管理；讲解员的选拔和培养）（略）

5.展品防护方案（略）

6.展场应急疏散预案（略）

（二）会务接待服务（略）

（三）职工饭堂服务

职工食堂设在广东省博物馆新馆 5 楼，面积约为 500 平方米，可同时提供 300 人就餐之用。机关食堂是机关后勤工作的重点之一。它涉及全体机关工作人员的用餐需求和身体健康；机关食堂也是机关后勤工作的难点之一。它是成本与售价，经营与服务，共性与个性的矛盾体。因此，机关食堂办得好与差，是检验机关后勤管理水平的重要依据。

1.职工食堂管理组织架构

职工食堂共配置 17 人，具体如下（见图 5-14）:

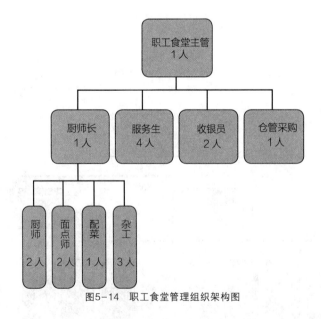

图5-14　职工食堂管理组织架构图

2. 餐饮管理的内容

1）VIP包厢服务：保障广东省博物馆对外重大接待和对内各机关公务接待用餐服务及重大节假日团拜活动接待服务。

2）员工餐服务：确保广东省博物馆各机关干部职工及后勤人员早、午、晚餐供应。

3）其他配套服务（小卖部、茶座等）：在硬件许可下提供餐饮配套休闲及辅佐食品等零售服务。

3. 食堂各部门工作标准及流程（略）

4. 各部门制度及岗位职责（略）

（四）医务室管理服务

广东省博物馆医务室设置保健医生与保健护士各1人。负责处理新馆辖区范围内观众或工作人员出现的突发性医疗急救情况。为观众或工作人员提供突发性疾病的简单急救医治，做好卫生知识普及宣传工作，指导各种疾病预防工作，制定展楼各种场所杀菌消毒计划，督促检查公共场所卫生情况。

（五）职工之家

职工之家也设于广东省博物馆新馆的5楼，面积约为300平方米，职工之家的功能将作为该企业文化建设的一个场所和窗口。公司在借鉴以往成功经验的同时，在广东省博物馆新馆的物业管理项目中委任专人专职负责职工之家的管理，并考虑到各个部门的参与，在每年的管理预算费用中，设立专项基金并充分利用甲方提供的场所去开展相关的活动。

这些活动包括但不限于：每月员工生日会；定期或不定期的培训活动；每季度优秀员工的评选活动；员工阅览室，把该场所建成业内交流的一个平台；同时举行每年一次的户外拓展活动，目的在于团队的建设，同时，也会制定相关的业内交流活动计划，遵循"走出去，带回来"。让公司的管理团队在管理水平和业务水平不断向国际先进，国内一流的目标前进。

（六）后勤收发服务（略）

Chapter 6

第六章
体育场馆物业的经营管理

[第一节]
体育场馆物业管理概述

# 一、体育场馆物业特点

## 1. 占地面积广、建筑规模大、功能综合性强、投资金额高

现代体育场馆的建设标准除满足全民健身的需求外，还要兼顾大型赛事、活动的需要，基本上都是按照满足大型国际、综合性赛事要求实施建设的，同时，建设选址充分考虑交通便利。诸多的功能决定了现代体育场馆具有占地面积广、建筑规模大、功能综合性强、投资金额高的物业特点。如上海东亚体育文化中心，占地面积近 1400 亩，总投资 14 亿元，可容纳观众 8 万多人；杭州黄龙体育中心，占地面积 935 亩，总投资 128 亿元，可容纳观众近 6 万人；广东奥林匹克体育中心，占地面积 1500 多亩，总投资 123 亿元，可容纳观众 8 万余人；武汉体育中心，总规划占地 1320 亩，总投资约 15 亿元人民币。

## 2. 设施设备规模庞大、齐全，科技含量高

现代体育场馆除了拥有写字楼的供电、给排水、空调、电梯等常规设备外，专门配置有智能化的中央控制系统。无线上网系统、广播扩音系统、照明系统、草坪加热系统、制票检票系统及门禁身份识别系统，所有设施设备功能均按国际赛事场地标准设计施工，充分满足世界级体育赛事、各类活动的要求，规模庞大、齐全，科技含量远离于一般写字楼。

## 3. 使用功能多元化

现代体育场馆在项目及功能的设置上，内部场馆配置一般都设有综合体育馆、游泳馆、足球场及相应配套的训练场馆，以满足各类赛事的需要，如田径、游泳及球类运动。除此之外，相应配套的商业网点，如酒店、超市、餐饮、娱乐场所等，当前最突出的主题是体育休闲公园。主要功能是为体育比赛提供专业化的场地，如田径、足球比赛等，同时，也可用于大型商业演出、大型集会、会展等，呈现使用功能多元化的势态。

## 4. 人性化设计程度高

现代体育场馆在建筑设计上完全实现以人为本的人性化设计，如武汉体育中心的建设，仅供运动员、观众等使用配套设计的洗手间就有 164 个，为弱势人群考虑的残疾人专用通道及残疾人专用看台分布看台各入口，为运动员、观众配备的医务室，以及为满足高水平消费层次人群设计的贵宾包厢等等，都是现代体育场馆人性化设计程度高的充分体现，上述各中心都设有贵宾包厢。

### 5. 配套商业网点密度大、交通通信设施容量大

作为对社会公众开放的现代体育场馆，商业网点、交通通信设施的配置大容量是现代体育场馆必需的，特别是在举行大型赛事、活动时要满足几万人的购物、餐饮、停车、通信信道的畅通并需具备在短时间内疏散观众、车辆的能力。所以要求配套商业网点布局密度大。交通通信容量大。如武汉体育中心配有 3000 辆容量的停车场。

### 6. 新闻、传媒设施设备先进、完善

体育赛事的现场直播是传媒业的主要业务，也是体育产业的重要收入来源，体育产业与传媒业已经形成相关联产业，因此，作为赛事活动载体的现代体育场馆为传媒业提供先进、完善的硬件设施也是体育产业发展自身的需要。如武汉体育中心新闻发布中心的同声传译系统、音像同步系统、无线上网系统、电视转播机房、现场机位设置、内场的广告机等。

### 7. 使用频率低于其他一般物业

现代体育场馆物业使用特点是使用频率远远低于其他一般物业，超长维护保养期，极短使用期。科学合理安排人力资源、有效控制人力资源成本是现代体育场馆管理关注的一个重点。

## 二、体育场馆的客户特点

### 1. 性质单一的业主

体育场馆物业多属政府投资的国有资产，是体育场管部门的下属事业单位，单一业主的特点显而易见。

### 2. 多元化的客户群体

福州海峡奥体中心作为综合性体育场馆，使用功能的多元化决定了其客户群体在知识层次、生活环境、地域背景、民族习惯等方面的差异，从而形成了多元化特点。

（1）体育比赛时，客户群体是国家政府机关官员、体育明星、运动员、教练、裁判员、志愿者、观众、新闻媒体人、记者、商人、医务人员。

（2）演唱会时，客户群体是歌星、演员、演出单位的工作人员、观众、新闻媒体人、记者。

（3）商业活动时，客户群体是商人、购物的市民、助演的演员、新闻媒体人、记者。

（4）同时,作为大型社会公建项目,向社会公众开放的特性又决定了客户群体的广泛性,从普通老百姓到国家政府机关官员，日常参观健身的人群络绎不绝。

## 三、体育场馆的日常管理内容

（一）与赛事相关联的工作

1. 票务管理

体育赛事的门票发售可以通过不同形式完成，如:（1）窗口售票。这是最传统，最有感观效果的方式。（2）网络售票。目前通过网络购票已经成为趋势和票源的最大出口。网络售票把传统的赛事与高科技手段相融合，体现了体育现代化的内涵。此外，集体购票、贵宾票、赠票等方式也较常见。在重要赛事的票务管理上，要特别注意黄牛党利用各种可能囤票、高价转售等容易扰乱市场的行为。

2. 媒体转播

赛事转播是促进赛事宣传，扩大某一运动或赛事影响力的重要手段。媒体转播一般有大型室外转播车，还伴有大批重型转播设备和专业工作人员。确保媒体转播正常进行的关键是电力供应。稳定的电力输出和数据网络，是转播高效、清晰、全程、适时回放等转播手段的重要保障。

物业管理方应派出专门技术人员，集中精力，调动一切技术手段，全方位保证转播工作的顺利完成。

3. 运动员服务

大型体育场馆附近多设有运动员宿舍。没有固定宿舍的场馆，也会在赛前临时开辟运动员休息场所，供中场休息或应急治疗之用。比赛开始前，运动员准备区域严格禁止物管人员进入，更不允许媒体或闲杂人员打扰。赛场休息时，管理服务人员应备足饮料（有的运动队有自己专门的饮料）、毛巾、休息椅等。运动员休息区域应当做双份准备，以为比赛双方提供对等的服务和后勤保障，避免造成不必要的矛盾甚至冲突。为赛事准备的设备要结实耐用，在赛事开始前，要专门组织人员对这些设备给予必要的检查，确保安全。

4. 入场

人员入场是一个循序渐进的过程，也是一个情绪酝酿的过程。因此，要注意把握好如下几方面工作:

入场时特别要注意:仔细检查入场人员携带的物品，危险品、禁止带入的物品一律不得带入赛场。为确保安全,应设置安全门,从技术角度帮助把关。对于长时间聚集在通道旁、停车场、进出口的观众，要及时疏导尽快进入看台就座，避免堵塞通道，甚至形成与其他观众的冲突。

赛场停车场管理任务繁重，随着私家车的日益普及，越来越多的球迷喜欢驾车前往赛场，比赛场馆周围在短时间内车辆猛增，压力骤然增加。需要物业管理方事前与交通管理部门密切合作，制定出预案，派出足够力量指挥疏导，确保车能进得来、停得下、散的快。

5. 散场

散场时要注意把握好以下几点：

公共交通的组织安排。对于利用公共交通离开的球迷，要提前给予明确的乘车指引，快速疏散观众。要注意与当地派出所民警密切配合，防止出现球迷骚乱。

散场后，要立即组织保洁人员对赛场进行清理，及时修整草坪，清洁卫生间，收集运出垃圾，收回临时设立的各种引导标牌，熄灭赛场灯光。

最后的清场非常关键。物业管理人员要进行拉网式清场，无关人员一律不得在现场滞留。对于可疑人员要迅速带离赛场，交公安机关处理。清场全部完毕后，要清点安保器具装备，确保无任何遗漏后关闭大门，结束赛事。

（二）专业物业经营管理工作

1. 卫生间管理

遇有赛事，场馆内的卫生间使用率非常高，污渍也非常多，需要保洁人员注意随时清扫、保洁，确保卫生间始终保持良好的卫生环境，整洁的地面卫生，清新的空气质量，垃圾废纸在合理存量范围内，保证不发生堵塞、返味、厕纸溢满、积水遍地、冲洗不及时等现象。

赛事前，要组织人员检查卫生间管道、水龙头、烘手器、厕位、门锁等设备是否完好可用。发现问题及时维修。要在卫生间显著位置明示卫生间使用规定，提示人们文明使用。

2. 餐饮管理

赛场一般提供小吃和简便食品，如爆米花、三明治、面包、鸡蛋、饮料、冰激凌等。对于赛场内的餐饮场地，要注意现场的地面卫生，注意用电安全，注意废弃物的及时回收清理和外运。赛场一般不提供餐饮用桌椅，观众在购买餐饮品后会直接拿回到座位上边看比赛边食用，食品碎屑和饮料滴落在所难免。要善意提醒顾客文明进餐，注意保持环境卫生；要提醒观众保管好私人物品，如手机、照相机、电脑以及钱包、挎包等物品，以免大意丢失而影响观赛情绪。

餐饮服务是物业服务企业可以考虑开展经营管理的项目之一。因为餐饮只在有赛事时才营业，无赛事时关闭，对于纯经营性质的专业餐饮企业吸引力有限。而物业服务企业依托对场馆提供日常物业服务的便利，可以随时抽调人员提供餐饮服务；其次，体育赛事期间的餐饮简单操作方便，适宜非专业人员掌握；类似餐饮服务以使用电气设备为主，危险性低，且确保电力供应本就在物业职责范围内，可以起到人员兼顾的效果。

3. 车辆管理

与赛事相关的车辆包括很多种。如：观众的私家车，运动员用的轿车、大巴车，急救用的急救车、公安用的警车、指挥车，为疏散观众临时调用的公交车，贵宾及领导用的专车，媒体转播车，以及观众使用的自行车、摩托车、电动车等等。车辆管理要实行分区域、分片包干管理，这样的管理效果最好，最适合大型赛事活动的特点。不同的车要停放在事先规划的区域，不同功能和性质的车辆要事先派发不同颜色和标记的车证以示区别，同时也便于指挥疏导。车辆管理的另一个方面是车辆的安全管理。力争做到自行车不丢失，汽车不剐蹭，公交车不抛锚，运动员轿车不被封堵等。赛事结束散场时，要按照预案，按先后顺序放行车辆，同时，加大向场馆四周放行的速度，尽快疏散聚集在场馆周围的各类车辆，确保观众迅速离开。

（三）其他需要关注的工作

1. 应急预案

各种比赛现场都是意外事故经常发生的场所。为防患于未然，需要物业服务企业提前根据情况制定专门的应急预案，以动用各种资源迅速解决问题。这类预案包括：防止对立球迷冲突预案；防止打砸车辆预案；防止人员拥挤踩踏预案；防止儿童迷路丢失预案；防止意外伤害预案等等。

2. 贵宾护卫

重要赛事或国际赛事，会有重要来宾及国际友人到场观看。确保这些人员在场期间的安全是国家有关部门的责任。但是，仍需物业服务企业各方面人员的密切配合。如秩序维护人员对外围警戒，专用车场警戒巡视，保洁人员对专用卫生间的打扫和保养，工程人员对贵宾区域能源供应和照明情况的保障等。

物业管理服务方要事先明确贵宾服务事项，踏踏实实干好本职工作，不要借机四处张望，指指点点，交头接耳，以免贻误工作；更不能借工作之便跨越警戒线接近贵宾或首长，以免酿成责任事故。根据赛事举办方的要求，物业服务企业可以为贵宾提供有偿陪护服务。

3. 冲突管控

比赛开始前、进行中和比赛结束后，都有可能发生各种冲突。冲突发生的原因可分为：对比赛结果失望、认为裁判裁定不公正、认为球员比赛不投入甚至变相输球、对对方观众的举动不满意等。

冲突的表现形式主要是：聚集在一起迟迟不肯离去，高声呐喊并挥舞旗帜和使用各种可发出尖锐声响的喇叭，阻拦运动员汽车离开，与对方观众互相推搡，相互指责，向对方抛掷石块、水瓶等，严重者会焚烧纸张、旗帜、队服等。

第六章 体育场馆物业的经营管理 **249**

对于上述种种过激行为，物业服务企业的责任是：协助公安机关缓解事态，降低事故等级，妥善保护公共财产，尽量疏导人员散离。不能擅自采取指责、威胁、动用警用器械，更不能擅自参与对上述人员的推搡、谩骂、围攻甚至以暴制暴等行为。

4. 标识管理

准确、醒目、足够的标识，对于确保入场秩序，散场速度，比赛期间的公共秩序都至关重要。体育场馆的标识包括：看台标识、停车标识、方向方位标识、辅助设施标识、禁止标识等；看台标识主要是方便观众迅速找到自己的座位；方位方向标识主要是帮助观众在散场后迅速找到离开的正确方向；停车标识可以帮助驾车人按照既定路线行使，准确停放车辆；辅助标识可以引导观众找到卫生间、小卖部、吸烟区等；禁止标识主要是告知观众不要贸然进入该区域。

物业管理者要定期对上述标识进行维护保养，确保醒目、完善、牢固、整齐。同时应根据国家颁布的有关法规文件，及时补充制作标识，并按规定悬挂或布置，以方便观众识别。

5. 火炬燃气安全

体育场馆在平时阶段燃气需求不多，但在重要赛事活动时，如全运会、奥运会、亚运会等，都需要在赛场点燃火炬，并一直燃至赛事全部结束。物业服务企业工程管理人员要加强对燃气的管理。不仅仅要关注火炬本身，还要做好燃气管线的防漏、防火、防断气等工作。

重要赛事中使用燃气，一般都要事先经过市政主管部门的专项审批。使用前要组织专业人员对管线、器具、阀门等进行全面检查、测试，合格后方可使用。发现不合格现象，要积极配合市政部门的维修工作，在实践中积累经验，提高专业技能水平。燃气的使用，要严格按照赛事要求进行，不得随意关闭，不得随意调节，一切都要在市政主管部门主管人员的指挥下进行，物业人员不要盲目操作，避免引发责任事故。

# 四、体育场馆的运营特点

## 1. 日常商业活动频繁的运营特点

现代体育场馆的日常运营相对集中在商业活动方面。如经营较为成功的上海东亚体育文化中心内的上海富豪东亚大酒店（四星级）、"运动员之家"（宾馆）、上海市周边旅游集散市场、对外开放的羽毛球训练场、杭州黄龙体育中心内的好又多超市、恒利宾馆、富有特色的黄龙体育中心酒吧一条街、乒乓球训练场、成都体育中心的会所经营、虹口足球场的健身馆等等，各个业主均利用体育场馆空闲时间开放的体育馆场大力创收经营。

**2. 大型赛事、活动期的运营特点**

现代体育场馆在大型赛事、活动举行时，最大的运营特点是人口密度在一定时间内迅速增大，结束后又急剧减少。

（1）大型赛事、活动准备工作期的运营特点

在此期间，大型赛事、活动的举办单位、参加单位、配合单位、新闻媒体的工作人员、服务人员，及各类物资器材大量进场，体育场馆的各类专业设施设备全面开始启用，如专业训练场、各类办公用房的使用准备等，足球比赛的画线、球门挂网准备，商业演出的舞台搭建、草坪盖板铺设等。

（2）大型赛事、活动举行时的运营特点

大型赛事、活动的安全保洁人员、检票人员等工作人员及观众在 1~3 个小时内全部进场后人员迅速达到几万人，体育场馆所有机电设备、强弱电系统、配套功能用房、停车场等全面投入使用，配套的餐饮、商业网点的经营活动亦随之活跃起来。

（3）大型赛事、活动结束时运营特点

大型赛事、活动一旦结束，运动员、演员要马上离场，为避免围观观众也要在短时间内退场，确保几万人在短时间内安全撤离，各设施设备满负荷运转充分发挥现代体育场馆强大的疏散功能，主办组织单位及体育场馆的各临时设施连夜撤卸等各工作的实施是大型赛事、活动结束时最大的运营特点。

[第二节]
体育场馆物业经营管理运作

体育场馆属于大型社会公建项目，具有规模大、建筑形式新颖独特、科技含量高、设备特殊复杂等特点。现代体育场馆的属性最具大型社会公建项目的特征。对参与体育场馆经营管理的物业服务企业而言，应紧紧抓住根据现代体育场馆的物业特点、运营特点、客户特点，认真分析其经营管理的重点和难点，有的放矢地做好预算、组织结构、人员选派、赛事配合、服务设备的配置等项工作，才能在体育场馆的管理中独树一帜，创立自己的品牌和核心竞争力。

# 一、人力资源配备工作

现代体育场馆建筑规模大、设施设备多、科技含量高、客户群体广等一系列特点要求专业物业管理企业必须在涉及的每个领域都是专家，因此，要做好以下几个方面专业人才的配备工作。

1. 体育专业人才。体育场地使用的规范、体育器材的识别、体育运动的各项要求，没有专业人才，无法实现现代体育场馆赛事服务，甚至是管理处的保管员也具有裁判员资格证。

2. 专业场地维护专业人才。足球草坪、田径跑道都是现代体育场馆的重要设施，本身价值都是几百万元，甚至上千万元，维护不当，不仅遭受巨大的经济损失，而且在同行的竞争中造成很坏的影响，专业场地维护专业人才的引进与培养是关键的一环。

3. 高科技专业人才。大型赛事、活动的大屏正常显示、音响设备的安全播放、检票口的规范操作、运动员休息的热水供应等等每个环节工作，都要求专业人才持证上岗、熟练排除故障。

4. 全方位高素质的服务专业人才。现代体育场馆客户特点要求接待服务人员综合素质高，语言能力、沟通能力、接待礼仪、处事应变能力等等，是高水准服务的直接体现，也是企业精神风貌的充分展示。

5. 全民健身的带头人，是群众健身活动的组织者、倡导者。优秀的带头人使公众活动朝健康化发展，对社会的安定团结起着至关重要的作用。

这么多的专业人才，随着管理水平的不断提高、人才的成长，同时也能为公司的发展储备大量的人才，利用这些储备资源向外扩张，独立承接单项服务也是市场拓展工作可以开辟新领域、新行业的有力保障。

## 二、确立物业管理架构

现代体育场馆物业使用特点是使用频率远远低于其他一般物业,超长维护保养期,极短使用期。科学合理安排人力资源并有效控制人力资源成本是现代体育场馆管理关注的一个重点。

一般物业使用时,物业管理工作均衡性强,时间持久,人员流量变化基本不大,而体育场馆平常(非大型赛事、活动期)情况下各功能设施都处于停止运行状态,无须操作,所需人员极少,而一旦进入大型赛事、活动期,则需要大量训练有素的专业人员,开启各项设施设备、系统,并且满负荷运行,环境保障需在短时间内达到使用要求,安全保卫要各就各位,服务人员要提供准确到位的服务等。招商局物业武汉公司经过一年多的实际管理表明无论是大型赛事还是商业演出活动(即大型赛事、活动期),体育场馆使用时需要的各类操作、服务人员是平时日常(非大型赛事、活动期)管理操作、服务人员的2~6倍,因此,如何设置有效低成本的管理架构、人员岗位,是现代体育场馆实施专业物业管理的关键所在。

### 1. 日常管理工作组织架构

按照大型赛事、活动期设置管理处,按照非大型赛事、活动期配备部门人员。

如武汉体育中心管理处架构设置及各部门职能:(1)环境部负责合同范围内保洁内容并协调与环卫部门的关系。(2)场馆服务部负责体育馆内场草坪、跑道的日常维护和大型赛事、活动期间的服务保障。(3)信息技术部负责体育场馆网络通信、智能化控制部分的日常维修保养,并保证大型赛事、活动期间监控系统、音响等正常运行。(4)机电工程部负责体育场馆机电设备部分的日常维修保养,并保证大型赛事、活动期间电梯、空调等正常运行。总人数配置50人。

在实地考察的体育场馆中,例如,上海东亚体育文化中心正式员工324人;杭州黄龙体育中心编制116人,在岗200人左右;广东奥林匹克体育中心编制100人,在岗160人。基本上是按体育场馆大型赛事、活动期所需人员配置。实际情况是平常(非大型赛事、活动期)大量人员处于闲置状态。作为微利行业的物业管理,不可能长期雇佣大批量工作不是那么饱和的员工投入到体育场馆的管理中。

在人力资源成本有效控制上,武汉体育中心采用专业物业管理的优势显露无疑。武汉体育中心业主单位正式员工13人,主要承担经营职能,而武汉招商局物业则充分发挥集约化、资源共享优势,设立的武汉体育中心管理处实际在岗人数50人,保证体育场馆日常管理。在举办大型赛事、活动时,调集公司各部门、其他管理处员工支援体育中心管理处,这样不仅有效地保证了大型赛事、活动的正常有序进行,融入更多人性化的服务,提升整体服务水平,同时,极大地降低了人力资源成本。

254

**2. 大型赛事、活动保障工作组织架构**

发挥专业物业管理公司人力资源优势，在原日常管理工作组织架构的基础上扩充各部门工作职能、人员配置等。集合专业物业管理公司上下之力组成"大型赛事、活动工作保障组"，下分为若干个专业工作组。根据大型赛事、活动的工作需要，合理分配人力资源，保障各项工作的正常进行。

以在武汉体育中心举行的"2004奥运会男子足球亚洲区预选赛武汉赛区（U-23）"为例。共计设8个专业工作组，人员配备总数为297人。各专业工作组职能：（1）接待服务组：负责主、客队训练、比赛及各级领导、官员、教练员、球员、来宾、记者等人员的接待服务工作；负责部分售票工作。（2）保洁组：负责除外场以外全部区域的环境卫生工作。（3）机电设备组：负责各种机电设备设施的安全运行工作。（4）弱电组：负责各种弱电设备设施的安全运行保障工作及服务收费工作。（5）场地保障服务组：负责比赛场地设备设施的安装管理工作。（6）检票组：负责各检票口检票工作。（7）车辆管理组：负责体育中心外停车场车辆停放秩序维护及交通疏导。（8）综合保障组：负责公司支援人员及体育中心管理处人员的交通、饮食等生活保障工作，负责采购比赛所需的各项用品、工具、备件、耗材等，负责收集赛事信息及工作进展情况。

# 三、大型机械化维护

设备配备现代体育场馆面积大，配备必要的专业机械是减少人力成本。提高劳动效率的有效手段。如武汉体育中心疏散平台面积为28275平方米，日常保洁人工彻底保洁一次，需1人使用尘推花费5个工作日的时间完成，如用中型清扫车全面清扫吸尘一次，需1人驾驶花费半个工作日的时间完成；如近20000平方米的专业草坪，在配备齐各种机械设备后，包括修剪、浇水、撒药、覆沙所有工作，仅需按专职2人配备。

# 四、建立完善的运行管理和服务保障体系

**1. 制定详细的覆盖各专业工作的规章制度**

现代体育场馆大型赛事、活动时期的运行管理需要事先制定周密的计划，并提前一周时间安排部署、沟通协调好。大型赛事、活动的举办，有电视现场直播，新闻记者的现场采访，国际、国家、地方组织官员的光临，一旦有任何工作不到位的情况，负面影响

是不可估量的，而且是即时的。现在体育中心管理处每次接待大型赛事、活动时，都把它当作一次政治任务，每个环节都进入高度警备状态，不得有任何的失误，每次大型赛事、活动前模拟演练已成为检查大型赛事、活动时期的运行管理和服务保障情况的必要手段，并确保一次都不能少。

**2. 制定大型赛事、演出活动的各种应急方案**

针对大型赛事、活动期的运营特点，大型赛事、活动期的运行管理和服务保障主要体现在各种大型赛事、活动期的应急处理上。

（1）机电设施设备的应急操作。体育场馆的机电设施设备在日常工作中，除了正常维保与检查外，在每场赛事活动前，制定演练计划并进行实操演习是必须要做的工作。特别是在赛事和活动进行时，要确保各设备的运行不能出现一点闪失，并能随时启动应急设备。其管理范围突发性地剧增，是对高科技人才做好维保、记录及日常实操管理水平的集中考验。

（2）保洁工作的应急安排。对于一个大容纳量的体育场馆，保洁面广、工作量大、工作任务集中，且在赛事、活动期间，要根据不同功能区域采取不同的保洁标准和程序，事前制定保洁标准、程序是确保大型赛事活动顺利进行的必要条件。

（3）严谨细致的保卫工作。在大型赛事、活动期间，体育场馆人口密度会急剧增大。开场前，大量人群在短时间内集中进入，散场时，集中的人群必须迅速地疏散。这就要求保安人员必须具备训练有素的专业安全管理技能，加强设备设施的安全、观众的安全、贵宾的安全、工作人员的安全、车辆的管理及活动中各种突发事件的处理技能，同时，要与地方对口管理机构保持密切有效联络，有力保证大型赛事、活动期间的安全。

（4）制定每次活动的物管方案。包括覆盖各类客户的专业化、人性化服务。客户群体的多元化直接导致了物业使用人需要提供服务的复杂化和差异化，具有服务需求面广的特点。由于服务的对象广泛，特别对多元化的客户群体，不同规格的接待都非常讲究细节服务，注意一些民族习俗、地域差异关怀等，充分体现了涵盖面广的人性化服务需求。同时，应做好内外人员的调度协调工作及对内的后勤保障工作。

# 五、体育场馆管理应注意的几个事项

在对体育场馆实施物业管理过程中应注意的几个事项：

1. 风险防范措施：安全问题，避免纠纷、人员受伤，提前开启通道。

2. 避免法律纠纷：法律问题，对逃票、破坏设施人员的处置。

3. 设施保护手段: 收取押金, 对组织单位将收保证金, 防止设施受损。

4. 内部纪律规定: 对员工"以权谋私"的管理, 带人进入, 与明星合影签字等。

## 六、标书要点内容建议

### 1. 组织架构与专业人员保障

承担体育场馆的物业经营管理与服务, 需要事先详尽了解场馆在设计、建设方面的特点, 了解项目在设备选型定性、安装、调试方面的资料信息, 了解建设方 (投资方) 对场馆使用方向、功能设想和投资收益方面的期望, 做到心中有数。

体育场馆在物业经营与管理方面的一大特点是: 高度的专业性和广泛的普及性相结合。换句话说, 就是高水平的运动竞技与广泛的大众参与相结合。为此, 物业经营管理与服务要符合两方面的需要: 职业运动的专业配套需要和娱乐性大众化需要。

在设置组织机构和人员编制时, 物业服务企业要从满足两方面的需求出发, 有目的地进行组织设计和编排人员岗位。要考虑到在非活动期间, 各种设施处于相对停止的状态; 而到了赛季, 则需要大量专业人员, 以满足赛场运转的需要。经验表明, 体育场馆在运转阶段的用人量是停运时用人量的 4 ~ 6 倍。如何在短时间内抽调、培训、布置到位并确保员工的服务质量, 确实需要物业服务企业作出周密而系统化的安排。

### 2. 与各主管部门的联系和协作能力

相对于写字楼而言, 体育场馆在经营管理的工作中, 需要与各方面的机构建立并维持联系, 如: 体育管理部门、派出所、公交场站、媒体、市政管理部门、卫生防疫部门、医院广告商、票务中介等。因此, 在选择物业项目第一负责人时, 应选派有统筹规划能力、协调性强、公关能力强的人选。

### 3. 设备设施管理水平

体育场馆的主要功能是为体育比赛提供专业化的场地, 如田径比赛, 足球比赛等。同时, 也可以用于大型商业演出、大型集会、大型会展等, 呈现出使用上的多元化状态。体育场馆投资巨大, 设备完善, 功能齐全。除了一般性设备如电梯、空调、给排水等设备外, 还包括广播扩音系统、照明系统、制票检票系统、安防及门禁系统、无线上网系统等。

要确保体育场馆在无赛事期各项设备得到精心、定期、专业的维护保养, 确保赛期设备设施能满足赛事需要，不因出现系统瘫痪或故障而影响比赛，是对物业工程技术部门的艰巨而长期的考验。

体育赛事现场转播是传媒业的主要业务，也是体育产业的重要收入来源，体育产业与传媒业已经成为关联产业，体育场馆为赛事的转播设计提供了众多专门设备与安排，如同声传译系统、电视转播机房、现场机位设置、场内广告等。这些设备与安排对于从事一般性物业经营管理的企业而言，非常陌生，需要配备专业性强的技术人员。如果没有这方面的专业人员，不要勉为其难，而是实事求是地把这部分工作外包给专业公司负责。

### 4. 保洁工作

一个体育场馆，可以为少则数千人，多则数万人提供赛事观看空间。观众在比赛开始前纷至沓来，比赛结束后一哄而散，留下数量众多的垃圾需要立即清运处理。

卫生间的超负荷使用往往会使设备在比赛结束后立即需要维护甚至大修，以确保设施的持续服务能力。

体育场馆的建筑外观设计都追求新颖别致，大量使用玻璃、不锈钢和特种饰材。这对外墙定期保养和清洁提出了更高要求。

有的体育场馆为了创收，利用赛事间隙举办各类培训班。不少训练班都在周末或晚间开办。这种情况与正常的保洁规律完全不相符合，对保洁人员的排班、值班、倒班形成了较大影响，甚至影响员工的稳定性，要注意调整安排。

### 5. 专业赛事与群众性体育活动

体育赛事一般由国家主管部门或专业组织举办，具有权威性、正规性和专业性。但在专业赛事过后，物业服务企业可以充分利用赛季的空闲期组织群众性体育活动。这既可以丰富人民群众的业余生活，达到全民健身的效果，也可以增加物业服务企业的收入，提高企业的综合管理和经营能力。

体育场馆不仅有正规的专门为专业比赛使用的场馆，也有为运动员热身、日常训练而设置的小型运动场地。这些场地，可以由物业服务企业与场馆所有者达成某种协议，在一定条件下和某一阶段内，由物业服务企业承包经营或租赁管理。这样，既充分发挥了场馆的使用效率，又可以为物业服务企业的多种经营和综合服务水平的提升创造有利条件和可能，是一种多赢的局面。

[第三节]
体育场馆物业经营管理的策划与运作案例展示

## 案例 01：福州海峡奥体中心物业管理服务的策划与运作

## 一、项目概况

福州市海峡奥体中心是首届全国青年运动会的主赛场，位于福州市南台岛仓山组团中部，北临建新大道，南至规划凤山路，东起福湾路，西至规划路，属于特级特大型体育建筑。该项目工程概算总投资约 30 亿元，由中国建筑股份有限公司负责施工建设，目前为福建省规模最大的体育中心（见图 6-1）。

图6-1 福州市海峡奥体中心

根据相关规划理念，海峡奥体中心核心地块分为"一场一村三馆"5 个区域——南侧为主体育场（南区），占地面积 73.3 公顷。占地面积：61577 平方米，总建筑面积：119772 平方米，总座椅数为 59562 座；周边设置田径训练场、专业足球训练场地，及一些篮球、排球等小球活动场地。主体育场北侧集中设置体育馆、游泳馆、网球馆（北区）。体育馆建筑面积约 4.2 万平方米，总座椅数为 12980 座；游泳馆建筑面积 3.3 万平方米，总座椅数为 3978 座；网球馆建筑面积约 3 万平方米，总座椅数为 3152 座；三栋建筑计划设成品字形排列，体育馆与体育场处于同一轴线上。游泳馆、网球馆造型相似，分别位于体育馆两侧。而运动员村则毗邻海峡奥体中心，占据奥体板块重要位置。总建筑面积约 43 万平方米，分为南北两个地块。北区地块建有 22 栋 18 ~ 22 层新法式建筑，共约 1700 余套住宅，在城运会时作为运动员公寓；南区作为商服用地，建有 12 万平方米的城市综合体，包含大型商场、超市、五星级酒店以及写字楼等。

# 二、物业特点及客户群体分析

（一）项目自身的物业特点

福州市海峡奥体中心以举办体育活动及大型演出为主，集合全民健身、保健、培训等服务功能，为广大市民提供健身、娱乐、休闲服务，并可举办如会议、会展、演讲等多种形态商业活动。作为体育专管物业具有如下特点：

1. 占地面积广、建筑规模大、功能综合性强、投资金额高

奥体中心的建设标准除满足大型体育赛事外，还要兼顾全民健身的需求、大型商演活动需要，基本上都要是按照满足于大型国际、综合性赛事要求实施建设的，同时，建设选址充分考虑了交通便利。在项目及功能的设置上，奥体中心内都有：综合体育场、游泳馆、网球馆、运动员村等配套的训练场及医院、酒店、商业街等配套商业网点。

2. 设施设备规模庞大、齐全、技术含量高

体育场馆除了拥有写字楼的消防、供电、给排水、空调、电梯等常规设备外，专门配置有智能化的控制系统、无线上网系统、广播扩音系统、照明系统、制票检票及门禁身份证识别系统，配备了自动雨水收集系统及节能环保的设备设施，所有设施设备功能按国际赛事场地标准设计施工，充分满足体育赛事、各类活动的要求和现代环保理念的要求。

3. 综合业态多，功能多元化

所有场馆主要功能是为体育比赛提供专业化的场地，如田径、足球、游泳、篮球、乒乓球、网球等综合赛事比赛等，同时，也可用于大型商业演出，全民健身集中地、大型集会、会展等，呈现使用功能多元化的势态（见图 6-2）。

4. 人性化设计程度高

（1）室内场馆的每个观众座椅下，都配备了空调出风口。保证到场观众有一个舒适的观赛环境。

（2）两个室内场馆比赛时都处于封闭状态，但遇到火灾等紧急情况时，屋顶的透明窗户会自动打开，加快烟雾扩散速度。

（3）每层每隔 20 米就有设置可直接饮用的专用饮水设施，分高、中、低水位，方便不同人群使用。

（4）设置了残疾人专用通道及专用设备的看台分布在各入口，及满足特殊人群需求设

计的贵宾包厢。

（5）男女洗手间每层每隔20米就有明显的标识，功能使用符合各种人群需要（如残疾人等）。

（6）设置了新闻发布厅、记者工作室、裁判员休息室、运动员休息室、兴奋剂检查室、医务室、电视转播间、球童及赛事陪伴员的休息室等供赛事使用的各类比赛功能用房。

5. 配套商业网点及医疗卫生所密度大，交通通信设施容量大

作为向社会公众开放的体育场馆，商业网点、医疗卫生所、交通通信设施大容量的配置是现代的体育场馆必备的，特别是在举行大型综合体育赛事、大型活动时，要满足数万人的购物、餐馆、停车、通信的需求，并需具备在短时间内疏散观众、车辆的能力。

6. 安全消防等级高

7. 出入口多，不易控制

8. 大型活动瞬间人流多

9. 场管营业时间长

10. 建筑及建筑材料复杂

综上，对于体育中心的物业管理内容亦有别于传统的物业管理。

图6-2　奥体中心主体育场

（二）客户群特征分析

1. 多元化的客户群体

福州海峡奥体中心作为综合性体育场馆，使用功能的多元化决定了其客户群体在知识层次、生活环境、地域背景、民族习惯等方面的差异，从而形成了多元化特点。体育比赛时，客户群体是国家政府机关官员、体育明星、运动员、教练、裁判员、志愿者、观众、新闻媒体人、记者、商人、医务人员；演唱会时，客户群体是歌星、演员、演出单位的工作人员、

观众、新闻媒体人、记者；商业活动时，客户群体是商人、购物的市民、助演的演员、新闻媒体人、记者；同时，作为大型社会公建项目，向社会公众开放的特性又决定了客户群体的广泛性，从普通老百姓到国家政府机关官员，日常参观健身的人群络绎不绝。

2. 性质单一的业主

福州海峡奥体中心属政府投资的国有资产，是体育场管部门的下属事业单位，单一业主的特点显而易见。

（三）服务需求分析

奥体中心的场馆建筑规模大、设施设备多、科技含量高、客户群体等一系列特点，要求物业企业必须做到以下几个方面：

1. 体育专业人才。体育场地使用的规范、体育器材的识别、体育运动的各项要求，没有专业人才，无法做到为大型体育赛事服务。

2. 专业场地维护人才。足球草坪、田径跑道都是大型体育场馆的重要设施，本身价值都要是上百万元，甚至数千万元，维护不当，不仅遭受巨大经济损失，而且影响比赛结果。场地维护是做好场馆管理的关键一环。

3. 高科技专业人才。大型赛事、活动的大屏幕正常显示、音响设备的安全播放、检票口的规范操作、运动员休息的热水供应等等每个环节工作，都要求专业人才持上岗证、熟练排除故障。

4. 全方位高素质的服务专业人才。大型体育馆客户特点要求接待服务人员综合素质高，语言能力、沟通能力、接待礼仪、处事应变能力等等，是高水准的直接体现，也是企业精神风貌的展示。

5. 工程部负责体育场馆机电设备部分的日常维修保养，并保证大型赛事、活动期间电梯、空调、消防设施等正常运行。

6. 保洁部门关乎体育场馆的形象，在大型体育赛事或其他商演时，前来的人群多元性，必须对整个场馆分片区的工作安排，各岗位应每日每时不间断循环地进行保洁，清理垃圾。

# 三、项目服务的重点、难点及针对性对策

（一）有效低成本的管理架构与人员岗位的设置

奥体中心场馆的使用频率远远低于其他一般物业，超长维护保养期，极短使用期，科学合理安排人力资源、有效控制人力资源成本是现代体育场馆管理关注的一个重点。一般

物业使用时，物业管理工作均衡性强，时间持久，人员流量变化基本不大，而体育场馆平常（非大型赛事、活动期）情况下各功能设施都处于停止运行状态，无需操作，管理人员和所需人员极少，而一旦进入大型赛事、活动期，则需要大量训练有素的专业人员，开启各项设施设备、系统，并且满负荷运行、环境保障需在短时间内达到使用要求、安全保卫要各就各位、服务人员要提供准确到位的服务等。

无论是大型赛事还是商业演出活动（即大型赛事、活动期），体育场馆使用时需要的各类操作、服务人员是平时日常（非大型赛事、活动期）管理操作、服务人员的 2 ～ 6 倍，因此，如何设置有效低成本的管理架构、人员岗位，是现代体育场馆实施专业物业管理的关键所在。

1. 设立体育中心管理处实际在岗人数，保证体育场馆日常管理

在举办大型赛事、活动时，调集公司各部门、其他管理处员工支援体育中心管理处，这样不仅有效地保证了大型赛事、活动的正常有序进行，融入更多人性化的服务，提升整体服务水平，同时，极大地降低了人力资源成本。

2. 组成"大型赛事、活动工作保障组"

发挥专业物业管理公司人力资源优势，在原日常管理工作组织架构的基础上扩充各部门工作职能、人员配置等，集合专业物业管理公司上下之力组成"大型赛事、活动工作保障组"，下分为若干个专业工作组，根据大型赛事、活动的工作需要，合理分配人力资源，保障各项工作的正常进行。各专业工作组职能：

（1）接待服务组：负责主、客队训练、比赛及各级领导、官员、教练员、球员、来宾、记者等人员的接待服务工作；负责部分售票工作。

（2）保洁组：负责除外场以外全部区域的环境卫生工作。

（3）机电设备组：负责各种机电设备设施安全运行工作。

（4）弱电组：负责各种弱电设备设施的安全运行保障工作及服务收费工作。

（5）场地保障服务组：负责比赛场地设备设施的安装管理工作。

（6）检票组：负责各检票口检票工作。

（7）车辆管理组：负责体育中心外停车场车辆停放秩序维护及交通疏导。

（8）综合保障组：负责公司支援人员及体育中心管理处人员的交通、饮食等生活保障工作；负责采购比赛所需的各项用品、工具、备件、耗材等。负责收集赛事信息及工作进展情况。

3. 配备必要的专业机械是减少人力成本、提高劳动效率的有效手段

日常保洁人工彻底保洁一次，需 1 人使用尘推花费 5 个工作日的时间完成，如用中型清扫车全面清扫吸尘一次，需 1 人驾驶花费半个工作日的时间完成；如近 20000 平方米的

专业草坪，在配备齐各种机械设备后，包括修剪、浇水、洒药、覆沙所有工作，仅需按专职 2 人配备。

（二）安保问题及其对策

赛事开场前、后，大量人群进出，车辆停放等安保问题。拟采取以下措施：

1. 与市公安机关、保安公司、当地村委、居委会等职能部门建立良好的共建关系，争取在有大型赛事时委派人员支援。保证大型赛事、活动期间的安全。

2. 大量人群在短时间内集中进、出，这就要求安防人员必须具备训练有素的专业安全管理技能，加强设备设施的安全，观众、群众等各类人士的安全。

3. 制定严格的车辆、交通管理制度，加强对现有停车场所和交通通道的管控。在不宜停车的场所（特别是辖区花园绿地）设置必要障碍物和标识，劝阻随意停放、占道停放的现象。在不影响消防通道的情况下可临时设置停车位。保持行车路线、泊位标志清晰，消防通道的畅通，确保车辆停放有序。

（三）消防隐患及预防措施

由于项目的规模大、人员密集、疏散困难，以及使用功能和形式多样化，导致火灾因素多等消防隐患。做到如下预防措施：

1. 应明确消防安全职责，制定消防安全制度，操作规程，并定期开展消防安全评估。

2. 保障疏散通道、安全出口、消防车通道畅通。

3. 确定各类消防设施的操作维护人员，消防设施，器材以及消防安全标志完好有效，处于正常运行状态。

4. 确定消防安全重点部位和相应的消防安全管理措施。

5. 针对场所实际情况制定灭火的应急疏散预案，并组织消防演练。

（四）做好基本保障，尤其要做好工程管理工作

在大型体育场馆的基本物业管理工作中，工程管理是其中的重中之重。工程设备管理是中心的心脏，能否保证主、副场馆各个系统安全、正常运行机制十分重要。所以说，工程管理是物业管理能否成功的关键之一。在对体育场馆的工程管理上，将重点把握以下几个原则：

1. 贯彻主管负责制的原则。即形成以工程部主管为核心的设备设施管理组织机构，给予充分的责权保证，使其政令直通，贯穿到位。

2. 实施精兵简政的原则。工程管理具有综合性和随机性地动态特点，在技术力量配备方面，不宜样样俱全，而要求技术人员精干熟练，关于解决实际问题，达到用人少而精、工作效率高的目标即可。

3. 实行管理、技术和经济一体的原则。即对设备维修、成本控制、材料购置等进行综

合性的经济评价，突出以降低成本为中心。

4. 切合场馆实际的原则。

5. 落实"预防为主"的设备检修原则。根据季节性变化和运行规律，加强维修计划管理，注重实效维修工作，做到急者先行，缓者放后，主次有另，有条不紊。

6. 机电设施设备的应急操作。体育场馆的机电设施设备在日常工作中，除了正常维保与检查外，在每场赛事活动前，制定演练计划并进行实操演习是必须要做的工作。特别是在赛事和活动进行时，要确保各设备的运行不能出现一点闪失，并能随时启动应急设备。其管理范围突发性地剧增，是对高科技人才做好维保、记录及日常实操管理水平的集中考验。

（五）要求面面俱到的保洁工作

1. 对于一个大容纳量的体育场馆，保洁面广、工作量大、工作任务集中，且在赛事、活动期间，要根据不同功能区域采取不同的保洁标准和程序，事前制定保洁标准、程序是确保大型赛事活动顺利进行的必要条件。

2. 因地域差异性，随手抛撒垃圾、不讲究卫生习惯一时难以改正的现象还是存在的，以至破坏了整个体育场馆的美好环境。就需要加强检查监督管理力度，加强巡视检查保洁情况密度，发现问题立即处理。并合理设置垃圾桶的摆放位置。

（六）体育场馆物业管理实施过程中应注意的几个事项

1. 安全防范措施：安全问题，避免纠纷、人员受伤，提前开启通道。

2. 避免法律纠纷：法律问题，对逃票、破坏设施人员的处置。

3. 设施保护手段：收取押金，对组织单位将收保证金，防止设施受损。

4. 内部纪律规定：对员工"以权谋私"的管理，例如，带人进入，与明星合影签字等。

# 四、拟采取的管理服务措施

福州海峡奥体中心作为福州市区域性的地标建筑，作为运营单位需要保证大型赛事、活动及日常群众健身运动的顺利进行。要求物业管理公司对不同业态的商铺管理既要提供高品质的物管服务，又要完成大型活动的相关物业临时服务任务。

（一）管理模式——自管、委外相结合

1. 工程与设备维护：自管（日常运行）+委外（维护保养、大型活动配合）。

2. 安全保卫：自管（日常管理）+委外（赛事、大型活动）。

3. 停车场管理：自管（日常管理）+委外（赛事、大型活动）。

4. 场地的清洁、消杀：委外 + 巡视检查（日常服务、大型活动）。

5. 绿化和草坪养护：委外 + 巡视检查（日常服务、大型活动）。

6. 各类活动保障：自管 + 委外。

（二）管理思路

1. 专业管理

（1）人员组成方面：从公司管理的其他项目组织工程、安全、客服等部门，相关专业具有丰富管理经验人员参与项目筹备工作。

（2）人员招聘及培训：招聘高素质物业服务人员，按物业管理的相关内容制定培训计划并落实到位，充分依靠现场安装工程师及专业力量，保证相关物业服务人员的业务水平达标，保证场馆设施设备正常运行。

2. 即时服务，显性管理

（1）即时服务：即在客户需要帮助时响应及时，为客户提供优质的服务。

（2）显性服务：是在客户需要帮助时能随时找到相关服务人员进行咨询并解决问题。

3. 全面实施 ISO9001 标准化管理

实施 ISO9001 质量保证海峡奥体中心物业管理规范化的保证，公司在管理中将全面导入 ISO9001 的管理体系，保证管理的规范化、制度化。

4. 专业组合，强强联合

物业公司整合社会上相关有雄厚实力的专业外判公司提供服务，可在保证低成本、高效率的前提下，确保服务品质，有效提高物业管理的服务水平。

（三）提供全方位的物业服务

海峡奥体中心高端物业服务文体盛会对物业服务的综合要求是近乎苛刻的，需物业公司对项目承接查验前的代管、承接查验、物资移入、赛前试运行及演练、开闭幕式、赛时服务、应急协同及赛后相关工作等关键环节，要求物业服务企业必须具备超强的系统运营能力和资源整合能力。

海峡奥体中心物业服务中心提供全方位的服务如下：

1. 柜台服务。包括访客接待、留言服务、物件代收托管、叫车服务。

2. 公众服务。包括问询服务、票务服务、检票服务、监控服务、停车服务 。

3. 特殊服务。包括铺装应急无障碍盲道、场区服务导览、布置残疾标识、设立服务热线、活动期间的供水、活动经营。

4. 商务服务。休闲旅游 \ 文艺活动接待、预约租车服务、代订机位 \ 车票、代订旅馆 \ 餐厅、代订餐点、商务代办服务（影印、传真等事务服务）、商务秘书服务（文件打印、商务联系、个人名片印制、专属信封\纸印制服务）、会议设施预定服务。

5.VIP 服务。包括公共设施预约使用服务、大型活动企划、租用会讯企划、场地预约服务。

6. 大型活动服务。大型活动保障、贵宾接待、现场管理、技能培训。

同时，物业保障团队主要对场地设施运行、环境清废运行、客户服务信息中心、消防与钥匙管理、综合行政、国奥中心客户服务、奥体中心全区物业保障测试项目进行测试。在平时演练中物业管理遇到的"障碍"，物业保障团队均能在规定时间内，按照规定优质完成。安保也是大型赛事物管的重点。服务人员严格按照服务流程开展工作，不得随意串岗，并遵守相关保密制度。另外，需要编制各类应急预案，并按紧急程度分级。确保物业服务全方面有序的进行。

## 五、项目服务机构组织架构设置与人员安排

项目管理处下设客服部、工程部、秩序维护部与环境管理部四部。日常管理服务人员的配备 182 人。

## 六、项目管理的多元监督与自我约束机制

（一）项目管理的监督机制

公司开展物业管理服务过程中的每一个管理举措，都会得到来自于公司内部与社会、广大业主的监督（见图6-3）。

（1）公开监督制：公布管理投诉电话，设立管理服务中心主任、公司总经理信箱，24小时受理投诉，接受监督。

（2）业主评议制：定期向业主发放意见征询表，采纳业主的服务需求，接受业主的批评与建议，不断提高服务的效率与质量。

（3）定期报告制：管理服务中心会定期向业主委员会、福州市、仓山区物业行政主管部门报告管理服务工作，保持交流，确保实现公司的管理服务承诺。

（4）外部监督制：管理服务及相关制度符合法规、政策要求，并接受福州市物业主管部门、市物业管理协会等单位的监督。

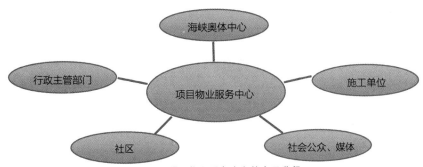

图6-3 项目物业服务中心的多元监督

（二）自我约束机制

建立以下四个层次的约束机制对服务提供保障。

1. 国家及地方相关法律法规的约束。

2. 签订详细完善的《物业管理合同》。

3. 公司内部管理制度的约束。

4. 管理处内部的自我约束。

# 七、物业运营管理要点

对于体育中心这座地标性综合体育建筑，物业公司在安全保卫、清洁、绿化、消杀、设备运行及维护方面需表现出相对应的专业性，提供高端品质的物业管理服务，以满足及超出上述服务对象的各类服务需求。

（一）工程日常运营管理方案

1. 供配电系统管理

项目供配电系统是指由供电局变电所出线端到本管理区域内的主供电线路，以及由主供电线路至各用户户内总开关前的所有高低压配电柜、电力变压器、发电机组、动力母线排及电缆、开关箱、市电/发电转换柜、公共照明等供电线路及供配电设备组成。项目为体育场馆物业，要求供配电系统供电质量稳定且安全系数高，供电局提供三条10kV进线（一用两备），同时，配备了三台发电机组作为停电时应急供电，共有七个配电房分别对空调系统，体育场、体育馆、游泳馆进行分区供电，有效地保障了该项目用电的稳定、安全及供配电设备的安全运行。

建立供配电系统24小时值班，日常每小时巡检记录制度与活动期即时监控制度结合运行方式，及时掌握供配电系统运行动态，排除设备隐患，保障供配电系统的正常运行。

2. 弱电、消防系统管理

体育中心弱电系统包含以下部分。

1）安防系统：包括闭路电视监控系统、门禁系统、防盗报警系、电子巡更管理系统、停车场管理系统等。

2）建筑设备自动化系统：包括楼宇自控系统、公共广播系统。

3）赛时弱电专用系统：包括标准时钟系统 1 套、升旗系统 3 套、售检票系统、计时计分成绩处理系统 3 套。

4）无线对讲系统、有线电视系统、信息发布和查询系统、多媒体会议系统 3 套、视频转播系统 2 套、扩声系统 3 套。

5）消防火灾自动报警及联动系统。

3. 通风、空调、蓄冰、锅炉系统日常运行管理

空调系统设备主要有：双工况主机 2 台，基载主机 3 台，冷却塔 5 组，冷冻泵 32 台，冷却泵 8 台，板式热交换器 2 台，蓄冰槽 12 组，乙二醇泵 3 台，新风、空气处理设备 187 台等。项目业态复杂，设备位置分散、分布范围广，且营业时间长（9 点~次日凌晨），主要含商铺空调，赛馆及各功能房的日常空调需求，要求各不相同。

4. 给排水系统日常运行管理

体育中心生活水低区 1F ~ B1F 由市政管网压力供水，高区 2F 及以上二次加压供水，设计最高日用量 2192 吨；首层以下中水从市政中水网直供，首层以上中水由变频水泵加压供给，设计最高日用量 1949 吨；污、废水排放量设计 2914 立方米 / 日，雨水收集回用。设备设施包括：给水泵房 3 个、高区变频给水泵组 3 套、中水变频水泵组 2 套、消防泵组 4 套、热水换热器 6 套、雨水回收集水池 1 个、化粪池 11 个、隔油池 4 个、排污泵及雨水泵 200 台以及室外水景。体育中心给排水系统设备数量多且比较分散，管网系统比较复杂，须保证生活用水和设备补水的水压要求；另外，体育场馆雨水积聚较多较快，须保证雨水收集回收设备设施的正常运行。

5. 网络机房系统日常运行管理

项目分析：网络系统设备管理复杂，语音及数据点超过 2000 个。在运行设备与外网连接基础上，保证体育中心不被外网病毒攻击，局域网的 Web 设备、Hub 设备、数据点设备、语音点设备、POS 服务器等设备随时保证正常运行。

6. 土建日常管理

体育中心占地面积广，本体建筑规模大，建筑装饰、装修材料复杂。广场公共集散大厅地面铺设各类石材，场馆外围有挡土墙护坡。本体以钢结构、幕墙为主，场馆内办公用房多，建筑装饰、装潢材料新颖复杂，商业运营面积大。

（二）环境管理方案

在清洁工作上，公司将根据体育中心的特点，合理安排清洁时间，使正常办公不受干扰。清洁作业有计划、有步骤，详细规定清洁间隔和次数，对体育中心各处进行定点、定时、定人的日常清洁。实行清洁工作到人，按清洁标准进行操作，保洁班长不间断巡查，环境管理部主管监督检查，确保场馆内干净整洁，清洁率达99%。

为了保持体育中心内公共区域的环境优美，搞好绿化工作，公司设立了专业化的管理养护人员，及时修剪枯叶残枝、防治病虫害、保持造型优美，定期更换室内的花钵。发现问题，及时修复，确保公共绿化无破坏、无践踏、无黄土裸露，绿化完好率达95%。

（三）秩序管理方案

体育中心共有一场两馆、部分商业及一些配套运动设施。体育中心消防、监控系统总体比较复杂，具有安全消防等级高的特点。整个体育中心共设置3个消防监控中心，分别设置于体育馆东侧首层、体育场北侧首层和酒店内，并安装了千余个监控镜头。各消防监控中心内均设报警控制主机、消防联动控制台及所辖各区域的电梯紧急控制屏。消防联动控制台上设置了消防电话主机（能同其他2个消防中心通话）、所在区域的自动灭火系统，自备应急柴油发电机的手动远控装置及运行/故障指示。消防紧急广播及排烟风机、排烟天窗的手段装置运行/故障指示。非消防电源手段切断装置、电梯消防出租功能装置、防火卷帘门及防火门的控制装置，体育馆消防监控中心还设置了为高大空间场所采用的双波段火灾报警系统。各消防监控中心之间实施网络通信路线，在各消防监控中心内能显示其他两个消防监控中心内地报警信号。

停车场车位共3000个，车位分别设于地下1层及首层区域，其中地下有1551个车位、地面有1449个车位。停车场出入口为12进12出，采用停车场智能化票机管理系统。管理系统设有图像对比系统，人像抓拍系统，证件抓拍系统，车牌自动识别系统，对进入的所有车辆与人员进行图像抓拍对比，出场时系统自动调出入场照片通过操作员对比确认无误后方可出场。整个系统设置数据中心服务器电脑，管理中心管理电脑，收费中心收费电脑，出入口车场控制电脑，电脑与电脑之间采用光纤通信，管理中心电脑拥有整个系统的最高权限，负责数据共享和管理并兼做发行管理工作站出口收费。

# 八、商业运行管理

## 1. 商业分析

体育中心商业部分比较分散，营业时间跨度长，儿童类店铺较多。还有酒吧、KTV，人员较复杂，给管理带来一定难度。

## 2. 营业期间的管理

1）关注所管辖区域内的设施设备运行情况，出现故障及时报工程部进行处理。现场做好标识指引。

2）关注并制止、纠正异常顾客（乞讨、精神病、摆地摊、小偷、吸烟/非吸烟区、玩手扶梯、破坏公共设施、捡垃圾等）。

3）发现在公共区域有搬运货物的现象，要及时制止，并指引到送货通道。

4）负责每两小时对所属商业区域后勤通道进行安全巡查，并进行签到。

5）加强对租户安全防范的宣传与培训。

## 3. 非营业时段管理

1）商业部分在营业时间结束后，根据现场情况把夜间非营运与夜间营运区域进行划分，便于安全管理，控制人员。

2）对非营运的店铺在营业时间结束后，采取清场的方式把人员进行劝离封闭区域。店铺需要加班或施工，需要由营运部门批准后方可实施。安全部安排人员实施现场跟进方式。

3）清场后由安全员对所有店铺前后门关闭情况进行检查，确保店铺所有门窗处于锁闭状态，如发现未锁门现象，及时通知店铺紧急联系人前来处理。

4）对临时进入人员加强排查，确属于要进入的，安排人员进行跟进至安全离开。

5）对于夜间营运店铺的顾客进行控制在所属活动范围内。严格控制到其他区域内活动。

6）安排现场值班员每小时对所负责的区域进行巡更一次；每小时对施工及加班租户巡查不少于两次，已避免安全事故发生。

7）安排监控中心值班员重点监控夜间营业店铺。

# 九、安全赛事、活动管理方案

## 1. 体育场馆的准备工作

1）对各个消防通道、疏散通道、各功能用房进行检查，确保安全。

2）对贵宾区、观众座位区、包房进行安全检查，确保区域安全。

3）活动前3小时，所有安全人员到达指定位置，按要求复查所负责区域物品。

4）对负责贵宾、赞助商、运动员、裁判员等区域人员，要严格控制人员进出，禁止未经许可人员进入。

5）对所有功能用房的出入口进行布岗，安排一名经理人员主要负责。确保贵宾、赞助商、运动员、裁判员等区域人员的安全。

**2. 安全赛事及大型活动中安全保障**

1）监控中心岗位在活动过程中，把所有监控镜头监控重点区域，发现问题及时通知现场岗位处理。

2）配合活动方对进入场馆的观众进行安全检查及人员控制。

3）关注岗位周围的异常顾客。

4）协助其他岗位工作，保持高度警惕性，防止一切破坏活动和各种形式的偷窃行为。

5）负责公共设施维护，一旦发生破坏或损坏现象，要及时处理，并立即报告。

6）严格控制门口通道，不准堆放杂物，不准在消防通道口停放车辆。

7）严格控制危险物品进入活动场馆，若活动需要，根据上级安排放在指定位置。

8）活动结束后协助疏散观众。

9）场馆观众疏散完后，对场馆内进行清场，确保场馆安全。

10）保持高度警惕性，防止一切破坏活动和各种形式的偷窃行为。

11）若接到人员投诉，做好接待，及时通知上级到现场处理。

12）活动结束前 20 分钟，负责把所有的疏散通道门打开，活动一结束疏散所有观众。

13）场馆观众疏散完后，对场馆内进行清场，确保场馆安全。

**3. 赛事及大型活动中环境保障方案**

清洁工作：按预定清洁方案及计划提供清洁服务，保证贵宾、媒体、官员、运动员／演员、观众洗手间等功能用房清洁情况；对活动方临时清洁要求提供清洁协助，确保活动方满意；出现紧急事件时，按应急预案开展应急处理。

消杀工作：按预定病媒生物防治专项方案开展病媒生物防治工作，保证贵宾、媒体、官员、运动员／演员、观众洗手间等功能用房卫生情况；对活动方临时消杀要求提供清洁协助，确保活动方满意；出现紧急事件时，按应急预案开展应急处理。

竞赛过程中场地器材保障：竞赛过程中，须组织专门人员分工负责，对场地器材进行跟踪服务；组织必要的专用工具、材料和备用器材，随时准备对损坏的场地器材进行恢复；在竞赛过程中注意观察，利用竞赛间隙进行检查，发现问题立即解决，尤其是对可能影响运动员安全的问题应立即报告裁判；竞赛进行过程中的场地器材保障必须经裁判同意，非紧要关头不得擅自入场影响比赛的正常进行；制定紧急处置预案，遭遇突发性事件时，按预案实施救助、排险，尽快恢复场地器材的正常状态。

## 十、应急处理预案

针对可能发生在海峡奥体中心内的各种突发事件，为确保迅速、有序、高效地开展应急处置，在关键时刻最大程度地减少人员伤亡和经济损失，公司制定了有利于业主方管理的各类突发事件应急处理方案及应急处理流程，科学规范突发事件应对行为，并在日常管理中对项目经理的员工定期进行培训，确保应急防范工作贯彻落实。

1. 物业管理范围突然断水、断电的应急措施。
2. 雨、污水管及排水管网阻塞的应急措施。
3. 发生火警时的应急措施。
4. 接报刑事、治安事件处理程序。
5. 大型活动突发事件应急处理预案。
6. 防台风应急处理预案。
7. 防洪抗汛抢险应急处理预案。
8. 电梯应急处理预案。
9. 预防与控制突发流行性疾病和传染病事件应急处理预案。
10. 反恐应急预案。
11. 发生恐吓事件（电话、短信、邮件等）的处理程序。
12. 车辆自燃应急预案。
13. 各类弱电系统故障处理表。
14. 环境污染应急预案。
15. 病媒防制应急预案。

## 十一、经费收支预算

### 1. 费用预算编制说明

（1）委托方的要求、物业地理位置及总体功能的定位。

（2）国家及福州市物业管理有关法律法规。

（3）同类相似物业水平。

（4）客户消费水平。

（5）福州市现有物价水平。

（6）车库管理费用另行测算（不含在物业管理费中）。

（7）测算以招标标的为依据。

（8）委托方提供的数据，若实际情况与其有较大差异，双方应予以协商，再作相应调整。

## 2. 开荒费

"福州市海峡奥体中心"交接验收后，须对其进行全面"开荒"清洁，尤其是对场馆内道路、地面、门窗、下水道、设备机房及其他公共部位等。"开荒"清洁费用由甲方承担，其费用实行"实报实销"，物业公司负责具体实施。

## 3. 大型赛事及演出活动等费用的计算

在大型赛事及演出活动时，外聘人员的工资按照正常年度的每人平均工资，招标方在活动或演出前支付给物业公司，由公司统一安排。

## 4. 正常年度物业管理费用预算（略）

# 十二、项目的运营特点及思路举措

## （一）项目运营特点

1. 该项目是福建同类体育场中规模最大、结构最复杂、技术难度最高、工期和质量要求最严格的体育场；公众项目，具有公益性，预期盈利低，运营难度大；需要整合省内外多方资源，包括：融资、设计、施工、采购、运营管理、风险控制、保险、移交等多个方面。

2. 日常商业活动频繁

本体育场馆的日常运营相对集中在赛时及大型活动时的商业活动方面（如主场二楼小卖部、酒店、对外开放的羽毛球训练场、网球中心、篮球场、乒乓球训练场、会所、足球场、健身馆等等），在场馆空闲时间，充分利用开阔的场馆资源创收经营。

3. 大型赛事、活动期的运营特点

（1）活动准备期（7 ~ 15 天）：在此期间，大型赛事、大型活动的举办单位、参加单位、媒体单位的工作人员、服务人员以及各类物资器材大量进场；专业训练场、各类办公用房使用准备，足球比赛划线、球门挂网准备，商业演出舞台搭建、草坪保护盖板铺设等各类专业设施设备全面启用。

（2）活动进行期：安全保卫、检票等工作人员及观众在 1~2 个小时内全部进场，人员迅速达到数万人，体育场馆所有机电设备、强弱电系统、配套功能用房、停车场等全面投入使用，配套餐饮、商业网点的经营活动亦活跃起来。

（3）大型赛事、大型活动结束时，为避免围观，运动员、演职人员要迅速离场，观众也要在短时间内退场，同时，全部临时设施需连夜撤卸，各类设施设备满负荷运转，充分发挥现代体育场馆强大的疏散功能。

（二）项目运营方案

海峡奥体中心将打造成集运动、健身、娱乐、文化、旅游、购物、休闲于一体的城市体育服务综合体。

青运会过后，各场馆免费或低收费向市民开放。海峡奥体中心在设计中充分考虑全民健身需求、赛后使用与商业开发等功能，定位为"以全民健身与体育竞技并重，集运动、健身、娱乐、文化、旅游、购物和休闲于一体的城市体育服务综合体"。青运会后，海峡奥体中心场馆运营将围绕"以体为本、多元发展"的经营思路，力争实现"一场三馆"功能利用和运营效益最大化。

"平赛结合"，发展场馆租赁业务。海峡奥体中心拥有 10 万平方米的商业街以及外围东南西北各 1 万平方米的广场空地。借此优势，一方面将推行以场馆养馆、以商养馆的思路，通过多渠道招商引资、开办展览、举办商业演出等方式，保证租赁收入。另一方面，结合赛后场馆附属用房较多的情况，采取平时有条件租赁营业、重大赛事退出营业的"平赛结合"策略，为功能房日常运营带来附加值服务及租金收入。

场馆充分开放利用，发展全民健身。积极推动各项赛事场馆、户外公共体育设施免费或低收费向市民开放。

打造文体培训基地。强化与社会上具有知名度的体育培训机构、专业教练的合作，举办羽毛球、篮球、足球、武术等专业培训班，实现资源共享、优势互补，打造品牌文体培训基地。

加强赛事运作，积极引进 NBA 季前赛、CBA、中超联赛、亚冠等品牌赛事。

打造新兴旅游地。按照"城市空中花园"的规划理念，突出夜景灯光、精彩赛事等优势，促进与传媒、会展、影视等业态的融合，将奥体中心打造成福州新兴旅游目的地。

奥体中心商业街从有意向入驻的商家中，引进麦当劳、肯德基、沃尔玛等国内外知名商家入驻，另可设置体育用品专场为国内外知名体育用品提供商业平台。

# 十三、增收节支措施

（一）增收措施

1. 提高物业管理服务费收费率：通过物业服务中心所有工作人员的共同努力，做到绩效不被招标方扣罚，争取收费率达 100%。

2. 利用公司资源创造各项有偿服务：无水洗车、家具清洁等；充分利用项目物业经营用房和项目内的相关公共场地，在征得相关业户同意和合法使用收入的前提下，尽可能为项目业户谋求数量更多、质量更高的服务。

3. 充分利用物业管理经营用房：公司在物业经营用房方面有较丰富的经验，将根据经营性用房的具体情况决定自营或者对外招租，充分利用好经营性用房，增加物业管理收入。只要公司本着为业户提供服务的宗旨，严把质量关，与相关单位合作是可以达到"双赢"的目的。

（二）节支措施

公司在项目正式接管后，将审视物业内的电、水等能耗情况和各项规章制度，重点检查设备的运行状况和开启时间，总结和研究各项节能措施，其中包括：

1. 节约能耗：公司将在以后的管理服务中杜绝"跑、冒、滴、漏"现象的发生。如在日常管理中，节约用水用电；对项目景观灯结合布线情况，采取定期、分时、分区控制。

2. 配备精干的物业服务人员：公司将在人员的配备上力求精干，加强员工培训，努力培养爱岗敬业、一专多能的复合型人才，以降低运作成本。

3. 严格控制费用支出：公司将结合实际，制定相关阶段财务预算，并对月度财务状况进行详尽的分析、比较，在不降低服务质量的前提下力求控制。

4. 严格执行审批程序：公司建立了完善的物品购置和外包合同审批程序，明确费用批准权限。对于采购设备、物品、材料和外包工程，需要经过询价、比价和招投标等方式，杜绝人为因素造成资金浪费。

5. 妥善使用和保管：公司在设备、工具、办公用品、材料等方面有申购、采购、入库、储存、领用和报废等完整的制度，将妥善使用和保管的责任，落实到具体的使用人，使物品各尽其用，减少人为浪费。

# 278

## 案例 02：北京万事达中心（原五棵松体育馆）成功运营经验

## 一、项目简介

　　五棵松体育馆是 2008 年北京奥运会篮球项目的比赛场馆。建筑面积 6.3 万平方米，分竞赛层（场地所在层）、首层、包厢层和三层，可容纳观众 18000 人。五棵松文化体育中心位于北京长安街延长线复兴路与西四环交汇处，毗邻一线地铁五棵松站，处于海淀、丰台、石景山三区交汇处，是北京规划中"西部生态带"和"体育文化区"的核心，与北京市"两轴、两带、多中心"的发展构思相吻合。2011 年 1 月 21 日，获万事达卡赞助更名，成为国内首家获冠名赞助的奥运会场馆（见图 6-4）。

图6-4　北京万事达中心

　　五棵松篮球馆将"绿色、科技、人文"奥运三大理念工作贯穿于设计、施工以及设备选型的建设全过程，雨洪利用、纳米易洁玻璃、屋面钢结构滑移技术等项目充分体现了奥运三大理念，巧妙利用先进的分层设计手法、设置室外下沉广场，形成双层入口空间，避免高大台阶，实现观众、运动员、官员和管理人员的分流和室内易达性。五棵松篮球馆是国内为数不多的纯为篮球项目设计的比赛场馆，这个特点在比赛场地、看台、球员更衣室等多个方面均得到体现。五棵松篮球馆设计了 6 个球员更衣室，在小组比赛中，将有 4 个可以同时使用。这些更衣室都按照高标准专业篮球比赛设计，为球员们设置了衣柜、卫生间等设施。每个更衣室的内部设计基本一样。在奥运会比赛结束后，整个五棵松文化体育中心将成为满足北京市西部社区居民商业、文化、体育、休闲需要的重要场所。赛后运营将以承接篮球比赛为主，国内外各种大型篮球赛都将考虑在这里举行。此外，还可承办各类文艺演出和演唱会，平时向市民开放，也将收取一定的门票费用和活动项目费用 。

五棵松体育馆作为国内最先进的体育场馆，具备多种使用功能。五棵松文化体育中心包含体育馆、大型运动公园、文化体育设施、商场、酒店、写字楼，是一个有机结合的整体。奥运会结束后五棵松文化体育中心作为北京奥运会的重要遗产保留下来，供北京西部社区乃至全北京市民众从事文化、体育、休闲娱乐、商业活动，并将成为北京地区独树一帜的具有大面积园林绿化，融文化体育功能与商务功能为一体的大型综合性项目。奥运比赛后，体育馆完全由业主北京五棵松文化体育中心有限公司自主运营，公司将通过与国际知名场馆运营企业合作，实现五棵松体育馆赛后的充分利用。

大型的露天文化体育运动公园将以各种形式对外部开放。供市民举办各种活动，充分体现出文化、体育、休闲、娱乐中心的定位和功能。可以进行各种篮球、羽毛球、乒乓球、手球等大型比赛和各种大型文艺演出，并可接纳知名企事业单位和个人的冠名。

商场、酒店在奥运比赛时可为光临篮球馆和棒球场的朋友和观看奥运赛事的各地观众提供优质的服务。与体育场馆形成完美融为一体，作为奥运赛区的一大景观。赛后将成为西部购物、商务和休闲娱乐的天堂。

写字楼更是有着优越的地理条件，高档的楼宇设备和无与伦比的绿色环境及历史纪念意义。

## 二、商业化之路上的有益探索

体育场馆的运营费用高得惊人，例如，鸟巢每年的运营费用预测需要 6000 万元，而五棵松体育馆即便在奥运会之后一动不动，每年仅维护费用也有 3000 万元。如果不能对场馆进行良好的运营管理，不仅场馆的建造费用无法回收，运营者每年还将负担庞大的维护费用；相反拥有一只实力雄厚的专业化运营队伍，体育场馆的运营收益无疑将大大增加。

与伦敦奥运篮球馆的"昙花一现"不同，五棵松篮球馆在 2008 年北京奥运会结束后，又开始了新的商业化探索之路。作为北京奥运会唯一的民营场馆，五棵松篮球馆如今变成地标建筑——万事达中心，并在商业化之路上做出有益探索。鲜为人知的是，这一地标性的场馆建筑是由一家民营企业负责运营，并且也是北京奥运会中唯一一个采取这种运作模式的场馆。

（一）民企力量介入

华熙国际（北京）五棵松体育场馆运营管理有限公司（下简称公司），是万事达中心（原五棵松体育馆）、汇源空间、五棵松篮球公园（WKS HI-PARK）以及五棵松文体广场的运营管理公司，公司注册成立于 2007 年 1 月，原注册名称为北京五棵松体育场馆运营管理有限公司，于 2014 年 11 月完成名称变更，总部设在北京，隶属于华熙国际投资集团有限公司。公司的发展经历了中国本土优秀的场馆运营经验与国际活动管理专业技能以及国际级赞助商资源的融合，培养并历练出国内最具实力的场馆运营管理团队。

五棵松项目早在规划建设之初就包括了五棵松篮球馆、五棵松棒球场、文化体育设施以及作为公共服务的配套设施，由中关村建设、北京城建、海淀区国投公司和天鸿集团四家联合承建。但在之后的操作过程中，联合体一直未能拿出满意的方案。最终，在 2006 年由北京市政府牵头，华熙国际旗下的民航房地产开发有限公司从联合体手中收购了控制性的股权。随后，中关村建设与北京城建只承担了工程的建设任务，场馆所有权易主华熙国际。如今五棵松文化体育中心有限公司作为五棵松场馆群的业主，已经是华熙国际的全资子公司，五棵松运营公司则作为五棵松场馆群的具体运营管理公司。不论从业主方还是运营方来看，五棵松篮球馆（即万事达中心）都因此深深地烙下了民营企业的属性，华熙国际也从此开始涉足于文体地产领域。

据五棵松运营公司管理者介绍，近几年来，他们做了一些文化娱乐体育地产项目，由此来带动整个商圈的发展，就像五棵松场馆带动了周边的商业，提升了周边写字楼的品质，甚至拉动了海淀区的 GDP。但尽管顶着唯一民营奥运场馆的头衔，但奥运会结束后实际的商业运营过程中，五棵松篮球馆的发展并非一帆风顺。大体量的体育场馆建设和维护成本都很高，华熙国际当初对五棵松篮球馆的修建和改造投入超过 15 亿元，整个五棵松文化体育中心的全部设施投资则超过 60 亿元。万事达中心的经营状况如今仅能持平，略有盈利。

（二）选择 AEG 走弯路

北京奥运会是中国第一次举办如此大规模的体育赛事，赛后对于场馆的使用自然也没有经验，即便在此前举办过奥运会的其他城市里，这一问题都是不小的考验。对于民营企业华熙国际来说，选择什么样的运营团队，采取何种经营方式，成为场馆生存下去的关键。经过一番比较和商谈，五棵松运营公司找来了 AEG 负责具体运营。AEG 是全球第二大现场演出和场馆运营商，目前管理或经营着全球 100 余家知名体育娱乐场馆，其中包括与五棵松篮球馆类似的斯普林特中心和美国航空体育馆（美国职业篮球联赛迈阿密热火队的主场）。AEG 同时拥有洛杉矶国王队（北美职业冰球联赛球队）和两支美国职业足球大联盟球队，并持有洛杉矶湖人队（美国职业篮球联赛球队）的参股经营权。拥有如此丰富的场馆运营和举办体育赛事的经验，AEG 似乎就是为五棵松篮球馆而生的。

双方一拍即合，五棵松体育馆的开发商将场馆的运营权交给了 AEG 与 NBA（中国）。

AEG 于 2007 年进驻五棵松篮球馆，开始运营管理工作。由于奥运会期间的标准和今后商业开发的标准存在着很大的差异，为了满足赛后商业运作的要求，运营商在奥运会结束后对五棵松体育馆进行了一定改造，改造的全部费用由运营商 AEG 公司支付。

五棵松体育馆的运营管理模式是一种全新的商业化运作模式，其利润分配自然也是采用一种全新的方式：AEG 与 NBA（中国）和中方开发商合作，收入三方分成。对投资者中方开发商来说，在场馆完工之后将体育馆的各种费用直接转嫁给了外方，无需承担场馆运营的各项费用还将按照合约获得利润分成。而作为全美三大场馆运营专家之一，AEG 公司全权负责五棵松体育馆的运营管理，在奥运会后成为场馆的运营商，虽然承担体育馆的一切运营费用，但也借此机会打开了进入中国市场的大门。NBA（中国）作为场馆运营的合作伙伴，主要负责赛事引进、场馆冠名权及赞助商广告的销售，从中获得利润分成而无需资金投入，还可以得到场馆开发商支付的场馆改造咨询费用。尽管不负责出钱兴建，也不负责日后的日常运营，NBA（中国）却是三方中的主导，毕竟整个项目利用的是 NBA 在中国的强大品牌，场馆的核心功能定位还是一座具有 NBA 风格的篮球馆。

应该说，五棵松体育馆符合商业化运作模式的特点，北京五棵松体育馆采取的运营管理模式是国内对体育场馆运营管理的一次大胆尝试。运营商利用 NBA 丰富的运营经验，将五棵松体育馆完全按照商业化的运作模式来运营管理，在确保五棵松体育馆奥运会之后盈利的同时，还提升了五棵松文化体育中心的地区品牌及周边环境的商业价值。这种 NBA 运营管理模式，在美国取得了非常大的成功，五棵松篮球馆更是聘请了专业的运营团队直接来做这种运营管理。五棵松体育馆的投资方（五棵松文化体育有限公司）与运营方 AEG 公司及 NBA（中国）的这种跨国合作方式为我国的场馆运营管理观念注入了新的活力，在场馆的运营管理过程中也引进了国外先进的技术和管理方法，这些已经能够给中国的大型体育设施赛后运营提供一种新的设计思路和经济有效的管理模式，这种商业化运营给我国大型体育馆的赛后运营提供一个难得的学习机会。

不过由于中国人和美国人不同的生活习俗和经营理念，五棵松体育馆的国际化运营管理模式在后来还是出现了问题。因为进驻之后面临的最大任务便是奥运会，因此，AEG 在前期并没有太大的市场动作。奥运会期间基本是奥组委的人在管理，等到奥运会结束后他们撤离了，便逐步显现出场馆运营方面还是有很多问题。主要是 AEG 作为一家国际企业有些水土不服，融合时容易出现矛盾，集中体现在管理人员的配备上，不能够完全有效沟通。2010 年 3 月，合作双方修订合同，AEG 结束了对五棵松篮球馆的独立运营，转而承担起了运营顾问的角色。不过，退出五棵松场馆的运营并不代表着 AEG 在中国市场的全面失败，在此之前该公司已开始介入上海演艺中心（现已被冠名为梅赛德斯 – 奔驰文化中心）的运营管理。

（三）重起炉灶探索新路

对五棵松运营公司来说，结束了与 AEG 的短期合作，就得考虑下一步究竟该如何走了。华熙国际重新接手一年之后，万事达卡成为了五棵松篮球馆的冠名商，这座拥有 18000 个座位的场馆正式更名为"万事达中心"，这也是第一家获得商业冠名的北京奥运场馆。冠名合作采取"5+3"的方式，第一个合同签了五年，五年之后会再谈，包括是不是要继续合作以及以何种方式合作。五棵松运营公司从品牌冠名中尝到了甜头，之后开始接洽各方品牌的赞助合作，开辟了全新的盈利模式，摆脱了传统的靠场租过日子的窘境。以万事达中心现在的场馆规格，虽然依据举办活动的不同每场租金能达到几十万元乃至上百万元，但仍远不能抵消整个场馆的运营维护成本。面对如此情形，管理团队继续四处寻求合作伙伴，以广开财源。如今除了冠名商之外，万事达中心开辟了三种合作方式：创始合作伙伴、独家供应合作伙伴和常年包厢购买。万事达中心目前 80% 的收入来自冠名权和各类赞助商，传统的场租收入不再是主要来源。

对赞助商来说，最直接的品牌效应来自场馆每年累计 100 多万名现场观众。针对这部分观众，赞助商通过场外广告牌、场馆内部大型墙面广告、赞助商互动展区、场内 360 度漏斗大屏幕以及看台区背光灯箱广告等方式进行投放，广告目标受众比较精准，效果也比较明显。同时，利用伏击营销方式，场馆内部看台区有一个摄像机位墙面广告，该机位在体育赛事转播时也有较高的曝光率。赞助商从万事达中心都获得了他们预期的效果，甚至更多。如万事达卡在给五棵松篮球馆冠名之前，与 VISA 在国内市场的新发卡量之比为 4：6。冠名一年后，这一比例就反了过来。对于场馆自身而言，经历了与 AEG 合作的波折和调整后，如今已能扭亏为盈，目前这种模式很有发展前景。

（四）试水公共体育

万事达中心的模式推广不仅是场馆本身的运营，还包括推广公共体育运动项目。大型活动场次不够，就一定要有别的资源来供养，而群众体育是任何地方都需要的。

正在进行中的五棵松篮球公园项目，是万事达中心的一个重要突破点。基于公共体育运动开发的篮球公园同样不以场地出租为主，万事达中心期望将现有模式在篮球公园中得以完美复制。建设中的篮球公园总占地面积约 15200 平方米，包括篮球场地、配套设施、小型演播室和广场花园。篮球公园分东西两个区域先后开放。作为五棵松文化体育中心的扩改建项目，篮球公园初步规划为五个部分。其一，草根联赛——拟组建草根联赛联盟，招募约 300 支会员球队，由联盟统一组织，采用统一的赛制和专业的比赛设施，每年举办春、秋两个赛季的比赛。其二，主题活动——策划宣扬家庭亲情、公益爱心、健康生活的主题活动，利用周末举办家庭篮球趣味赛、篮球达人技巧赛、公益明星篮球友谊赛和花式篮球嘉年华等主题活动。其三，青少年培训——利用寒暑假和周末时间举办青少年篮球梦想训练营,包括篮球知识和技巧培训、中外篮球少年交流、北京青少年篮球梦想联赛等活动。其四,日常经营——将全年向篮球运动爱好者开放,收费标准暂定为 10 元 / 人 / 次;同时实行俱乐部会员制度,为会员组织球赛、参与联赛、参加品牌篮球活动等。其五,其他品牌赛事合作——篮球公园还将与其他品牌进行户外篮球赛事合作。

（五）万事达变身冰雪大世界

与其他冰上场馆相比,万事达中心是动手最早、持续时间最长、涉及人群最广的冰雪运动项目场地。近年来,万事达中心承接了多种冰雪比赛和活动,让前来游玩的人们在领略冰雪魅力的同时,也看到了后奥运时代万事达中心发展的更多可能性。为了配合申冬奥,华熙国际（北京）五棵松体育场馆运营管理有限公司引进了冰世界和雪世界项目,并在营销宣传中加入免费体验,让人们享受到在冰雪间穿梭的乐趣。2014 年 12 月,位于万事达中心南广场的五棵松冰世界体育乐园正式投入使用。该乐园占地 15000 平方米,经过多方商讨,将原来的露天场馆改为搭棚设计,成为全国目前唯一一家可以四季运营的户外真冰乐园。自开业以来,五棵松冰世界日均客流量超 2000 人次,周末甚至多达三四千人,并多次承接大型活动。如 2014 年北京市民欢乐冰雪季启动仪式、2014 年 CCTV 体坛风云人物颁奖典礼等。同年冬季开业的五棵松雪世界,则是集冰雪运动和娱乐为一体的滑雪乐园。该乐园分为滑雪区和戏雪区,其中滑雪区占地 12500 平方米,包括两条 150 米长的初级雪道、六条雪上飞碟道,还有儿童滑雪区和冬令营活动区;戏雪区占地 13500 平方米,设有多个雪上娱乐项目,包括冰堡滑梯、雪上飞碟滑道、空中探险、冬奥闯关、雪地真人 CS 等。2015 年 7 月 10 日,"2015 冰上雅姿盛典"北京站在这一天揭开内地巡演的序幕,来自世界各地的顶级花样滑冰选手,用精美绝伦的冰上表演将申冬奥激情推向高潮。冰上雅姿是申雪、赵宏博参与创立的冰上品牌项目,是业内公认的国内顶级花滑表演盛事。自 2013 年起,冰上雅姿已经在万事达中心连续举办三年,在未来将计划从一年一场增至一年多场。中国站巡演的《冰川时代冰上秀:猛犸象大冒险》北京站也于今年 9 月在万事达中心举办。上演了一场融合马戏表演、舞蹈、杂技、空中艺术等众多表演元素的冰场舞台戏剧故事。

# 三、五棵松体育馆运营管理模式探析

（一）五棵松体育馆的专业化经营

专业化经营是指企业将自己的人、财、物等资源集中在某一类或少数几类技术相关或市场相关的核心产品上,形成专业化的生产和销售。大型体育场馆提倡功能的多样化,但是体育场馆应该根据自身的功能定位，确定自身的核心产品，将自己的人、财、物等资源集中到这个产品上，把主体产品与服务做好，才能得到市场的认可。

五棵松体育馆的运营管理采取"以体为主，多种经营"的模式，"以体为主"就是以承办 NBA 赛事等体育竞赛、体育训练、健康娱乐为主，"多种经营"包括举办大型音乐会、演唱会、戏剧表演、时装展示、商业展览及各种娱乐表演活动等，其实是体育场馆的多功能使用。但是五棵松体育馆提供的核心产品是"体"，其他只是辅助的产品与服务，是建立在原有服务空间上的。

五棵松体育馆完全按照 NBA 比赛场馆的标准建造，在这里篮球比赛完全被商业化包装和炒作形成品牌，然后通过这个品牌组织各种各样的商业活动。在这种模式下体育比赛被全过程的商业化运作所控制，体育比赛部分演变成一种娱乐表演，可以说体育运动只是各项商业活动当中的一部分，体育馆也不仅仅是满足体育比赛那么简单，它要满足各种商业活动，跟着商业活动的需要随时来转变性质和角色，所以许多服务设施的设计也都是为了更好地对体育馆进行全面的商业化运作。从场馆的设计已经可以看出五棵松体育馆的业主法人在场馆设计之初就明确了该场馆的主体产品将会是举办商业化的篮球赛事，随着北京奥运会的结束，五棵松体育馆也就按照运营商 AEG 与 NBA（中国）的计划成为了 NBA 在中国的固定比赛场馆。

（二）战略联盟

五棵松体育场馆大型演出综合服务战略联盟在北京万事达中心宣布成立，旨在提高场馆的综合服务标准，降低运营成本，完善演出的社会化安全管理模式。

北京五棵松体育场馆管理公司、北京盛典国际、中京保安、北京春秋永乐文化等场馆和票务等多家大型演出活动周边服务公司联合签署了战略联盟协议。中国演出家协会常务副主席朱克宁表示，联盟是一种资源的优势组合，会更好发挥出市场资源的效果。战略合作联盟可以有效缓解公安机关的管理压力，把大型活动的社会化安全管理工作提升到一个新的高度。同时将最大限度地降低演出运营成本，进而逐步达到降低票价的目的。

（三）五棵松体育馆无形资产的开发

体育无形资产指存在于体育运动中具有体育特质、受特定主体控制的，不具有实物形态，能持续地为所有者和经营者带来经济效益的资产。体育场馆的无形资产包括场馆冠名权、豪华包厢使用权、商业赞助开发权、广告开发权等。发达国家大型体育场馆的经营项目中，以体育场馆冠名权、豪华包厢等为核心的无形资产开发占据十分重要的地位。发达国家的经验表明，大型体育场馆扩大经营效益最重要的途径就是扩大体育场馆无形资产的价值，以冠名权和豪华包厢为代表的无形资产开发收入是大型体育场馆最大的收入渠道，其赢利模式将远远超越以票房为主导的传统办法。

（四）五棵松模式对我国体育场馆运营管理的影响及启示

国内大中型公共体育场馆基本上都是由中央和地方政府投资，政府对场馆拥有管理权，体育场馆的运营管理带有浓厚的行政管理色彩，部分剥夺了体育场馆作为市场主体应有的自主权。近年来政府采取了针对公共体育场馆管理体制的改革，部分公共体育场馆已经开始尝试企业化管理。在体育市场蓬勃发展的情况下，我们应该学习和借鉴先进的体育场馆运营管理理念，政府逐步从投资者、垄断经营者转换为主导者和规划者，从直接插手公共体育场馆运营转向对场馆进行宏观调控，加强对重大项目的宏观管理，积极培育与经济发展水平相适应的市场经营主体，积极地探索我国体育场馆运营管理的新模式，使我们各级各类体育场馆能够最大程度地发挥作用，在促进体育市场竞争和产业化发展的同时保持市场稳定和谐，从而促进国民经济的发展和人民生活的改善。

# 附录：体育场馆运营管理办法

国家体育总局关于印发《体育场馆运营管理办法》的通知

各省、自治区、直辖市、计划单列市、新疆建设兵团体育局，各厅、司、局，各直属单位：

《体育场馆运营管理办法》已经体育总局局长办公会审议通过，现印发给你们，请遵照执行。

国家体育总局

2015年1月15日

**体育场馆运营管理办法**

**第一章 总则**

第一条 为规范体育场馆运营管理，充分发挥体育场馆的体育服务功能，更好满足人民群众开展体育活动的需求，促进体育产业和体育事业协调发展，根据《中华人民共和国体育法》《公共文化体育设施条例》以及《事业单位国有资产管理暂行办法》等相关法律法规，制定本办法。

第二条 本办法适用于体育系统各级各类体育场馆。

本办法所称体育场馆运营单位，是指具有体育场馆整体经营权，负责场馆和设施的运营、管理和维护，为公众开展体育活动提供服务的机构。

第三条 体育场馆应当在坚持公益属性和体育服务功能，保障运动队训练、体育赛事活动、全民健身等体育事业任务的前提下，按照市场化和规范化运营原则，充分挖掘场馆资源，开展多种形式的经营和服务，发展体育及相关产业，提高综合利用水平，促进社会效益和经济效益相统一。

第四条　县级以上各级体育主管部门负责本级体育场馆运营的监督和管理。

上级体育主管部门负责对下级体育主管部门体育场馆运营监督管理工作开展指导和检查。

## 第二章　运营内容与方式

第五条　体育场馆应当按照以体为本、多元经营的要求，突出体育功能，强化公共服务，拓宽服务领域，提高服务水平，全面提升运营效能。

鼓励有条件的体育场馆发展体育旅游、体育会展、体育商贸、康体休闲、文化演艺等多元业态，建设体育服务综合体和体育产业集群。

第六条　体育场馆应当结合当地经济社会发展水平、城市发展需要、消费特点和趋势，统筹规划运营定位、服务项目和经营内容，提高综合服务功能。

鼓励体育场馆根据运营实际需要，充分利用场馆闲置空间，依照国家有关标准和规范，合理开展适用性改造，完善场地和服务设施。

第七条　体育场馆应当建立适合自身特点、符合行业发展规律、与地方经济社会发展水平相适应、能够充分发挥场馆效能的运营模式。

积极推进场馆管理体制改革和运营机制创新，推动场馆所有权和经营权两权分离，引入和运用现代企业制度，激发场馆活力。

鼓励采取参股、合作、委托等方式，引入企业、社会组织等多种主体，以混合所有制等形式参与场馆运营。鼓励有条件的场馆通过连锁等模式扩大品牌输出、管理输出和资本输出，提升规模化、专业化、社会化运营水平。

第八条　体育场馆应当以体育本体经营为主，做好专业技术服务，开展场地开放、健身服务、竞赛表演、体育培训、运动指导、健康管理等体育经营服务。

第九条　训练场馆和专业性较强的场馆在保障专业训练、比赛等任务的前提下积极创造条件对社会开放。

除上述场馆之外的其他体育场馆每周开放时间一般不少于 35 小时，全年开放时间一般不少于 330 天。国家法定节假日、全民健身日和学校寒暑假期间，每天开放时间不得少于 8 小时。

因场馆类型、气候条件、承担专业训练和竞赛任务等原因，不能按照本办法规定对外开放的，可由省级体育主管部门视具体情况自行制定开放时间要求，向公众公示。

第十条　体育场馆应当突出体育赛事和群体活动的承载功能，全年举办的活动中非体育类活动次数不得超过总活动次数的 40%。

鼓励有条件的体育场馆举办具有自主品牌的群众性体育赛事，承接职业联赛，引进国内外知名体育赛事。

第十一条 体育场馆应当完善配套服务，优化消费环境，提供与健身、竞赛、培训等功能相适应的商业服务，不得经营含有奢侈和低俗内容的商品和服务。

场馆主体部分，包括场地和看台等，除进行广告等无形资产开发外，不得占用进行商业开发。

场馆主体部分附属设施，包括除主体部分以外的室内附属用房等，可在不影响设施原有功能的前提下，适度进行商业开发。

场馆配套设施，包括按规划建设的、与体育场馆或场馆群相配套的室内外非体育设施和用房，可结合城市发展需要，根据规划和功能定位进行多元开发。

第十二条 鼓励体育场馆充分挖掘利用资源，采用多种方式加强无形资产开发，扩大无形资产价值和经营效益。涉及冠名、广告等无形资产开发的，应当符合工商、市容、广告、安全等相关规定，禁止发布和变相发布国家工商和广告法律法规中明确禁止的广告内容。

第十三条 体育场馆应当加强品牌建设，拓宽营销渠道，宣传普及健身知识，引入新型消费和服务模式，培育健身消费市场。

体育场馆应当健全信息服务系统，建立客户维护体系，有条件的场馆可建立网络服务平台，提供多样化、人性化服务，提升客户体验。

第十四条 利用体育场馆经营高危险性体育项目的，应当依法办理审批手续，严格按照项目开放标准和要求开展经营活动。

### 第三章 经营管理

第十五条 体育场馆运营单位应当完善法人治理结构，建立科学决策机制，对重大事项决策、重要干部任免、重大项目安排和大额度资金使用事项应当实行集体决策。

体育场馆运营单位应当结合运营需要，配备专业运营团队，合理设置内设部门和岗位，完善运行管理体系，健全管理制度，建立激励约束和绩效考核机制。

第十六条 体育场馆运营单位应当加强人才培养和引进，完善员工培训体系，建立符合场馆发展需要的人才队伍。

体育场馆运营单位应当依法规范用工，相关专业技术人员必须持证上岗。

第十七条 体育场馆运营单位应当制定服务规范，明确服务标准和流程，配备专职服务人员，提供专业化、标准化、规范化服务。

体育场馆运营单位应当开展顾客服务满意度评价，及时改进和提高服务水平。鼓励体育场馆运营单位参与服务质量认证。

体育场馆运营单位应当做好基础信息统计，加强健身人群、培训人数等数据统计和分析，动态调整经营策略和服务方式。

第十八条　体育场馆运营单位应当保证场馆及设施符合消防、卫生、安全、环保等要求，配备安全保护设施和人员，在醒目位置标明设施的使用方法和注意事项，确保场馆设施安全正常使用。

体育场馆运营单位应当完善安全管理制度，健全应急救护措施和突发公共事件预防预警及应急处置预案，定期开展安全检查、培训和演习。

体育场馆运营单位应当投保有关责任保险，提供意外伤害险购买服务并尽到提示购买义务。

第十九条　体育场馆所属房产出租、出借的，经营内容应当符合本办法规定和场馆运营规划，不得出租、出借给存在社会负面影响、易损害体育场馆社会形象的经营业态，且须符合国家和当地的相关规定。

体育场馆主体部分因举办公益性活动或者大型文化活动等特殊情况临时出租的，时间单次一般不得超过 10 日；出租期间，不得进行改变功能的改造。租用期满应立即恢复原状，不得影响该场馆的功能、用途。

第二十条　体育场馆开展无形资产开发、房屋出租等经营，应引入第三方评估，并采用公开招标或竞争性谈判等方式确定合作对象和价格等内容。

体育场馆运营单位应当加强合同管理，规范合同签订、履行、变更和终止，相关协议涉及到本办法有明确规定事项的，需在合同中约定。

体育场馆运营单位应当加强合同履行监管，及时制止擅自变更经营业态、擅自转租等行为，必要时按法定程序中止或解除合同。

第二十一条　体育场馆运营单位应当将运营经费纳入预算管理，并严格遵守国家相关财务规范，健全财务管理制度和体系，规范预算、收支和专项资金使用。

第二十二条　体育场馆运营单位应加强能源管理，采取节能措施，降低单位能耗，节约运营成本。

鼓励体育场馆运营单位引入环卫、安保、工程、绿化等专业服务机构，提升场馆区域范围内物业管理和服务的专业化水平。

鼓励有条件的场馆配备全面视频监控，实行动态管理，场地等重要场所监控录像保留时间不低于 30 日。

第二十三条　体育场馆运营单位应当公示服务内容、开放时间、收费项目和价格、免费或低收费开放措施等内容。除不可抗力外，因维修、保养、安全、训练、赛事等原因，不能向社会开放或调整开放时间的，应当提前 7 日向公众公示。

**第四章　监督管理**

第二十四条　体育主管部门应当加强对体育场馆运营管理工作的监督，建立健全科学合理的体育场馆运营监督管理责任制，并将工作监督和管理责任落实到具体部门；加大对体育场馆运营管理工作的指导力度，提供必要的培训等服务。

第二十五条　体育主管部门应当建立健全财政资金补贴体育场馆开放服务的长效机制和政府购买公共体育服务的具体办法，保障体育场馆正常运行。

体育主管部门应当制定本级体育场馆运营目标和公共服务规范，开展运营目标考核和综合评价，并将运营目标完成情况和综合评价结果与预算资金安排、财政补贴或奖励、政府购买公共服务等经费安排、人员考核与晋升等挂钩。

第二十六条　体育场馆运营单位利用国有资产对外投资、出租和出借的，应当从经济效益、经营业态、形象信誉、安全风险等方面进行必要的可行性论证，并按照国家和当地国有资产管理规定，根据资产总额的相应权限要求进行报批或备案。

第二十七条　体育场馆运营单位应当将场馆的名称、地址、服务项目等内容报本级体育主管部门备案，并于下一年度 1 月 31 日前向本级体育主管部门报告以下事项：

（一）场馆设施总体使用情况；

（二）主要经营内容和服务项目调整情况；

（三）对外开放时间及免费或低收费开放情况；

（四）体育赛事活动及非体育类活动举办情况；

（五）商业经营开发情况；

（六）场馆无形资产开发情况。

**第五章　附则**

第二十八条　鼓励建立体育场馆社会组织，发挥行业组织在制定行业标准、强化行业自律、维护行业权益方面的作用。

第二十九条　本办法自 2015 年 2 月 1 日起施行。

Chapter 7

# 第七章
# 银行的物业经营管理

［第一节］
银行物业管理概述

银行，无论是国家银行还是商业银行，全国性银行还是地区级银行，都在国家改革开放的进程中扮演着越来越重要的角色，发挥着日益关键的作用。随着银行专业职能的巩固和加强，银行管理者已经把越来越多的注意力放在金融业务上，而把非核心业务，如日常的保安保洁等管理工作交由专业的物业服务企业打理。像中国工商银行、建设银行、农业银行等，已经把银行的物业管理外包给专业的物业服务企业负责，或自行组建专业物业服务企业负责。物业服务企业进入金融机构承担物业管理责任，标志着物业服务企业在管理能力和水平上的重大进步，是优秀物业管理的品牌化重要标志。

## 一、银行物业经营管理特点分析

1. 银行总部设有对外营业窗口，是业务部门，又是总部所在地，也是管理部门。

2. 银行总部既有对外开放，向所有社会人员敞开办公的一面，也有内部管理、对外监控的一面。

3. 银行总部既有内部行政管理职能，又有对外接待会议、签署文件，专业研讨交流等行业沟通协调职能。

4. 银行总部既要保证老百姓存取款的方便安全快捷，注重服务质量，满足客户需求，又要确保重要资金大笔钱款的周转、存储安全。

根据上述特点，搞好银行总部的物业管理必须要选好物业第一负责人，必须预先制定与银行业务相契合的、突出银行业务特色的管理规章制度，同时，必须树立为银行主业服务，确保总部大厦绝对安全的责任意识。

## 二、银行物业经营管理难点分析

银行总部工作特点实际上也就是物业经营管理的难点所在，表现在日常物业服务与经营管理中，其难点在如下方面：（1）社会人员管理。（2）访客管理。（3）高层次专业会议管理。（4）社会冲突管理。（5）银行内部员工服务与管理等。

当然，作为国家重要的金融机构，银行总部大厦在安全管理上的要求要远远高于对一般写字楼的要求，这其中包括设备安全管理、内部安全防控、电脑信息安全管理、金融资料文件管理以及涉外安全管理等，涉及各方面安全管理的任务十分繁重。这其中，根据物业管理委托合同，有的可以由物业服务企业承担，有的则一定是银行本身安全管理部门的责任，物业管理企业切不要大包大揽，越俎代庖。

# 三、银行物业经营管理业务内容

## 1. 窗口业务管理

银行总部大都在大楼一层设有服务窗口，办理一般百姓需要的业务，如存款、取款、转账、付费、购买债券、兑换外币、咨询查询等。日常经营期间，办理此类业务的人群中，以中老年人为主。因此，物业服务人员要根据这种现象，帮助或提醒银行多设置为老年人、行动不便人的服务设施，如较多的座椅、轮椅，适当调高扩音声调，注意进出通道的防滑和无障碍通行等。雨雪天气时，及时清扫雨水，除冰铲雪，防止顾客滑倒摔伤，最大程度地为百姓服务。同时，应注意在营业区域放置急救包，以备万一。

窗口业务服务的一个关注点是 ATM 机夜间的安全问题。ATM 机一般 24 小时开放，且不与大堂相连。这种设置虽然保护了使用人员的隐私，也同时为夜间不法分子乘机犯罪提供了可能和方便。因此，总部一楼业务停止后，物业人员要特别注意 ATM 机附近的监控和定期巡视，防止意外事件发生。

银行发行债券，推出金融产品或理财产品等业务时，需要大量有一定专业知识，善于与顾客沟通，能圆满解答顾客提问的人员。由于银行编制的局限，这类业务完全可以由物业服务企业通过经营性服务而予实现。这不仅缓解了银行在人员上的压力，摆脱了编制束缚，同时物业企业通过与银行的类似深层次合作，加深与银行的业务互动和联系，更加牢固地与项目管理捆绑在一起，实现物业企业对金融机构服务的长期化，固定化。

## 2. 内部员工服务与管理

银行内部员工不易管理。一是自认为银行是自己的，物业服务人员属于外来户，外来人不能对自家人指手画脚。其次，自认为比物业服务人员高一等，看不起物业服务人员；三是相比物业服务人员的严谨勤奋而言，银行员工比较懒散随意，不大愿意主动服从管理。为此，要求物业服务企业加强员工服务规范性与灵活性培训，提高一线服务人员规范服务、灵活应变能力，力争以持之以恒的良好规范服务赢得客户员工信任与认可。

## 3. 设备设施安全管理

银行总部的工程设备和系统的配置一般都高于普通写字楼标准。因此，需要物业管理方按照高标准落实对银行总部各工程系统和设施设备的维护保养工作。

需要特别提出的是银行总部的电脑及网络管理，需要格外关注国外敌对势力利用各种技术手段侵入银行内部网络，窃取信息，盗取情报，甚至进行各种网络破坏活动。虽然银行大都设立了自己专门的网络安全部门，但是，在具体执行过程中还是需要物业管理方特别是物业工程技术人员给予落实和协助完成。因此，配合银行相关部门对银行电脑信息系统的安全保障工作，是物业管理方义不容辞的责任，也是作为一个公民应该承担的保护国家信息安全的神圣责任和义务。

### 4. 停车管理

目前，银行员工拥有机动车较多，上、下班时间集中进入停车区域。为此，物业服务企业应集中较多人力于进口处及停车场内的不同区域，提供管理服务。遇有特殊情况，应提前通过银行行政部门，在银行内部网站发布交通状况提示，协助员工提前选择适宜的路线。

### 5. 访客管理

银行总部来访客人多。对于访客的管理，关键是注重内紧外松。

（1）访客进入总部内部必须走专用通道。如果相关区域设计建造没有类似的隔断，物业服务企业要提请银行尽快进行改造完善。

（2）其次，访客必须办理登记手续，如留下联系电话，明确说清楚去往何部门、见何人、办理何业务。

（3）访客必须持发放的访客证方可进入物业。在物业内，要求访客应始终将访客证悬挂在外衣明显处。

（4）物业服务人员应当提醒银行有关部门严格执行一项规定：当事人领卡制。即：由登记处通知访客提及的被访人在出入口接待来访人员，由其亲自带领访客进入大厦，并陪同活动。一旦活动结束，应及时将访客送至专用通道出口处，在相关表格上签字确认，帮助办理退卡手续。

（5）访客进入大厦前，要在登记处出示相关证件：如身份证、驾驶证、军官证等。该等证件应由登记处保管，待访客办理完离开物业手续时交还给访客。

（6）携物离开管理。鉴于银行业的敏感性，在内部员工上下班离开物业时，对所携物品进行检查是必要的。为了使检查效果与手段相统一，做到既达目的，又不引起反感，目前多通过相关仪器进行测试。这些仪器，既可以是对随身公文包的检测，也可以是对包括人身体在内的全面检测。具体使用何种方式和手段，物业公司应当尊重和服从银行方面的最终决定，并签订书面授权书。

## 6. 重要会议管理

银行因其在各类经济工作中的重要作用，各种重要会议频繁召开。银行可以通过购买服务的方式，请社会上的专业服务机构承担银行内部的会议管理服务，也可以通过专项委托方式，由物业服务企业承担。对此，就需要物业管理者能够灵活调动资源，随时整合各种管理和服务手段，针对不同会议推出不同档次、不同规格、不同服务方式及价格合理的会议报价单，在确定会议服务任务后，全力确保会议质量，达到主持者的满意。为会议提供服务应注意以下几点：

（1）关注会场布置。会场布置应与会议内容相一致，不应铺张浪费，应体现出庄重、严肃的气氛。属大会性质的，要事先布置好主席台；属于谈判性质的要安排好主客位置。

（2）熟悉参会人员身份。对于参会的领导以及主要来宾的座位安排要符合礼仪，提前熟悉来宾职务身份，准确摆放桌签，体现平等友好的氛围。

（3）设备准备。如果会议涉及使用电脑，要预先对电脑系统、放映系统进行全面检查，确保万无一失。语音系统、广播系统、录音系统、同声传译系统等也应事前做好维修保养工作，确保会议顺利进行。

（4）茶点安排。会议时间超过半天的，应根据主办方要求准备茶歇，安排茶点。茶点应避免过甜、过咸及有强烈刺激口味，包括咖啡、绿茶在内的饮料应根据会议规模和主办方安排准备。

（5）会议服务人员安排。特别要注意提醒为会议提供服务的人员加强保密意识。会后对遗留在现场的所有纸质文件统一整理上交，个人不得留存、使用或私下转送他人。

## 7. 社会冲突管理与控制

在银行内发生冲突的情况大致分为两种：

（1）投资人与银行矛盾引发。银行发行债券、出售短期理财产品，有的产品使购买者亏损，易导致投资人与银行发生矛盾冲突，或堵门索赔，或迟迟不离开营业门店，给银行的正常营业造成很大影响。

（2）基层员工对上级不满引发。随着改革开放的深入，银行内部的管理日趋严格，内部考核逐步规范和严谨，无法完成年度或限期内的营业额或指标，轻则转岗，重则整个银行分理处撤销关闭，导致员工下岗失业。外地银行员工集体到总部闹事的现象近几年有愈演愈烈之势。

对于上述两类情况，银行大都委托物业管理方进行处理。在处理此类纠纷中，物业管理方应尽可能取得当地派出所或公安方面的配合和协助，采取规劝、说服、讲道理等柔性手法化解矛盾，切不可以强行压制，采取硬性手段处理，以避免矛盾升级，产生意外伤害甚至集体暴力行为。

无论物业管理方如何制定应对措施，所有预案均应与银行主管部门事先协商制定，不能独断专行。同时注意，在事发现场布置摄录装置，保留相关影像资料备用。

**8. 生活服务与管理。**

银行员工工作强度大，经常加班加点，出差频繁，参与各种重要会议、谈判的事项越来越多。所有这些都可以成为物业服务企业增加经营服务项目的机会。如在管理银行员工餐厅的同时，对于员工当月消费余额，可以采取以余额换物品的方式进行转换，如提供半成品蔬菜，清洗好的鱼虾以及饮料、日用必需品、生活用品等。还可以引进机票、车船票的销售网点，方便出差人员就近购票，甚至可以直接提供代购代买代送。可以开办或承包总部内的理发美容业务，根据季节组织相关活动；可以提供代送代领衣物洗涤业务，方便银行员工。如此种种，都是物业管理者大显身手的地方。

## 四、金融机构物业经营管理特别提示

取得银行总部的物业管理权，对所有物业服务企业而言，都具有巨大的诱惑力。投标时要注意以下几点。

1. 最大限度地把银行不想管、不愿意管、管不好的业务承担起来。这并不是说物业服务企业可以大包大揽，而是向招标单位最大程度地体现本企业的善意和诚意，展示综合管理服务能力。

2. 安全管理是银行总部十分关注的重点。银行的业务性质决定物业安保人员的来源和背景必须十分清白，清楚可靠。一般情况下，银行总部不愿意物业服务企业把秩序维护工作分包给社会专业公司，而是希望中标企业拥有或自行组建、培训、管理安保队伍。对此，要在投标文件中专门叙述，提出能打动对方的独特之处，而不只是泛泛而谈。

3. 针对高管级人员的服务要有特色。行长们专用区域和区域内的专门设施维护频次要高于、严于楼内其他同类设施。在提供管家式服务的同时，提供个性化服务。为行长提供服务的人员要相对稳定，性格平和，细致稳重，要主动与领导秘书搞好关系。

4. 对重要区域服务人员严格把关。进入办公区域提供服务的人员，如保洁人员，要事先进行严格品行审核，确保品德可靠，履历清楚，身体健康，要严格执行先培训再考试，合格后上岗的基本程序，保证物业服务企业所提供的各项服务符合标准，高于承诺。

5. 报价合理，有备用方案。即便是金融部门，对物业服务费用也会斤斤计较。因此，投标服务企业在做费用预算时，一定要本着优质优价、质价相符原则制定服务标准，要用专业素质赢得对方的尊重、认可和接纳。可以给出不同服务标准的梯次报价，供招标方选择，切忌低价竞争。

[第二节]
# 银行物业经营管理策划与运作
## 案例展示

## 案例 01：中航物业对某农业银行项目物业特性及管理重点分析

### 一、项目总体概况

中国农业银行 ** 市分行（以下简称：** 金融）的物业管理服务项目分别为分行总部大楼、利华大楼、私人银行、培训中心四地房屋建筑的日常维修养护和管理，设施设备的日常维修养护和管理，环境保洁、外围绿化，建筑智能化控制系统运行维护，膳食服务和接待，消防设施设备维保维护，会议及培训等服务实行外包。8 家支行、135 家营业网点和 434 台离行式自助机具的卫生保洁外包。物业地理位置分布广泛，使用功能则涵盖了办公、食堂、培训、接待、营业网点等内容，范围涉及面广，综合服务需求高。

### 二、分行总部大楼物业特性及管理重点分析

**1. 物业特性**

（1）** 分行总部。

（2）超高层楼宇，智能化程度高。

（3）配套设施齐全。

（4）具有一定使用年限的楼宇。

（5）会务接待、金融商务活动频次多且要求高。

**2. 服务需求分析**

（1）对设备设施管理运行要求高：总部大厦设备设施功能完备，复合度高，已运行较长时间，一些设备进入损耗期，有突发一些损耗性故障的可能，一旦发生，将会影响大楼的正常办公。

（2）对消防管理要求高：大厦作为超高层建筑，消防安全是重中之重。超高层建筑在消防安全管理方面有其自身的特点，主要表现为可燃性材料集中、火灾蔓延途径多、人员疏散比较困难、灭火救援难度大等，因此，需要拥有一套针对超高层楼宇消防安全管理特点的管理体系及应急管理措施。

（3）保密制度严格：分行大厦汇集了大量的高端人才和社会资源信息，且高层会议频繁，其内容涉及金融政策等，秘密信息如外泄将带来严重的后果，需要建立一个严格的保密制度。

（4）配套服务齐全：需要提供如会议服务、年终结算服务、领导办公室的室内保洁服务、员工用餐及接待用餐等服务、报刊、邮件收发、配合分行举办各类大中型活动、培训接待、指引服务、床上用品清洗等配套服务。

（5）关注节能环保："环保理念"是具备社会责任企业所关注的目标，在保证大厦正常使用的情况下，设备管理节能环保更需要切实推行，这不仅可以节约费用，而且与现代社会提倡的环保节约型企业相符合。

## 3. 管理重点分析

根据公司对分行总部大楼的服务需求分析与服务定位，管理重点如下：

（1）符合金融类物业特性的策划与实施：针对大楼作为××银行总部的金融类物业特性，结合中航物业管理有限公司（以下简称：中航物业）对金融类、高层楼宇等20多年的管理经验，公司制定了针对性的物业管理提升方案，从高管服务策划，专业服务人员的调派及选聘、大楼整体环境管控、消防管理及设施设备管理等各方面，以专业的角度和丰富的经验进行策划，主动与业主进行沟通协商，依据业主提出的个性化需求，不断优化和完善管理服务方案，报业主主管部门审批后组织实施。

（2）安全、高效、节能的设施设备运行维护管理：针对金融类物业和超高层建筑的双重特性，建立切实可行的运行管理、维护保养等实施方案和应急措施，以预防性维保管理理念为导向，基于OMIS（中航物业自主研发的智慧物业系统）功能实现设备设施维护标准化作业，通过专业化深度保养、确保电、水、空调等设备系统无故障、精准运行，做到安全、高效、节能运行。

（3）严谨的保密管理：涉密区域按照行业与中航物业保密管理规定，实施保密控制，确保信息安全。

（4）高管楼层的服务：针对银行办公区域领导楼层，除提供常规的室内服务外，更要设置专人的客服助理，配置专属服务团队，提供更具针对性的个性化服务。

（5）会务服务：根据**金融需求提供细致周到的会议服务，在接待及庆典活动过程中，针对重点活动、重点事件、重点人及重点车辆等情况，提供VIP专项服务。

（6）节能环保运营：严格执行ISO9001、ISO14001、OHSAS18001管理体系标准，按照大楼的实际运行情况制定可行的节能环保方案，并不断引进先进节能技术，根据设备运行情况及管理经验数据，进行节能改造，不断提高大楼的节能降耗水平，为××金融节约运营成本。

（7）营造优雅舒适环境：根据大楼功能区的特点，制定可行的清洁方案、温馨的节假日布置等，营造一个优雅舒适环境。

## 三、利华大楼物业分析

### 1. 物业特性

（1）大楼有百年历史，在 ×× 古建筑中具有代表性，被列入 ×× 市重点文物保护单位（见图7-1）。

图7-1 利华大楼

（2）是 ×× 金融制卡中心。

（3）车辆停放拥挤。

### 2. 服务需求分析

（1）本体维护需要重视：作为 ×× 市有代表性的文物建筑，楼龄长，物业管理公司需要配合 ** 金融和文物管理部门的要求，做好大楼本体维护的协助工作。

（2）大楼消防不容懈怠：大楼被列入 ×× 市重点文物保护单位，楼内多为木质结构装修，又存在员工食堂等动火设施，防火将是利华大楼物业管理服务首要工作。

（3）营造良好的办公环境：大楼工作人员要为各处金融提供服务，其工作紧张、严谨，物业管理应通过各项服务措施，给工作人员提供一个整洁、舒适、便捷的工作环境，舒缓其工作压力。

（4）协助 ×× 银行实施比较合理的停车解决方案。

### 3. 管理重点分析

（1）参照 ×× 市有关文物保护的要求，制定合理的本体维保计划与保养方式，做好本体的维护工作。

（2）建立"预防为主"的指导思想，进行防火宣传，做好隐患排查与各项预防措施，定期做好火灾应急演练。

（3）协助保安公司与邻近物业形成互动，寻找合理的车位，解决停车难的问题。

# 四、私人银行物业管理分析

### 1. 物业特性

（1）为金融 VIP 贵宾客户办理业务的窗口。

（2）楼宇为 ×× 市历史风貌建筑物，被列为一般保护级别（见图 7-2）。

图7-2　私人银行

### 2. 服务需求分析

（1）需有 VIP 贵宾服务：办理业务的客户，多为社会的中、上阶层人员，有较高的身份地位，需有超出普通客户的尊贵和体贴入微专享服务。

（2）本体保护较为重要：私人银行被列为 ×× 市历史风貌建筑，属于 ×× 市一般保护建筑，本体保护和消防安全也是服务需求的重要之一。

### 3. 管理重点分析

（1）体贴入微的专享 VIP 贵宾服务。中航物业将融合酒店特色的商务服务与个性化服务，针对接待、商务活动服务等面向 VIP 贵宾客户，配置专属服务人员，强化服务技巧培训，提供高档次的尊贵的 VIP 服务。

（2）相适应的本体维护方案。按 ×× 市相关要求制定与大楼保护级别相适应的房屋本体保护维护方案，得到 ×× 金融审批后切实有效的实施，做到及时发现、及时汇报、及时协助 ×× 金融处理，保持楼宇良好的形象。

## 五、营业网点、分支行办公楼及离行式 ATM 自动柜员机保洁服务

服务事项涉及 135 个营业网点保洁，8 家分支行办公楼及 434 台离行式 ATM 自动柜员机的保洁工作。

### 1. 物业特性

（1）网点较多，分布广泛，之间距离较远，规模大小不一，各营业网点的装修档次也各不相同。

（2）对外的展示窗口，需要有良好的形象。

### 2. 服务需求

保持良好的服务礼仪，注重公众形象，提供高质的保洁效果，同时，降低保洁工作对客户的干扰。

### 3. 服务重点分析

（1）提前作业全面覆盖的清洁标准：营业前按标准完成初次清洁，特别是立面、招牌的清洁，网点营业期间做好保洁工作，维持整洁状态。

（2）减少干扰隐性化的保洁意识：营业场所保洁、完善作业标识，降低作业期间对网点客户的干扰。

（3）科学合理的自检措施：支行办公楼、营业网点和柜员机分布在 ×× 市全部区域，中航物业将建立科学有效的自我查验措施，发挥公司优势，能够自检和自我整改的良好循环。

# 六、培训中心物业分析

## 1. 物业特性

（1）刚完成内外的全面翻新装修。

（2）为金融的培训基地，各项培训多。

（3）有多项娱乐健身设施。

## 2. 服务需求分析

（1）需要对新装修建筑管理：新装修房屋难免会有一些异味和有害气体，要考虑清除装修后残留的异味和有害气体，同时，要进行全面的通风，保持空气的流通，避免对人的健康造成危害。

（2）需实施装修质保期管理：培训中心大楼进行了全新的装修，并安装了全新的设备，装修和新设备处理质量保证期内，在质保期内需对原安装单位和装修单位做好质保跟踪和建立快速维护机制，避免因维保不当造成设施设备的使用年限减少给××金融带来不必要的损失。

（3）配合培训接待活动：大楼内培训活动众多，又有网球场、影视厅等文娱设施，需要根据不同规模，要求做好人员接待、教务与客房服务、环境保洁、餐饮服务等工作。

（4）提供咨询服务：外来的接受培训人员不熟悉周边环境，需对培训人员提供相应的咨询服务，并加以引导。

## 3. 管理重点分析

根据公司对培训中心的服务需求分析与管理定位，管理重点如下：

（1）消除装修后的异味和有害气体：在晴朗天气开窗保持室内外空气流通，通过果皮、竹炭等消除异味和有害气体，为参加培训人员提供一个健康清新的环境。

（2）建立完整的新楼宇工程跟踪体系：新装修的培训中心大部分设施设备都处于质保期，中航物业将组织专业的人员对存在的问题配合安装施工单位进行整改。对质保期内的设备特性熟悉性能确认保养周期，提前与安装单位进行沟通保证设备能得到及时的维保，达到延长其使用寿命的目的。与安装单位建立快速维修机制，能够在设施设备故障的第一时间得到维修，让培训工作得到有效的保障。

（3）建立标准化的培训服务方案：将导入中航物业成熟的《教务服务标准》提前与××金融沟通培训安排，做好接待协同、教务服务、活动配合，任务分配到部门，环节落实到人。经过经验积累,建立适合培训中心的《培训服务标准》,让培训工作得到有效的受控。

（4）住宿餐饮服务导入酒店化管理：中航集团企业内部有多家直营4星级酒店，公司将与××金融沟通，建立适合培训中心的酒店化管理服务模式，让培训人员能够得到更好的培训保障。

# 七、餐厅服务分析定位

金融项目4栋楼宇都有独立的餐厅,供餐形式包含领导用餐、员工用餐、接待用餐等（见图7-3）。

## 1. 服务需求

确保食品卫生及操作安全、出品营养健康，满足不同口味、不同区域的需求，尊重民族用餐习惯。

## 2. 服务重点

（1）注重粮油供货渠道的采购，杜绝转基因和含添加剂的食材。

（2）强调食品加工的安全。

（3）合理配置，满足不同口味，高效供餐，营造良好的就餐环境。

（4）尊重少数民族习惯，分厨加工处理。

图7-3　金融项目的员工餐厅

## 案例 02：（原）深圳发展银行总部大厦的物业管理服务

## 一、项目概况及特点

深圳发展银行股份有限公司（简称：深圳发展银行），是中国第一家面向社会公众公开发行股票并上市的商业银行。深发展于 1987 年 5 月 10 日以自由认购形式首次向社会公开发售人民币普通股，并于 1987 年 12 月 22 日正式宣告成立。2012 年 1 月，深圳发展银行收购平安保险集团旗下的深圳平安银行，收购完成后，深圳发展银行更名为新的平安银行，组建新的平安银行正式对外营业。

深圳发展银行大厦，位于深圳市罗湖区金融区，1997 年初落成使用，是原深圳发展银行（2014 年已更名为深圳平安银行）总部所在地。大厦高 183.8 米，地面 33 层，地下 3 层，建筑面积 76668 平方米（见图 7-4）。项目自投入使用以来，一直由深圳友银物业负责其物业管理服务，大厦也成为友银物业的标杆管理项目之一。

图 7-4　深圳发展银行大厦

作为金融类物业——银行总部，深圳发展银行大厦有着自身独有特点：

### 1. 产权结构单一，业主社会形象好

大厦由深圳发展银行（简称"深发展"）独资兴建。深圳发展银行股份有限公司，是中

国第一家面向社会公众公开发行股票并上市的商业银行。深发展于 1987 年 5 月首次公开发售人民币普通股，并于 1987 年 12 月 22 日正式成立，总部设在深圳。深发展作为深圳第一家上市公司和全国最早的股份制银行，在上世纪 90 年代，一直是金融界的宠儿。经过二十多年的快速发展，深圳发展银行综合实力日益增强，成为了一家在北京、上海、广州、深圳、杭州、武汉、郑州等 22 个经济发达城市设立了约 300 家分支机构的全国性商业银行，在北京、香港设立代表处，并与境外众多国家和地区的 600 多家银行建立了代理行关系。作为大厦单一业主，深发展在社会上有着良好的企业形象。要求物业硬件设施档次和软件服务配套水平，能够和业主的高端形象相匹配。

## 2. 深圳标志建筑

深圳发展银行大厦作为深圳名厦之一，外观呈阶梯状，有"不断进步"之意；又呈风帆型，有扬帆远行，乘风破浪之寓意。香槟红的玻璃幕墙，更显温馨高雅。先后荣获国家建筑"鲁班奖"、"优秀设计奖"、"全国优秀示范大厦"和"深圳改革开放 30 周年 30 个特色建设项目"等称号，是名副其实的深圳市标志性建筑。

## 3. 硬件设施好，更新改造级别高

大厦由澳洲名师设计，材料、建筑工程及设备设施配置的起点都比较高。主要设备设施全部采用进口，大厦运用大量智能化管理系统。国内知名的通信运营商为大厦客户提供畅通、便利、安全、可靠的现代化网络通信服务。

## 4. 安全保障等级高

按银行营业场所风险等级和防护级别的规定，深圳发展银行大厦对设备设施保障等级和人员安全要求高，主要包括高保障不间断供配电；安全监控无盲区、全覆盖；高等级水（气）消防保障；网络信息安全；楼层门禁；仓库安全以及人身安全、大楼安全秩序等。

## 5. 楼宇使用人素质高，服务需求高且多样化

深发展员工高学历、高素质，还有许多外籍人士；同时，金融物业在招租时，要求客户门槛较高，往往是国际知名企业或企业总部、金融单位，租户素质也比较高。这就要求物业服务要针对不同类型和层次的客户提供高水平、差异化、多样化的服务。

## 6. 常规服务与特约服务并重

业主除了对常规物业服务有较高要求，非常规特约服务、增值服务占了物业工作的极

大比例。诸如会议服务（股东会、董事会、产品演示、讲座、培训、视频会议、越洋电话会议、同声传译会议等）、高管办公室清洁服务、餐饮配合、前台服务、商务服务、临时专项服务（机房搬迁、维稳）等。

金融物业的独特特点及个性化的服务需求，要求物业管理者必须有针对性地塑造适宜的物业管理模式。友银物业接管深圳发展银行大厦以来，一直致力于该大厦物业独特属性和个性服务需求的研究，致力于为该大厦匹配最适合的物业管理模式。

# 二、友银物业金融项目标杆经营管理解读

友银物业目前在管的三个项目——深圳发展银行大厦、深圳发展银行南山大厦、深圳发展银行信息科技大楼，均属金融类物业。友银物业从 1996 年 10 月组建以来，19 年专注与金融物业管理服务，形成了自己的独有特色。

## 1. 精品模式：是友银物业的成功保障

友银物业的"精品物管"内涵，包括理念、产品、过程、关系四大方面。全员精品意识；精心研发策划、精雕细琢的服务产品；精确到位的服务产品生产过程和精诚维护的客户关系，构成了一个完善的体系。

## 2. 人机联防确保安全

除了加强常规安全管理,注重在安全设施硬件改造上下功夫,形成完善的人机联防机制。（1）在大厦可视监控盲区增设监控点，实现公共区域各个角落监控摄像全覆盖。（2）大厦大堂安装闸机系统，共有 8 组出入口，所有大厦工作人员凭 IC 卡刷卡进入。外来人员在大堂客服中心使用"来访易"，用身份证读取器录入来访人员身份并打印出来访人员、被访楼层的出入凭证。（3）大厦各楼层电梯厅两头均安装玻璃门，来访证只能打开登记受访楼层的玻璃门。

## 3. 确保设备设施无故障运行

友银物业靠精准化工作计划安排及工作履行，实现复杂设备设施系统运行精确化管理。他们坚持"突出重点、覆盖全面、预防为主、科学运行、确保安全"的设备设施维修保养方针，推行分类管理制度，实施预防性保养维修原则和模式，坚持对设备进行定期检查和保养，坚持零件寿命到期预先更换，小毛病提前发现并及时处理。

### 4. 节能环保，绿色物管

友银物业关注每一度电、每一滴水和每一张纸，倡导"节能办公、环保生活"，厉行节能环保。一是对设备设施、照明进行节能改造，精准控制每一台设备、每一盏灯的能耗。自行开发设计程序，采用变频控制技术对电梯运行进行控制，实际节能达 60% 以上；二是数次对公共照明系统进行节能改造；三是大厦灯光夜景及室外照明的控制，采取了根据季节变化调整开启时间方法，按照二十四节气适时调整开关时间。

### 5. 持续改造设备设施

在深发展理解、支持和配合下，友银物业根据需要对大厦设备设施持续进行升级改造，体现了公司的专业技术管理能力和过硬的专业水准，实现了大厦的保值增值。（1）将单一变电站提供的 10kV 环网供应，改为由双变电站双回路市电供电网络，满足了大厦客户的高标准供电需求，大大提高了大厦供电安全等级。（2）2008 年引进国内门卫登记最完善的门卫自动登记安全管理系统。（3）2001 年下半年维修大厦屋顶钢架和大厦东面钢架。（4）2004 年维修中央空调立管。2007 年改造 5 台空调冷却塔。（5）2008 年更换部分自然老化的进口幕墙玻璃。

### 6. 注重细节管理，提供周到服务

细节管理主要体现在楼宇的各类标识。除了各种设备设施标注有设计精美、制作精良、显示清晰的标识牌外，在大厦还随处可看到对各类设施使用的指引性标识，如安全门、洗手间门的"推"、"拉"标识，抽烟区指引及吸烟区关于"请勿将烟头投入垃圾桶"的温馨提示，电梯厅门及安全通道门"进出请刷卡"提示，楼道照明开关牌面每个开关下都清晰标注"常开"、"常关"、"夜间"，使客户明了不同时段开关应设置于什么状态。

### 7. 针对个性需求提供高端人性化服务

友银物业注重察觉客户个性化需求并及时研发配置个性化服务。主要表现，一个是贵宾接待服务，一个是高峰客流疏导。如贵宾接待服务流程的制定类似于会议室服务流程，包括接待需求确认，接待时间、人数、车辆等信息核实，大门口保安部礼宾服务，停车位预备，停车开门打伞，大堂显示屏欢迎辞播放，大堂闸口开闸引导，电梯厅鲜花摆放，贵宾专用梯司乘，贵宾拜访楼层环境布置与礼仪小姐引导服务等，每个环节环环紧扣，

精准到位。

### 8. 精诚维护客户关系

友银物业十分注重客户接触管理，任何人接到客户需求均要首问并负责跟踪，并对处理情况进行回访，每月走访客户，每季度书面征询物业服务情况，了解客户真实感受和评价，通过客户提出问题和意见改进自身工作，达到持续改进目的。在公司 ISO 文件，有《关键客户关系维护作业规程》、《业主关系维护作业规程》，将客户明确分类并制定对应性格式化关系维护流程，体现了客户关系管理的细致化和规范化。

### 9. 通过经营创新实现可持续发展

为突破发展瓶颈，友银物业以"服务深发展业务和后勤工作"的市场定位，开展经营创新，拓展与深发展有关的多元经营项目。经营创新，促进了友银物业的发展和转型，成为友银物业可持续发展的有效途径。（1）适应深发展供应链金融业务的需要成立友银物流公司，为有关分行提供第三方输出监管服务和贸易融资巡核库服务。（2）在福田保税区成立友银信息科技公司，为深发展提供信息对口服务和报关服务。（3）开办和承接深发展总行客户食堂、南山食堂、信息科技大楼食堂、便利店，为深发展员工及大厦客户提供餐饮、商务服务。（4）接管东冲招待所。（5）适应深发展需要，购置房产租赁给深发展建设营业网点。

# 案例 03: 招商银行大厦物业管理定位与项目管理组织架构安排

## 一、项目概况

由招商银行股份有限公司投资兴建的招商银行大厦位于深圳市深南大道 7088 号，东临农园路，北靠香林路，占地面积 10366 平方米，建筑面积 119352.48 平方米。大厦楼高 237.1 米，共 53 层（另有地下 3 层），其中 1 至 5 层为裙楼，5 层以上为塔楼，地下 3 层为停车场，地面首层为招商银行总行营业厅，2 至 53 层为智能化写字楼（其中 6M/F、22/F、38/F 为避难层）。大厦地表和各楼层内绿化面积约为 3500 平方米，占大厦占地面积的 35%（见图 7-5）。

图7-5　招商银行大厦

目前大厦除招商银行总行机关单位及总行营业部自用部分外，另有17家租户单位，主要为国内外知名的金融、证券及保险企业。

大厦具有目前国际上领先水平的硬件配备，各种配套设施齐全，性能优良。23部日本三菱电脑程控载客电梯、2部日本三菱高速客货及消防用途电梯和10条消防楼梯，构成了安全、高效的交通网络；5套美国约克离心式制冷机组和布局合理的12台美国约克风机等附件设备组成了中央空调系统，为用户提供24小时全天候服务；德国西门子高压环网柜和变压器以及ABB低压柜，加上二台1500kW美国卡特比勒备用发电机组，另设有景田及车公庙双路10kV引入线，为大厦提供安全可靠的供配电系统。

此外，招商银行大厦的"5A"智能化硬件设施体现在：

（1）CA通信自动化。楼宇通信网（BCN）采用美国LUCENT综合布线系统，主干采用"光纤高速公路"，实现了话音、数据、图像的综合传输、交换、处理和利用，为客户提供银行、证券、海关、交通等电子业务。另设有深交所、上交所相关信息的卫星接收系统，可供8家用户同时使用。

（2）OA办公自动化。大厦设有信息中心、会议中心等信息技术服务和支持机构，为客户提供时政、金融、商业信息服务。其中设在大厦五楼的会议中心更具专业化、高标准，该中心面积1500平方米，设有一个大会议室和多个规格不同的小会议室，及贵宾接待厅，配有先进的会议控制系统、会议演示、表决、同声翻译、数字网络和远程视频系统。为大厦用户的商务签约、培训、会议等提供了理想的场所。

（3）BA 楼宇管理自动化。采用先进的美国 JOHNSON 产品，运用综合自动化模式实现了供配电、照明、中央空调、消防、电梯、保安等自动控制、监测和节能控制，以保证大厦安全、高效运作。

（4）SA 保安监控自动化。包括闭路电视监控系统、保安巡逻系统、通道监控系统，对主要出入口、地下车库、电梯轿厢等进行监控，闭路摄像更具备移动报警功能。

（5）FA 消防自动化。大厦设有消防监控中心，消防自动报警设备采用英国 GENT，中央电脑对大厦的火警信号进行 24 小时监控。

# 二、项目特色与管理定位

（一）项目特色分析

项目整体定位属超高层高档金融商务写字楼。

1. 地理位置：位于深圳福田 CBD 区。

2. 外围环境：无围式管理、进出人员复杂；采用门禁刷卡制，监控、安防措施严密、到位。

3. 设备设施：先进、齐备、设备设施自动化程度高。

4. 客户群体：来自国内外金融、证券等领域的知名企业。

5. 服务水准：高档的商务大厦需要提供优质一流商务办公服务。从业人员素质要求高，高档大厦、客户需要高素质的服务人员。

（二）项目管理定位

1. 为银行提供酒店式 VIP 接待超值服务

在管理实践过程中，公司除做好正常的物业管理工作外，要更深刻地领会到银行物业的特殊要求。招商银行大厦作为招行的总部，每年要接待许多国内外政要及同业领导等，会务中心需承办大量的会议、签约、培训、晚会、比赛等各种活动，会所和展览厅不断接待着各种参观、学习的人，为此公司在环境布置、VIP 客人接待、迎宾服务、会务安排、定点警卫、专梯开启等环节都制定了标准的操作规程，并指定专人对准备工作进行多次检查，以细心周到的服务迎接每次的接待任务。

2. 注重长效管理，使银行物业保值、增值

公司本着长效管理的原则，除进行日常的维修保养以保证银行物业各种设备、设施的正常运作外，还需有计划地对建设物外观及设备、设施进行更新或更换，并征得银行的同意，增加部分先进的设备、设施，实现物业维护的良性循环，使物业不仅得到保值，而且更得到大幅的增值。

3. 结合银行物业的管理特点，全身融入招商银行的文化中

公司要对银行在物业管理过程中重要环节深刻的了解，根据招商银行工作模式不断调整完善公司的各项工作规程，如电力供应的全面保障、确保电梯安全高效的运行，员工加班时的后勤保障、机房的重点防鼠、环境布置的整洁、高档，在行庆、重要活动中的全方位配合等。

总之在工作中，秉承招商银行"因您而变"的服务理念上，随着银行各项业务的不断开展和顾客各种需求的变化，大胆创新，使物业管理的各项工作与银行的发展相一致。

# 三、组织架构与人员配备

## 1. 招商银行大厦物业管理体系组织架构（见图 7-6）。

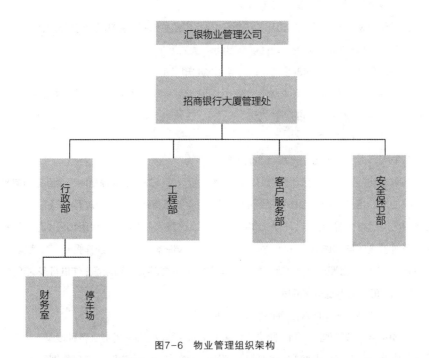

图7-6　物业管理组织架构

## 2. 人员配置一览图：共计人数 114 人（见图 7-7）。

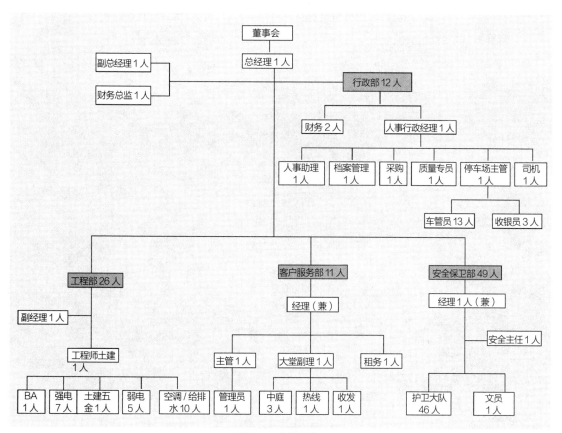

图7-7　人员配备图